DR. KUAN HIN

CHINESISCHE MASSAGE UND AKUPRESSUR

MITARBEIT VON
BRIGITTE ZAUGG
COK KAN

Mit einem Vorwort
von Dr. Jürg Reinhard

HALLWAG VERLAG
BERN UND STUTTGART

Das chinesische Schriftzeichen zu Beginn des Buches bedeutet «Inhoa» («Silberblume»). Die chinesischen Symbole bei jedem Kapitelanfang sind eine Übersetzung des jeweiligen Haupttitels.

Lektrorat: Beat Welte
Gestaltung: Alfred Aenis

Zeichnungen
Dr. Kuan Hin: Sämtliche Zeichnungen und Schriften bei den Kapitelanfängen
Dr. Jürg Reinhard: Umschlag
Felicitas Prescher: 54, 55, 57, 58, 59, 61, 62, 63, 64, 65, 66, 67, 70, 73, 75, 85, 86, 87

Fotos
Dr. Kuan Hin: 43
Eduard Rieben: 27, 108, 116—227
Brigitte Zaugg: 8, 112

2., erweiterte Auflage, 1992
Gesamtherstellung: Hallwag AG, Bern
ISBN 3-444-10397-2
Hallwag

DIE AUTOREN

«Ich bin dabei, Akupressur zu lernen!» sagt **Dr. Kuan Hin** mit asiatischer Bescheidenheit und eingedenk der Tasache, daß der Weg zur Vollkommenheit das Ziel ist. Dr. Kuan Hin praktiziert heute in Paris, bekannt wurde er in den letzten Jahren durch seine Zusammenarbeit mit den führenden Wissenschaftern aus der Aids- und der Krebsforschung, die teilweise spektakuläre Erfolge zeitigte. Unterstützt wird der Arzt von seiner Tochter und besten Schülerin **Cok Kan.**
Dafür zu sorgen, daß Dr. Kuan Hins Inhoa-Methode auch vom westlichen Leser ohne Vorkenntnisse verstanden wird, war **Brigitte Zauggs** Aufgabe. Der erfahrenen, wortgewandten Journalistin ist es zu verdanken, daß die großartige Lehre des Arztes einen derart präzisen, adäquaten Ausdruck in deutscher Sprache gefunden hat.

INHALTSVERZEICHNIS

VORWORT

Lange habe ich nach einer Methode gesucht, wie meine Patienten, mit denen ich mich innig verbunden fühle, jederzeit, ohne irgendein fremdes Mittel, überall auf der Welt, in jeder Lage und Situation, aus eigenen Kräften, ohne viel wissen zu müssen, sich selber gesund halten, sich selber heilen können. Dieser Anspruch ist gar groß, denn all dies soll möglich sein unabhängig vom Geld, unabhängig von den Ernährungsmöglichkeiten, unabhängig von der geistigen Entwicklung und den geistigen Heilungskräften eines Menschen, unabhängig von Meditationsfähigkeiten, unabhängig von religiösen Auffassungen. Es muß sich um eine ganz einfache, immer richtige Maßnahme handeln, die selbst mit minimstem Kraftaufwand noch möglich ist.

Dann lernte ich die Chinesische Massage kennen. Die Methode ist verblüffend einfach: Sie massieren Ihren Körper mit dem Eigengewicht der trockenen Hand, ohne Druck, wie wenn Sie sich waschen würden. Schenken Sie diese Aufmerksamkeit Ihrem Körper auch während gesunden Tagen, so fängt Ihre Lebensenergie mit dieser Trockenwäsche gleich am Morgen zu fließen an, was sofort auch zu seelischem Wohlbefinden führt. Diese allereinfachste aller bekannten Massagemethoden ist dermaßen banal, wirksam und praktisch, daß ich sie jedem Patienten verschreibe als eigenen Beitrag zu seiner Gesundheit — neben meiner spezifischen Therapie.

Sie kennen ja sicher die Verdienste von Pfarrer Kneipp, der mit seiner Wassertherapie — den Güssen — eine Methode entwickelt hat, um die Lebensenergie in Fluß zu bringen, die phantastische Wirkung zeigt. Nur ist das Problem eben dies, daß nicht überall Güsse gemacht werden können.

Die Chinesische Massage ist vom Zusatzaufwand her einfacher, wobei sie natürlich noch verfeinert werden kann. Massieren ist eine Kunst, massieren ist musizieren, der Körper ist das Musikinstrument, er kann zum Klingen gebracht werden. Nicht nur der Körper, sondern auch die

Seele in ihm. Ein Instrument lernt man über Jahre, das Massieren auch. Eine Behandlung beginnt ja eigentlich erst mit dem Massieren, denn jetzt erst kommt die Hand mit ihren heilenden Kräften ins Spiel. Massieren ist auch ein Wagnis: Wir legen Hand an, es findet eine direkte Konfrontation mit dem Menschen statt. Ich ersetze *Behandlung* nicht durch *Mittel*. Der Masseur ist *un*mittelbar ins Krankheitsgeschehen hineinverwoben.
Um die Wirkung von Massagen, von Akupressur und Akupunktur zu verstehen, kommen wir nicht darum herum, mehr vom musikalischen Bau des Menschen zu vernehmen. Betrachten wir das Skelett des Schultergürtels vom Brustbein bis zu den Fingerspitzen, so finden wir sieben Abschnitte. Zählen Sie nach, betrachten Sie selber alle Intervalle: sieben Halswirbel — die sieben Töne der Tonleiter; zwölf Brustwirbel — die ganze Halbtonreihe; fünf Lendenwirbel — die Pentatonik; von der Wirbelsäule bis zur kleinen Zehe wieder sieben Abschnitte und acht Unterteilungen, genau wie am Schultergürtel. Was sind denn eigentlich diese Gelenke? Wie und wann kristallisieren sich die Knochen im Embryo aus dem Flüssigkeitsorganismus heraus, so daß sie gegen Ende der Schwangerschaft hin im Röntgenbild sichtbar werden?
Die Knochen waren einst flüssig, der sich inkarnierende Mensch trägt die Sphärenmusik in die Flüssigkeit seines zukünftigen physischen Körpers hinein, er bringt die embryonalen Flüssigkeiten zum Schwingen, zum Klingen. Der Klang erstarrt zur stehenden Welle. Die Knotenpunkte des klingenden Organismus erstarren zu Gelenken. Die Knochen sind die modulierten Wellenbäuche, substanzdurchdrungen. Die Muskeln sind die noch lebendig gebliebenen, noch rhythmisch schwingenden Saiten. Sie sind dadurch entstanden, daß das Ätherische das Astrale gefesselt und so im Muskel gebunden hat. Die Knochen sind dadurch entstanden, daß das Physische im Menschen, das heißt der Tod, über das Ätherische die Oberhand gewonnen hat. Eigentlich wird der Mensch der

Zukunft ein ätherischer Mensch sein — so wie Christus nach der Auferstehung —, bei dem die Reihenfolge der Leiber wieder in Ordnung gestellt sein wird. Das bedeutet, daß im Menschen der Zukunft ein ganz zarter physischer Leib sich in den Dienst des ätherischen Flüssigkeits- und Lichtleibes stellen wird und daß sich der Lebensleib seinerseits in den Dienst des Seelenleibes stellen wird und dieser selbst danach trachtet, dem Geistigen im Menschen gerecht zu werden, sich in den Dienst des Geistigen zu stellen.
Heute ist es oft umgekehrt: Die Seele steht in der Gewalt der Drüsen, der Verdauungssäfte und Geschlechtsdrüsen. Diese Drüsen werden ihrerseits durch Sinnesreize erregt, also vom physischen Leib her regiert. Etwas Ähnliches finden wir im Sport, wenn er abgetrennt von jeglicher seelischen Entwicklung als Kult am physischen Leib betrieben wird. Eigentlich sollte der Körper mit seinen Bewegungsmöglichkeiten in den Dienst des Seelischen und beim Menschen in den Dienst des Geistes gestellt werden. Eine Massage muß also die Aufgabe haben, den physischen Körper wieder den lebendigen Strömungsgesetzen im Flüssigkeitsleib zuzuführen, die Strömungsgesetze im hoffentlich noch nicht ganz erstarrten Körper manifest werden zu lassen. Eine Massage muß daher strömend, kreisend und rhythmisch lebendig, immer wiederholend sein, so wie es die Gesetze des fließenden Organismus, des Ätherleibes sind. Abgehackte, roboterartig einstudierte, nicht geistdurchdrungene Bewegungen, auf Hebelgesetzen und physikalischer Kraft beruhend, sind das Gegenteil von dem, was zu erstreben ist. Es wird eine Zeit kommen, wo die physische Kraft auf den Menschen keinen Eindruck mehr machen wird, denn die Kräfte des Geistes werden stärker sein. Die Massage muß, soll sie zur Gesundheit beitragen, weg von der physischen Kraft hin zum Geistigen führen. Das heißt, der starre Körper muß wieder ins Fließen gebracht werden; fließt er, so wird er wieder empfindsam, er wird wieder Tempel der Seele, die sich danach sehnt, dem

Geistigen zu dienen. Nicht aus ethischem Zwang, sondern aus völliger Freiheit heraus. Die Massage soll also erst alles ins *Fließen* bringen.
Stetiges Wiederholen, zum Beispiel vierzigmal kreisen, wie im Buch beschrieben, bringt den Leib alsdann zum *Klingen.* Denken Sie an die Glasharfe, wo sich durch rhythmisch kreisende Bewegung des Fingers allmählich der Ton herausbildet. Die verschiedenen Körperpartien müssen zum *Zusammenklang* gebracht werden. Eine Behandlungsabfolge, wie sie in diesem Buch angegeben wird, ein Aneinanderreihen dieser Körperklänge, läßt eine *Melodie* entstehen. Wird diese Melodie in eine Form gebracht, so wird daraus ein Stück, und dieses Stück Musik ist der Mensch. Der Mensch wird zum Klingen gebracht durch die streichende Hand.
Die Punktmassage oder der Nadelstich helfen uns die Töne und Obertöne entlocken. Der Mensch wird so in hohe, helle, lichtvolle Seelenzustände gehoben, die für Krankheit nicht anfällig sind.
Was sind eigentlich Akupunkturpunkte und Meridiane? Es sind die Knotenpunkte und Linien der ineinanderschwingenden unsichtbaren Leiber. Sie sind die Stellen, wo Astralleib und Ätherleib sozusagen aneinander geheftet sind. Es sind die Eintrittspforten des Seelischen in den Lebensleib. Der physisch sichtbare Mensch ist erstarrter Klang, er als Ganzes ist ein Ohr, gebildet an der Sphärenharmonie durch die Sphärenmusik. So wie das Auge gebildet ist durchs Licht, am Licht. Das Ohr selber ist nur ein kleiner Mensch im Menschen. Das ist der Grund, warum die ganze Akupunktur und -pressur auch allein am Ohr vollzogen werden kann. Der physische Leib ist aus dem Lebensleib in den Raum hineingewachsen und ist erstarrt nach den Gesetzen des Klangäthers, der den Lebensleib durchdringt. Der Lebensleib seinerseits ist aus dem Lichtleib hervorgegangen, denn Leben ohne Licht ist nicht möglich. Von Lebewesen spricht man, wenn etwas räumlich gewachsen ist, sonst nur von Wesen. Der Lichtäther ist seinerseits aus dem Wärmeäther

hervorgegangen. Die menschliche Substanz ist eine direkte Inkarnation, ein Heruntersteigen vom Wärmeäther bis in das Räumlich-Zeitliche unserer Erde. Der Mensch besteht also nicht aus der Nahrung, die er aufnimmt, sondern die menschliche Substanz wird direkt aus dem unsichtbaren Wesenhaften ins Räumliche inkarniert, und das Essen dient nur als Widerlager zur Verdichtung bei dieser originären Substanzbildung. Die Vorstellungen der heutigen Physik und Biochemie, die glauben, im Menschen liefen die Vorgänge so ab wie im Labor, werden bald einmal zum wissenschaftlichen Aberglauben des dafür so typischen zwanzigsten Jahrhunderts gerechnet werden. Die Physiologie der alten Chinesen und die neue okkulte Physiologie des heutigen Menschen, die durch Rudolf Steiner beschrieben wurde und ein ätherisches Erscheinen von Christus wissenschaftlich erklären kann, werden sich als unendlich viel tiefer herausstellen.

Unsere Leiber werden, so wie sie hervorgegangen sind, während des ganzen Lebens von oben her ernährt: der physische Leib durch den klingenden Lebensleib, der Ätherleib durch den lichtdurchwobenen Astralleib. Dabei strudelt das Licht über die sieben Lichtwirbel der Chakren in die menschliche Aura herein, von wo aus es über die kleinen Wirbel der Akupunkturpunkte — man könnte sagen: Minichakren — weiter in den Ätherleib hereinwirbelt. Ist ein solcher Wirbel gestört, so geschehen sofortige Verschiebungen im strömenden Lichtorganismus, und die Organe werden nicht mehr richtig mit lichtdurchdrungenem Äther versorgt. Wo kein Licht ist, fühlt sich der Mensch nicht mehr leicht. Krankheit heißt abliegen; Tod ist ein Nicht-wieder-Aufstehen; Wärme, Licht und Leben sind gewichen. Akupunktur ist die Kunst, das Licht richtig in die Organe hineinzubringen. Wo Geistwärme und Seelenlicht hineinstrahlt, da bewegt es sich, und das Strömen versiegt nicht, der Mensch klingt.

Energie, Inspiration und innere Ausgeglichenheit braucht es, um eine solche Zeichnung zu schaffen. Die Ausführung geschieht blitzschnell, in einem Zug. Trotzdem ist kein Strich zufällig, alles ist Symbol.

DR. KUAN HIN
DER BESCHEIDENE GROSSE MEISTER

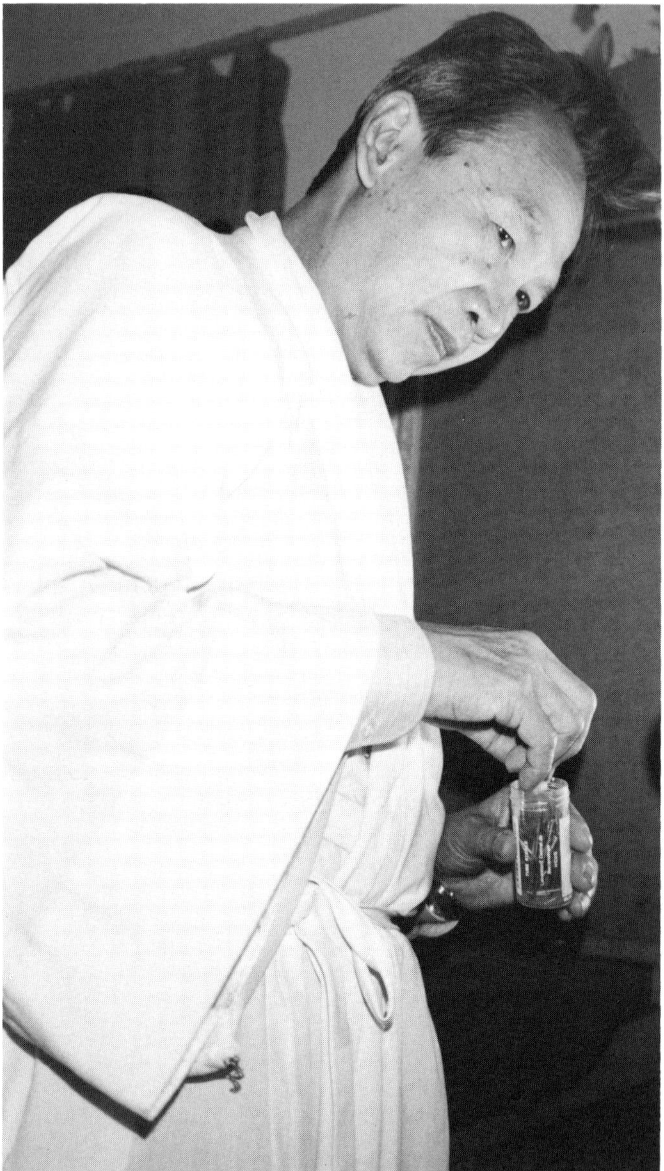

Dr. Kuan Hin bei der Vorbereitung: Jede Behandlung erfordert höchste Konzentration und innere Ruhe.

Auf 8000 m Höhe zwischen Zürich und Paris begegnete ich ihm zum erstenmal. Klein, zierlich, asiatisches Gesicht, schwarzblaues Haar und funkelnde, kluge Augen. So saß der Passagier neben mir in der Swissair-Maschine. Schöne Hände üben auf mich eine Faszination aus; also starrte ich gefesselt auf diese überschmalen, sensiblen Hände mit den ungewöhnlich langen Fingernägeln. Wer mochte das sein? Er war vierzig, fünfzig, vielleicht mehr — unmöglich, sein Alter zu schätzen. Verstohlen blickte ich auf sein Aktenköfferchen, das zu öffnen er sich anschickte. Lauter Injektionsnadeln rollten darin herum, sonst nichts! Fixer? Drogenhändler? Magier? Stichworte überschlugen sich in meinem Kopf. Er lächelte, hatte meine Gedanken erraten. Die Hosteß brachte den Lunch. Ich lehnte dankend ab. Er musterte mich ungeniert. «Figurprobleme?» Natürlich! Er bot mir an, meinen Hunger zu besänftigen. Ich begriff — ein Akupunkteur! Ein Akupresseur!
Nun ging's los! Kurz vor der Landung auf dem Flugplatz Charles-de-Gaulle mußten einige Mitreisende wohl bereits auf einen Striptease gefaßt gewesen sein, denn er massierte und drückte konzentriert an mir herum. Ich kam in den Genuß einer äußerst nützlichen Akupressurlektion. Später folgten noch viele weitere, und mit der Zeit hatte ich mich wie viele andere seiner Patienten damit abgefunden, daß für Kuan weder Flughäfen noch Bahnhöfe zum müßigen Sitzen und Warten dienten: Wo es Sitzbänke gibt, lassen sich auch Nadeln stecken! Zwei Nadeln im nackten Fuß im Wartesaal, auf dem Bahnsteig, bis der Intercity einfährt... Zeit ist zum Nützen da! Wenn Kuan im Element ist, vergißt er die Umgebung. Belustigte Blicke von Passanten nimmt er gar nicht wahr.
Eine Welt ohne Nadeln ist für Kuan unvorstellbar, denn Akupunktur ist für ihn nicht nur Beruf, sondern Lebensinhalt. Das war schon so in seiner frühesten Jugend in Kanton. Geboren wurde Kuan Hin am 22. Januar 1922 im Zeichen des Hundes in Kanton (China) als Sohn eines Kaufmanns und einer Ärztin, in deren Familie dieser Be-

ruf seit Generationen üblich war. Als kleiner Bub schon war es für Kuan selbstverständlich, seiner Mutter in der Praxis zu helfen. Er zog Nadeln heraus, und vor allem lernte er die Punkte zu spüren. Er merkte auch bald, daß von seinen Händen eine starke magnetische Kraft ausging. Er half Pflanzen sammeln, trocknen, Medikamente zubereiten. Von seinen sechs Geschwistern und zehn Halbgeschwistern sind noch zwei als Ärzte tätig, seine Schwester Sion Hong ist gar Chefärztin der gynäkologischen Klinik des Premier Hôpital Populaire in Kanton. Zudem gründete sie zwei Privatspitäler, was bis vor kurzem von der Regierung noch nicht erlaubt worden wäre. Heute arbeiten in dieser Klinik auch pensionierte Ärzte, und dies gegen Geld, und nicht, wie früher üblich, gegen Naturalien.

Als Kuan fünfjährig war, zogen seine Eltern nach Haiphong in Nordvietnam. Dort ging er zur Schule, bis er sechzehn war. Als der Chinesisch-Japanische Krieg ausbrach, übersiedelte er nach Yüennan, wo er relativ unberührt von den Auseinandersetzungen sein Medizinstudium begann. Drei Jahre später wechselte er nach Shanghai an die Tong-Nann-Fakultät. Als junger Arzt wurde er der chinesischen Armee zugeteilt und im September 1945 zum *médecin commandant* befördert. In dieser Eigenschaft leitete er das Militärspital Potchi in Hanoi und war dort Zeuge unvorstellbarer Brutalitäten im Indochinakrieg, als sich Vietnam gegen die französische Besetzung auflehnte. Als Direktor des Militärspitals kümmerte er sich auch um französische Kriegsgefangene, verhalf ihnen zu Kontakten mit ihren Familien. Als Arzt hatte er die Möglichkeit, vermittelnd einzugreifen, wenn der Volkszorn brodelte. Obwohl er sich sehr für die Unabhängigkeit Vietnams engagierte, schlug sein Ärzteherz auch für die Franzosen, die grausame Schicksale erlitten. Er rettete, leistete Hilfe unter Einsatz seines Lebens und kam so immer mehr zwischen die Fronten. In diesen stürmischen Zeiten heiratete er Pao Tschou («die Perle»), eine Lehrerin aus Haiphong.

Nach der Gründung der Volksrepublik China (1949) sah er sich durch die politische Situation gezwungen, sein geliebtes Vaterland zu verlassen.
Die französische Regierung honorierte seinen Einsatz in Vietnam mit der Verleihung mehrerer Medaillen und bot ihm nach langen Reisen einen Wohnsitz in Paris an. Zunächst fand er Arbeit in einer Import-Export-Firma, denn mit Akupunktur allein ließ sich damals in Paris nicht leben. Bis Ende der sechziger Jahre war die chinesische Medizin im Westen fast unbekannt.
Kuan kam in Kontakt mit europäischen Ärzten und begann, mit ihnen zusammenzuarbeiten. Anfänglich behandelte er akute und chronische Schmerzen, Depressionen und vor allem Migräne. Die Patienten merkten bald, daß der zierliche Chinese kleine Wunder vollbrachte.
Bald galt seine spezielle Aufmerksamkeit behinderten Kindern. Seit Geburt mißgebildete Glieder erreichten durch Kuans Nadeln nie erhoffte Beweglichkeit. Seine Gratisarbeit für Arme, oft bis tief in die Nacht hinein, kompensierte er mit angemessenen Rechnungen an seine prominenten Patienten aus der Politik und dem Showbusineß.
Um seine Pariser Praxis im elften Bezirk, wo Leute aller Rassen leben, kümmern sich heute hauptsächlich seine Frau, seine Schwester und zwei seiner acht Kinder. Kuan selbst, der auch ein sehr begabter Maler ist, behandelt mehrmals jährlich seine behinderten kleinen Patienten in zwei Spitälern in Dänemark, wo er für seine Heilkunst berühmt ist. Große Erfolge kann Kuan Hin insbesondere auch bei Musikern (deren Finger viel beweglicher werden) und bei Krebskranken verzeichnen. Eines seiner wichtigsten Ziele ist es aber, «vaincre le sida» (die schreckliche Krankheit Aids zu besiegen); die Zusammenarbeit mit einem französischen Ärzteteam aus der Aids-Forschung beansprucht viel Zeit.
Eine beeindruckende Sammlung von Briefen und Fotos seiner Patienten sowie von hochrangigen medizinischen Kapazitäten dokumentieren die Erfolge von Docteur

Kuans ärztlicher Kunst mit der chinesischen Inhoa-Methode.
Westliche Ärzte haben sich nach scheinbar unerklärlichen Heilerfolgen für Kuans Wissen interessiert. Er selbst ist kein Fanatiker oder Guru, sondern versteht seine Heilkunst vor allem als Komplementärmedizin, will den Körper für die oft stark belastenden westlichen Behandlungsmethoden stärken.
Sein größtes Anliegen ist die Annäherung von westlicher und chinesischer Medizin. Seine Einstellung und Methode, ebenso Lehrer zur Selbstbehandlung wie Arzt zu sein, hat ihm einen speziellen Ruf in Paris eingetragen. Für Kuan ist klar, daß Selbstdisziplin, der eigene Kampf gegen die Krankheit und eine positive Einstellung heilende Wirkung haben.
Er lebt die Akupunktur, übt sie nicht bloß aus. Er bewegt sich in der vierten Dimension dieser traditionsreichen chinesischen Heilkunst, jenem Bereich, der nicht allein durch Schulwissen erworben werden kann.
Die Begegnung im Flugzeug mit einem Menschen, der sein Leben ganz der Erforschung von Gesetzmäßigkeiten unserer internen Alchemie widmet, als Nadelkünstler uraltes Wissen praktiziert, wurde für mich schicksalhaft.
Das Wagnis, dieses Buch mitzunehmen auf die Reise zu sich selbst, möge auch für Sie von schicksalhafter Bedeutung sein!

Verena Bürki

INHOA

Neben der eigentlichen Bedeutung können chinesische Schriftzeichen auch Yin oder Yang ausdrücken: Auf der vorhergehenden Seite erscheint das Zeichen oben als Yang (es ist hart, männlich, energiegeladen), das Zeichen unten dagegen als Yin (weich, sanft, flüssig). Dies finden wir auch in der Zeichnung: Der geschwungene Bogen ist Yin, die kurzen Gräser sind Yang.

Ein französischer General a. D. bat mich einst in einer für kriegserfahrene Männer sichtlich delikaten Angelegenheit um Hilfe: Bei jeder Gedenkfeierlichkeit mußte er weinen, sobald ein Militärmarsch gespielt wurde. Die Tränen waren ihm äußerst peinlich, aber er konnte sie beim besten Willen nicht zurückhalten, so sehr gingen ihm die forschen Klänge ans Soldatenherz. Kurz vor dem offiziellen Teil des nächsten Anlasses steckte ich ihm an einer bestimmten Stelle seines Handgelenks eine Akupunkturnadel unter die Haut. Der Erfolg ließ nicht auf sich warten: Gelassen nahm der alte General die Ehrungen entgegen, selbst der donnerndste Trommelwirbel konnte ihm keine Träne entlokken — die Nadel unter dem Ärmel seiner Uniform erfüllte ihren Zweck voll und ganz. War es vor allem die geiststärkende Wirkung des genadelten Akupunktes, oder genügte dem Mann bereits das Wissen um die Nadel an seinem Handgelenk? Beides hat zum Erfolg beigetragen, denn beides war für den Erfolg notwendig.
Den Grundsatz, auf den das Beispiel des alten Generals hinweist, möchte ich diesem Buch voranstellen, weil er für jeden beliebigen Bereich der Gesundheitsvorsorge gilt: Körper und Geist gehören zusammen, können sich gegenseitig positiv, aber eben auch negativ beeinflussen. Der Erfolg einer Maßnahme, sei sie nun vorbeugend oder heilend, ist dann am sichersten gewährleistet, wenn der Patient nicht nur Vertrauen in die Maßnahme, sondern auch in sich selbst hat. Dazu braucht er einen starken Geist und ein ausgeglichenes Gefühlsleben. Alle Therapievorschläge dieses Buches zielen außer auf die Gesunderhaltung oder Heilung des Körpers auch auf eine Stärkung des Geistes. Das geschieht, wie Sie sehen werden, oft sehr konkret durch Druck auf bestimmte Akupunkte am Körper (Akupressur). Geist und Körper sind in ein energetisches Beziehungsnetz eingebunden, das selbst auf einen sanften Fingerdruck außerordentlich sensibel reagieren kann. Auf ihm baut die chinesische Medizin auf, und damit ist es auch Grundlage der Inhoa-

Methode, die sich auf eine der ältesten Schulen der chinesischen Medizin stützt.
Doch bevor wir uns näher mit der chinesischen Medizin und schließlich mit der praktischen Anwendung der Inhoa-Methode befassen, möchte ich einige Fragen zu Inhoa beantworten, die Sie bestimmt ganz besonders interessieren: Was ist Inhoa? Wie wirkt diese Methode? Welche Krankheiten kann sie heilen? Kann man bei der Anwendung von Inhoa Fehler machen, gibt es Gefahren?

Was ist Inhoa?

Inhoa bedeutet «Silberblume». Dies ist der Name, den meine Vorfahren ihrer Methode, Krankheiten zu verhindern oder zu heilen, vor Jahrhunderten gegeben haben und den sie, zusammen mit ihrem neu dazugelernten Wissen und Können, den Nachkommen weitervermittelten. Eigentlich müßte ich Vorfahrinnen sagen, denn in meiner Familie wurde das Berufswissen, entgegen den landesüblichen Gewohnheiten, stets von den Müttern an die Töchter weitergegeben. So ist es derzeit meine Schwester in Kanton, die in China die Inhoa-Tradition aufrechterhält und weiterentwickelt. Natürlich wurden die wertvollen Erkenntnisse auch den Söhnen nie vorenthalten. Trotzdem ist unter meinen eigenen Kindern meine Tochter Cok Kan am intensivsten mit der Inhoa-Methode vertraut.
Daß ein Berufswissen, das von Frauen an Frauen weitergegeben wird, auch von Frauen geprägt ist, liegt nahe. Doch urteilen Sie selbst!

Inhoa läßt nichts unversucht, was den Gesunden vor Krankheit bewahren und dem Kranken seine Gesundheit wiedergeben kann: So arbeiten wir mit allen chinesischen Therapiemöglichkeiten, die uns zur Verfügung stehen, und bieten unser Wissen der Schul- wie auch der Alternativmedizin des Westens zur Zusammenarbeit an.

Unsere Hauptgebiete sind Akupunktur, Akupressur und Massage, dazu Diätetik, chinesische Heilpflanzen und Yoga. Dieses Buch beschränkt sich auf die *chinesische Massage* und *Akupressur,* zwei Gebiete, die für eine Anleitung zur Selbsthilfe wie gemacht sind, weil sie nicht mehr als ein rudimentäres Grundwissen voraussetzen und weil sie ohne jegliches Hilfsmittel auskommen: Es sind allein Ihre Hände, die das Unglaubliche vollbringen.

Inhoa kann wahre Wunder wirken. So wie ein einziger Tropfen Wasser ein Meer zum Überlaufen bringen kann, so kann der sanfte Druck Ihrer Hände, mit dem Sie die Energieströme Ihres Körpers stimulieren, wirklich spektakuläre Wirkungen haben. Und so wie die geringe Kraft einer Kinderhand genügen kann, um einen Lastwagen ins Rollen zu bringen, den die stärksten Männer bisher vergeblich anzustoßen versucht haben, so löst die einfache Stimulation einiger Akupunkte mitunter medizinische Probleme, die für unlösbar gehalten worden sind. Eines Tages etwa kam eine gehbehinderte Frau aus Dänemark in meine Pariser Praxis. Ihre Lähmung ging auf eine Operation zurück, die Ärzte hatten die Hoffnung auf Besserung aufgegeben. Wir behandelten die Frau während dreier Tage intensiv — und brachten sie wieder auf die Beine. Der Erfolg war von bleibender Dauer, wie ich später hörte, als sie schon längst wieder in Dänemark war. War es ein Wunder, war es Zufall oder war es die logische Folge der Akupunkturbehandlung? Welche Antwort man auch geben mag: Auf keinen Fall ist der Erfolg allein auf mein Konto zu verbuchen. Ich war vielmehr die «Kinderhand», die die Arbeit der dänischen Ärzte zu einem glücklichen Ende brachte.

Inhoa ist sanft. Wird schon die chinesische Medizin ganz allgemein als «sanfte» Medizin bezeichnet, so ist es die Inhoa-Akupressur und vor allem die Massage ganz besonders. Wenn «Streicheln» ein Begriff aus dem medizinischen Vokabular wäre und ebenso klare Zielrichtungen wie das Wort «Massage» enthielte, so müßte man tatsächlich eher von Streicheln als von Massieren sprechen. Die Hand gleitet nämlich fließend wie Wasser über die Haut; nicht umsonst fassen wir einzelne Massagen unter der Bezeichnung «Trockenbäder» zusammen. Der Druck wird bei der Inhoa-Akupressur mit der Fingerspitze etwas stärker, aber auch wieder nicht so stark, daß man dabei sonderlich viel Kraft aufwenden müßte. Gleichzeitig ist die Wirkung auf die Energieströme weniger direkt und «gewaltsam» als durch die Nadeln der Akupunktur. Die Massage und die Akupressur nach der Inhoa-Methode können deshalb auch jenen Menschen helfen, die aus bestimmten Gründen keine Nadeltherapien ertragen. Ja gerade bei schwerkranken, geschwächten Menschen haben wir die wohltuende, stärkende Wirkung der Inhoa-Massage immer wieder beobachten können. Es ist, als würde man einem Hungernden ein Kilo Reis geben. Dieses Kilo Reis kann für ihn das Leben bedeuten. Ein satter Mensch wird das gleiche Geschenk vielleicht achtlos zur Seite legen.

Was kann Inhoa?

Wir haben bereits auf die große Bedeutung der Energieströme im Körper hingewiesen. Energie ist der Kraftstoff des Lebens, die Nahrung des Organismus. Sie durchfließt den ganzen Körper, und es ist leicht verständlich, daß ein Körperteil krank wird, wenn es mit seinem Energienachschub hapert. Oft bleibt es jedoch nicht beim Schaden an diesem einen Körperteil, denn zwangsläufig führt bereits der kleinste Stau zu einem generellen Energieungleichgewicht, das auch an scheinbar unbeteiligten Körperstellen Krankheiten auslösen kann. Krankheiten ihrerseits rufen wiederum neue Stauungen im Energiefluß hervor, das Immunsystem wird mehr und mehr geschwächt, es kann zu einer regelrechten Lawine von Symptomen kommen. Wer möchte da nicht vorbeugen!

Vorbeugung ist in der Tat das zentrale Anliegen der chinesischen Medizin. Vorbeugung in einem doppelten Sinn: Der gesunde Mensch soll durch entsprechende vorbeugende Maßnahmen seine Gesundheit erhalten, der Kranke soll mit Therapien behandelt werden, die nicht nur ein bestimmtes Leiden im Visier haben, sondern ihn gleichzeitig vor den möglichen Folgekrankheiten schützen. Inhoa wird beiden Forderungen gerecht, Inhoa wurde (und wird noch immer) als Antwort auf ebendieses Anliegen entwickelt:

- Wenn Sie die *Massage* in Ihre tägliche Körperhygiene aufnehmen, so sorgen Sie damit für einen freien Energiefluß und können einen Stau schon im Anfangsstadium auflösen. Der Grund: Mit der vergleichsweise großen Fläche Ihrer Hand massieren Sie in kurzer Zeit den ganzen Körper und aktivieren so alle Meridiane, jene Bahnen, in denen die Energie durch Ihren Körper fließt. Die Massage kann auch als Therapie eingesetzt werden: Gerade weil die ganze Körperoberfläche massiert wird, bekämpft sie Störungen der Blutzirkulation, Krankheiten der Muskeln und Entzündungen der Gelenke. Daß sie ein Wundermittel gegen streßbedingte Nervosität und eine schnellwirksame und effiziente Entspannungstechnik ist, hat sich besonders bei beruflich stark belasteten Menschen immer wieder erwiesen. Schon eine kurze Massage, für die Sie zwischen zwei Sitzungen oder in einer kurzen Arbeitspause bestimmt Zeit finden, kann Sie sofort wieder fit und konzentrationsfähig machen. Es ist freilich nicht die Massage allein, die das bewirkt. Es ist zu gleichen Teilen die gedankliche Versenkung: So wie Sie sich während der Massage auf die Massage konzentrieren, so werden Sie sich bei der Arbeit wieder auf die Arbeit konzentrieren. Alles über die einzelnen Massagen und ihre speziellen vorbeugenden und therapeutischen Wirkungen erfahren Sie im Kapitel «Die acht Wunder der chinesischen Massage».
- Bei der *Akupressur* steht die Behandlung bereits ausgebrochener Krankheiten und anderer akuter oder chroni-

scher Beschwerden im Vordergrund. Das zeigt sich bereits in der Technik. Es ist nicht mehr die ganze Hand, die den Körper massiert, sondern die Fingerspitze, die an klar definierten strategischen Stellen (Akupunkten) auf die Körperoberfläche drückt und so die Meridiane aktiviert. Die Auswahl der Akupunkte geschieht nach den gleichen Prinzipien wie in der Nadelheilkunst der Akupunktur — die Punkte bleiben ja dieselben, ob sie nun mit Nadeln, mit den Fingerspitzen oder überhaupt nicht behandelt werden. Wir akupressieren teils Punkte, die direkt auf ein vorhandenes Krankheitssymptom wirken, und gleichzeitig stets auch solche, die den möglichen Folgekrankheiten des bestehenden Leidens vorbeugen. Hinzu kommen schließlich Akupunkte, die ganz allgemein der Stärkung des Geistes und des Körpers dienen. Ein gestärkter Patient erträgt ja nicht nur die Krankheit, sondern auch die Therapie leichter. Geradezu prädestiniert ist die Akupressur zur Behandlung von schmerzhaften Erkrankungen des Bewegungsapparates, von Kopfschmerzen, Verdauungsproblemen, Urogenitalbeschwerden und natürlich von seelisch bedingten Leiden wie Schlafstörungen, Suchtkrankheiten, Nervosität oder Depressionen. Die Akupressur eignet sich auch erstklassig zur Langzeittherapie von chronischen Schmerzzuständen, da die Probleme, die sich durch die Nebenwirkungen schmerzstillender Medikamente früher oder später ergeben können, ganz wegfallen. Weil sie kinderleicht ist, sind ihre Therapien Selbstheilungsmethoden erster Güte für Erkältungen, Magenverstimmungen und andere alltägliche Leiden. In China zeigt man tatsächlich bereits kleinen Kindern, wo sie bei diesem oder jenem Leiden auf die Haut drücken müssen. Und noch einen Vorteil hat die Akupressur: Sie ist vollkommen ungefährlich, solange man minimale hygienische Regeln beachtet und sich die Hände wäscht, bevor man zu akupressieren beginnt.

EINFÜHRUNG IN DIE CHINESISCHE MEDIZIN

中醫概要

«Einführung in die chinesische Medizin» läßt sich auf sehr unterschiedliche Weise ausdrücken. Die Schriftzeichen auf der vorhergehenden Seite sind nur eine Möglichkeit. — Dünne, aggressive Spitzen prägen die Zeichnung: untrüglich ein Yang-Symbol.

Nach den Grundsätzen der chinesischen Medizin ist ein gesunder Körper Zeichen eines harmonischen Gleichgewichts der Yin- und Yang-Energien, die ihn durchströmen. Daher gilt jede Krankheit als Symptom eines energetischen Ungleichgewichts.

Die Geschichte

Die Erkenntnis, daß die Massage bestimmter schmerzender Körperstellen nicht nur die Schmerzen lindert, sondern überdies rasch zu einer Verbesserung des Allgemeinzustands führt, geht auf prähistorische Zeiten zurück. Spitz zulaufende Werkzeuge aus Stein dienten im Steinzeitalter ebensogut zur Heilung von Krankheiten wie zur täglichen Arbeit. Diese Steinwerkzeuge waren die ersten «Nadeln» der *Akupunktur.* Die Fähigkeit, Feuer zu entfachen, und die Feststellung, daß bestimmte Schmerzen am wärmenden Feuer verschwanden, schufen die Voraussetzung für die Entwicklung der *Moxibustion,* jenes zweiten Grundpfeilers der chinesischen Medizin, der mit glühendem pulverisiertem Pflanzenmaterial bestimmte Körperstellen des Patienten erwärmt.
So wie sich die Arbeitsinstrumente der alten Chinesen entwickelten, so verfeinerten sich auch die Werkzeuge der Akupunktur: Aus den spitzen Steinen wurden Knochen- und Bambusnadeln, und in der zweiten Hälfte des 2. Jahrtausends v. Chr. gelang schließlich die Herstellung von Metallnadeln. Nun wurde immer mehr bekannt über die geheimnisvollen Verbindungen zwischen den genadelten Punkten und deren wohltuender Wirkung: Das System der Meridiane und ihrer Verbindungsbahnen wurde entdeckt. Im «Huangdi Nei Jing», dem über 2000 Jahre alten «Klassiker» der chinesischen Medizin, wurde der ganze damalige Erkenntnisstand niedergeschrieben. Das «Huangdi Nei Jing» enthält ein umfangreiches Protokoll der Gespräche zwischen Kaiser Huangdi und seinem Arzt. Über weite Strecken befaßt es sich mit der Aku-

punktur, mit der Lage, der Funktion und den Krankheiten der Meridiane, mit den Indikationen und Kontraindikationen der Nadelungspunkte.
Ein ungelöstes Problem der Akupunktur war jahrhundertelang die Lokalisierung der Punkte. Ein Patient war dünn, der andere dick, der dritte groß und der vierte klein. Woran sollten sich die Akupunkteure halten, wenn sie eine Nadel wirklich präzise plazieren wollten? Von festen Maßeinheiten und Abständen zwischen den einzelnen Akupunkten konnte man jedenfalls nicht ausgehen. Es war mehr oder minder der Intuition des einzelnen Akupunkteurs überlassen, ob er den richtigen Akupunkt traf. Die Lösung fand man zur Zeit der Han-Dynastien (um 202 v. Chr. bis 220 n. Chr.), als das relative Körpermaß *Cun* (sprich: «Tschün») zum Maßstab gemacht wurde: Eine bestimmte Strecke auf dem Körper des Patienten, zum Beispiel die Breite seines Daumens, diente als proportionale Maßeinheit, mit der die Akupunkteure fortan rechneten. Bis heute ist das individuelle Maß Cun die Grundlage des Praktikers geblieben.
Unter der Tang-Dynastie (618—907) hob die Schaffung spezieller Lehrstühle die Akupunktur und die Moxibustion auf ein universitäres Niveau empor. Die Kurse waren für die angehenden Ärzte obligatorisch. Auf zwei Bronzestatuen in Lebensgröße markierten die Meister um die Jahrtausendwende den genauen Verlauf der Meridiane und die präzise Lage der Akupunkte. Diese Statuen waren das verbindliche Lehrmittel für die Ausbildung und die Abschlußprüfungen der Studenten. Die dreidimensionale Darstellung war ein großer Erfolg, denn erstmals konnte so das gesamte Meridiannetz zusammenhängend studiert werden.
Mit dem Kompendium des Arztes Yang Ki-tcheou und drei Meridian-Statuetten aus der Ming-Dynastie (1368—1644) fand eine blühende Periode der Akupunktur ihr vorläufiges Ende, denn die Herrscher der nachfolgenden Tsing-Dynastie (1644—1911) mißtrauten dieser traditionsreichen Medizin. Das chinesische Volk allerdings

verlor sein Vertrauen nicht, so daß Akupunktur und Moxibustion weiterhin praktiziert wurden, obwohl sie in der Forschung keine Unterstützung mehr erhielten.
Für die traditionelle chinesische Medizin begann ein trübes Kapitel, das mit dem Kulturimperialismus, mit dem Opiumkrieg (1840—1842) und schließlich mit einer Abschaffung dieser Heilkunst per Dekret seinen tiefsten Punkt erreichte, obwohl sie mittlerweile auch in Japan und Europa bekannt geworden war und da und dort bereits praktiziert wurde.
In China selbst erhielt die Akupunktur von der kommunistischen Partei neue Unterstützung, und der spätere Präsident Mao forderte 1928, gerade als die Rote Armee gegründet wurde, eine umfassende Zusammenarbeit zwischen der traditionellen östlichen und der westlichen Medizin. Im Widerstandskrieg gegen Japan und auf dem «Langen Marsch» nach Jenan spielten Akupunktur und Moxibustion eine wesentliche Rolle in der gesundheitlichen Versorgung der Soldaten. Und seit der Proklamation der Volksrepublik konnten sie auch ihren angestammten Platz an Chinas Forschungs- und Ausbildungsstätten zurückerobern. Anders wäre der Riesenschritt in die Zukunft, der in den fünfziger Jahren mit der Entwicklung der Akupunktur-Anästhesie gelang, wohl nie und nimmer gelungen. Und auch die neueren Forschungen auf dem Gebiet der Laser-Akupunktur wären kaum denkbar, wenn das jahrtausendealte Erbe der chinesischen Medizin ein Schattendasein führen müßte und von der modernen Naturwissenschaft argwöhnisch in die Ecke zweifelhaften Budenzaubers gedrängt würde.

Die Techniken der Akupunktur und der Moxibustion

Dieses Buch ist ganz der Vorbeugung und Selbstheilung durch Massage und Akupressur gewidmet. Aber zweifellos sind der Selbstbehandlung Grenzen gesetzt, und

manchmal ist der Besuch beim Arzt nicht zu umgehen. Natürlich ist Ihr Hausarzt in solchen Fällen die erste Anlaufstelle. Vielleicht haben Sie jedoch auch schon mit dem Gedanken gespielt, sich einem Akupunkteur anzuvertrauen, wenn nur diese Unsicherheit nicht wäre: Tut es weh? Sind die Nadeln auch wirklich sauber? Geht alles mit rechten Dingen zu?
Der nachfolgende kurze Exkurs ist nichts mehr und nichts weniger als eine Orientierung über das Vorgehen des Akupunkteurs. Über sein Können sagt er genausowenig aus wie der theoretische Ablauf einer Blinddarmoperation Auskunft über die fachliche Qualität des operierenden Chirurgen gibt. Sprechen Sie also in jedem Fall mit Ihrem Arzt, wenn Sie eine Behandlung durch den Akupunkteur planen. Informieren Sie ihn später auch über den Verlauf und das Resultat der Therapie. Das gleiche gilt umgekehrt genauso: Erzählen Sie dem Akupunkteur, mit welchen Therapien und Medikamenten Sie bisher behandelt worden sind oder noch behandelt werden.
In der *Akupunktur* werden bestimmte Punkte, in den allermeisten Fällen Punkte der Meridiane, mit Nadeln aus Gold, Silber oder einem andern Metall stimuliert. Wir benützen Nadeln von weniger als einem halben Millimeter Durchmesser. Der Einstich ist je nach Punkt zwischen einigen Millimetern und mehreren Zentimetern tief, er wird in genau definierten Winkeln zur Körperoberfläche vorgenommen, so daß es nur bei unsachgemäßer Anwendung oder falschen Bewegungen des Patienten zu Schmerzen, etwa durch Berühren einer Arterienwand, oder gar zu Verletzungen von Organen kommen kann. Es gibt außerordentlich heikle Punkte, die nur der langjährig erfahrene Spezialist unter den Akupunkteuren stechen sollte: So geht es zum Beispiel beim Nadelungspunkt am inneren Augenwinkel um Bruchteile von Millimetern, die Nadel muß buchstäblich haarscharf der inneren Wand der Augenhöhle entlang geführt werden, ohne den Augapfel zu verletzen. Die Anatomie des Menschen

nimmt deshalb in der Ausbildung der chinesischen Akupunkteure einen zentralen Platz ein.
Zur Ausbildung gehört auch eine lange Reihe von Selbstversuchen. Das schult einerseits die Fingerfertigkeit und die Stichsicherheit des angehenden Akupunkteurs und läßt ihn anderseits die Empfindungen durch die Nadelung, von denen ihm später seine Patienten erzählen werden, in allen Varianten am eigenen Leib erfahren. Der Patient spürt nämlich von den Nadeln nicht einfach nichts, auch wenn lokale Schmerzen beim oder nach dem Einstich tatsächlich meist das unzweideutige Anzeichen einer Fehlmanipulation sind. Was er bei fachgerechter Behandlung spürt, ist das sogenannte *De Qi,* die «Ankunft der Energie». Charakteristische *De-Qi*-Empfindungen sind Hitze oder Kälte, Schwere, Druck, Kribbeln oder Elektrisierung; Schmerzen können an entfernten Körperstellen auftreten. Oft berichten die Patienten von einem Ziehen über die ganze Bahn des Meridians.

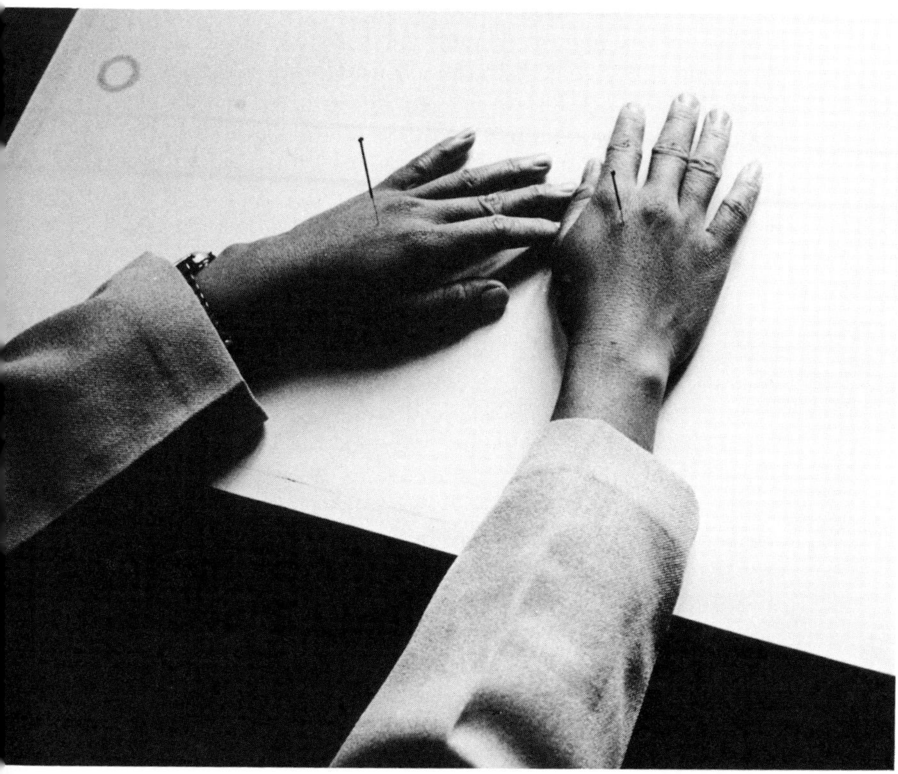

Zu den lokalen Schmerzen muß eine Einschränkung gemacht werden: Je nach Empfindlichkeit des Patienten kann ein Einstich an hochsensiblen Stellen wie den Fingerspitzen oder den Fußsohlen leichte Schmerzen verursachen. Generell empfinden ängstliche, nervöse Patienten wie auch solche, die sich zum ersten Mal akupunktieren lassen und vielleicht noch unsicher sind, weit häufiger Schmerzen als Routiniers, die ihren Akupunkteur gut kennen und ihm vertrauen. Der gute Akupunkteur ist also nicht nur geschulter Techniker, sondern auch feinfühlig und liebevoll im menschlichen Umgang. Er zwingt den Patienten niemals, Schmerzen um alles in der Welt zu ertragen. Lieber wird er die Therapie abbrechen und zunächst im Gespräch das Vertrauen in seine Behandlung festigen.

Nach dem Einstich werden die Nadeln normalerweise während 15 bis 20 Minuten in der Haut belassen. Alle paar Minuten kontrolliert der Akupunkteur die Position und bewegt die Nadeln je nach Therapieziel hin und her, dreht sie zwischen den Fingern oder läßt sie vibrieren. In Notfällen oder bei der Intensivbehandlung schwerer Krankheiten mit starken Schmerzen müssen die Nadeln manchmal stundenlang im Körper bleiben und je nachdem während der ganzen Zeit pausenlos bewegt werden, bis eine Besserung eintritt.

Die feinen Nadeln mit Stich- und Griffteil sind nicht die einzigen Instrumente des Akupunkteurs. Bei bestimmten Erkrankungen kann es sinnvoll sein, einige Tropfen Blut zu entnehmen, dem Patienten mit einem kleinen Aderlaß zu helfen. Hierzu benützt der Therapeut heute oft die gleichen Lanzetten, die in der Schulmedizin zur Blutentnahme an der Fingerspitze verwendet werden. Einen wichtigen Platz nimmt auch die «Blüte des Pflaumenbaums» ein: Mit einem zylindrischen Hämmerchen, das mit fünf bis sieben Nadelspitzen und einem langen Stiel versehen ist, klopft der Akupunkteur rhythmisch auf die zu behandelnde Hautstelle. Um Rißwunden zu verhindern, achtet er darauf, daß die Nadelspitzen genau gleich

lang und nicht verbogen sind und daß sie präzis senkrecht auf die Haut treffen.
Oberstes Gebot bei all diesen Techniken ist die Sauberkeit und Keimfreiheit der Nadeln. Gerade im Hinblick auf Krankheiten wie Hepatitis B und Aids, die durch das Blut übertragen werden, kann man der sachgemäßen Sterilisation der Instrumente nicht genug Gewicht beimessen. Ein Heißluftofen, in dem die Nadeln über eine vorgeschriebene Zeit bei 180 °C sterilisiert werden, oder ein entsprechend wirkungsvolles Gerät gehören deshalb zum obligatorischen Inventar der Praxis. Das bloße Desinfizieren mit Alkohol oder durch Abkochen ist ungenügend. Auf Wunsch benutze ich selbstverständlich auch frische Nadeln. Wenn Patienten regelmäßig zu mir kommen und ich sie gut kenne, so gebe ich ihnen ihre «eigenen» Nadeln. Sie nehmen sie in einer Alkohollösung mit nach Hause, bewahren sie selber auf und bringen sie zum nächsten Termin wieder mit.
Die *Moxibustion* wird im «Huangdi Nei Jing» vor allem zur Behandlung von Krankheiten, die durch Kälte und Feuchtigkeit verursacht wurden, empfohlen. Dagegen ist die Moxibustion, die mit Wärme arbeitet, bei Fieber, bei Entzündungskrankheiten und bei Bluthochdruck nicht angezeigt, da sich solche Hitze-Symptome unter der Wärmeeinwirkung sehr rasch verschlimmern können. In der Moxibustion werden bestimmte Körperstellen, zum Beispiel auch Akupunkte mit Nadelungsverbot, wie der Bauchnabel, durch glimmenden Zunder aus getrockneten und gestampften Beifußblättern erwärmt. Früher wurden sogenannte Moxakegel aus Beifuß direkt auf der Haut angezündet und abgeglüht, heute wird zur Isolation meist eine Scheibe Knoblauchzehe oder Ingwerwurzel zwischen Haut und Moxakegel geschoben. Die sicherste Methode zur Verhinderung von Brandwunden ist die «sanfte Moxibustion» durch den Moxastab: Der Akupunkteur bringt den Beifußstab am einen Ende zum Glühen, führt ihn in regelmäßigen Abständen an die Haut heran und wieder davon weg und kann die so erwärmte

Stelle laufend beobachten. Auf diese Weise läßt sich der Moment, in dem die Haut die gewünschte Rötung aufweist, genau festlegen. Das Hauptanwendungsgebiet der Wärmetherapie mit Beifuß *(Artemisia vulgaris)* sind Schwächezustände aller Art, so etwa Schwindel durch niedrigen Blutdruck.
Als Mittel gegen Schwäche hat der Beifuß auch in Europa eine alte Tradition. Die römischen Legionäre sollen sich Beifuß in die Sandalen gelegt haben, um strapaziöse Märsche zu überstehen und Erschöpfungszuständen vorzubeugen. Im deutschen Sprachraum diente er als Zugabe zum Fußbad gegen müde Beine und bekam auf diese Weise wohl auch seinen Namen. In der traditionellen Volksheilkunde gibt es eine Fülle von Beifußrezepten gegen verschiedene Leiden, zum Beispiel gegen chronischen Durchfall und Schwächung durch Darmparasiten. Tatsächlich enthält das ätherische Öl des Beifußes zur Hauptsache Cineol, einen Wirkstoff gegen Würmer. Ob diese Wirkung bekannt war, als man früher mit Beifußkraut den Salat würzte, das läßt sich hier nicht beantworten. Der Beifuß ist in Europa wie in Asien beheimatet. Beide Kulturen haben, unabhängig voneinander, die heilenden Eigenschaften dieser Pflanze früh entdeckt. Gewiß ist damit nur ein einzelnes Beispiel gemeinsamen Wissens beschrieben. Und vielleicht ist es kein besonders glückliches Beispiel, da der Beifuß zwar in der westlichen Homöopathie eine wichtige Rolle spielt, in der Schulmedizin jedoch längst durch chemische Wirkstoffe ersetzt worden ist. Aber läßt es nicht trotzdem den Wunsch aufkommen, die Zusammenarbeit zwischen westlicher und östlicher Medizin zu vertiefen, nach weiteren Übereinstimmungen in der Tradition zu suchen und vor allem die Forschung zur Lösung der anstehenden Gesundheitsprobleme gemeinsam voranzutreiben?

PRAXIS
DER CHINESISCHEN
MEDIZIN

中
醫
學

Die Massage ist etwas Weiches, Fließendes, Harmonisierendes — die Zeichnung versucht, darauf einzustimmen.

Als ein Krebspatient nach Jahren mühevoller Therapien, Kontrollen, neuer Therapien und neuer Kontrollen eines Tages vom Arzt erfuhr, er sei wieder gesund, da freute sich der Mann so sehr, daß er am Fest, das er am gleichen Tag für seine Freunde gab, an einem Herzversagen starb. Hätte er das Fest durch andere organisieren lassen und sich selber mit den Einkäufen und Vorbereitungen nicht derart gestreßt, so wäre er — nach westlicher Vorstellung — am Leben geblieben. Nach meiner Ansicht wäre er am Leben geblieben, wenn er sich weniger gefreut hätte, wenn er die gute Nachricht gelassener aufgenommen hätte.
Was war geschehen? Durch die übermäßige Freude waren Yin und Yang des Mannes, die beiden alles bestimmenden polaren Lebensprinzipien, vollends aus dem Gleichgewicht geraten. Und unkontrollierte Gefühle — seien sie nun positiv oder negativ — gelten in der chinesischen Medizin als Krankheitskeim Nummer eins. Denn in unserer Vorstellung kommt der Mensch als vollkommenes und unverletzbares Wesen zur Welt. Er selber ist es, der im Lauf seines Lebens seinen Gefühlshaushalt durcheinanderbringt, sich falsch ernährt und dadurch seine Abwehr schwächt. Wenn er unausgeglichen ist, so wird ihn ein extremes Klima eher krank werden lassen, er wird leichter zum Opfer eines Unfalls, Infektionskrankheiten greifen ihn schneller an. Der Verlust der natürlichen Abwehrkräfte stört den Energiefluß, der im östlichen Verständnis den menschlichen Körper aktiviert und gesund erhält. Die Bahnen, in denen die Energie den Körper durchfließt, heißen Meridiane. Sie sind genau lokalisiert, hier setzt deshalb meine Behandlung von Krankheiten an. Wenn zuviel Energie fließt, so wird sie durch entsprechende Behandlung der Meridiane gestreut. Wenn zuwenig fließt, kann ich sie stimulieren. Diagnostische und therapeutische Methoden der chinesischen Medizin basieren auf dem Regelsystem der fünf Elemente, die nicht nur die Umwelt und den Kosmos, sondern auch die Körperteile und Organe, Stimmungen

und Aktivitäten des Menschen beeinflussen. So ist zum Beispiel Feuer das Element des Herzens und gleichzeitig das Element der Freude; zuviel Freude strapaziert das Herz. Holz ist das Element der Leber und der Wut, Wutanfälle schaden der Leber. Milz und Sorgen sind der Erde zugeordnet, Lunge und Traurigkeit dem Metall, Nieren und Angst dem Wasser. Wenn wir auf das Schicksal jenes Mannes zurückkommen wollen, der vor Freude über seine wiedererlangte Gesundheit einen Herzinfarkt erlitt, so verstehen wir jetzt besser, wieso er aus östlicher Sicht gut daran getan hätte, seine Freude rechtzeitig zu zügeln.

Die Regeln der fünf Elemente

Unter dem Eindruck der wechselnden Jahreszeiten entstand im alten China, dessen Leben von der bäuerlichen Arbeit auf den Feldern geprägt war, die Vorstellung von den fünf Elementen und ihren energetischen Wechselwirkungen. Frühling, Sommer, Spätsommer, Herbst und Winter bezeichnen die Perioden, in denen die Elemente Holz, Feuer, Erde, Metall und Wasser ihren jeweiligen Aktivitätshöhepunkt erreichen. Jedes Element nährt das nachfolgende, so wie jede Jahreszeit die nachfolgende hervorbringt. Gleichzeitig wirkt jedes Element auf ein anderes hemmend und zerstörend, so daß die Summe der Energien schließlich gleichbleibt.
Mit diesen beiden Regeln der Erzeugung und Zerstörung erklärten sich die Menschen im alten China das Zusammenspiel von Wandel und Wiederholung im Laufe der Zeit. Man konnte sicher sein, daß auf jeden Abend ein neuer Morgen folgen würde, daß die Jahre nach bekannten, ewig gleichbleibenden Gesetzmäßigkeiten vergingen. Um so größer war die Unruhe, wenn eine Jahreszeit ungewohnt heiß, feucht, trocken, kalt oder windig war. Hitze im Frühling bedeutete zum Beispiel, daß das Sommer-Element Feuer zu früh aktiv wurde – und das verhieß nichts Gutes. Die Ordnung des Universums nach

Die fünf Elemente und ihre Entsprechungen im Menschen, in der Natur und im Kosmos:

	HOLZ	FEUER	ERDE	METALL	WASSER
Organ	Leber	Herz	Milz	Lunge	Nieren
Hohlorgan	Gallen-blase	Dünndarm	Magen	Dickdarm	Blase
Sinnesorgan	Augen	Zunge	Lippen	Nase	Ohren
Wahrnehmung	Sehen	Schmecken	Tasten	Riechen	Hören
Gewebe	Bänder, Sehnen	Arterien	Muskeln	Haut, Körperhaar	Knochen, Kopfhaar
Exkret	Tränen	Schweiß	Speichel	Auswurf	Urin
Geschmack	Sauer	Bitter	Süß	Scharf	Salzig
Stimmung	Wut	Freude	Sorgen	Traurigkeit	Angst
Ausdruck	Schreien	Lachen	Singen	Weinen	Wimmern
Tageszeit	Morgen	Mittag	Nachmittag	Abend	Nacht
Entwicklung	Geburt	Wachstum	Wende	Niedergang	Tod
Richtung	Osten	Süden	Mitte	Westen	Norden
Klima	Wind	Hitze	Feuchtigkeit	Trockenheit	Kälte
Jahreszeit	Frühling	Sommer	Spätsommer	Herbst	Winter
Planet	Jupiter	Mars	Saturn	Venus	Merkur
Farbe	Grün	Rot	Gelb	Weiß	Schwarz
Pflanzliche Nahrung	Korn	Reis	Mais	Hafer	Bohnen
Tierische Nahrung	Huhn	Schaf	Rind	Pferd	Schwein
Metall	Zinn	Quecksilber	Kupfer	Eisen	Blei
Zeichen	Drachen	Sonne	Vogel	Tiger	Mond-Schild-kröte

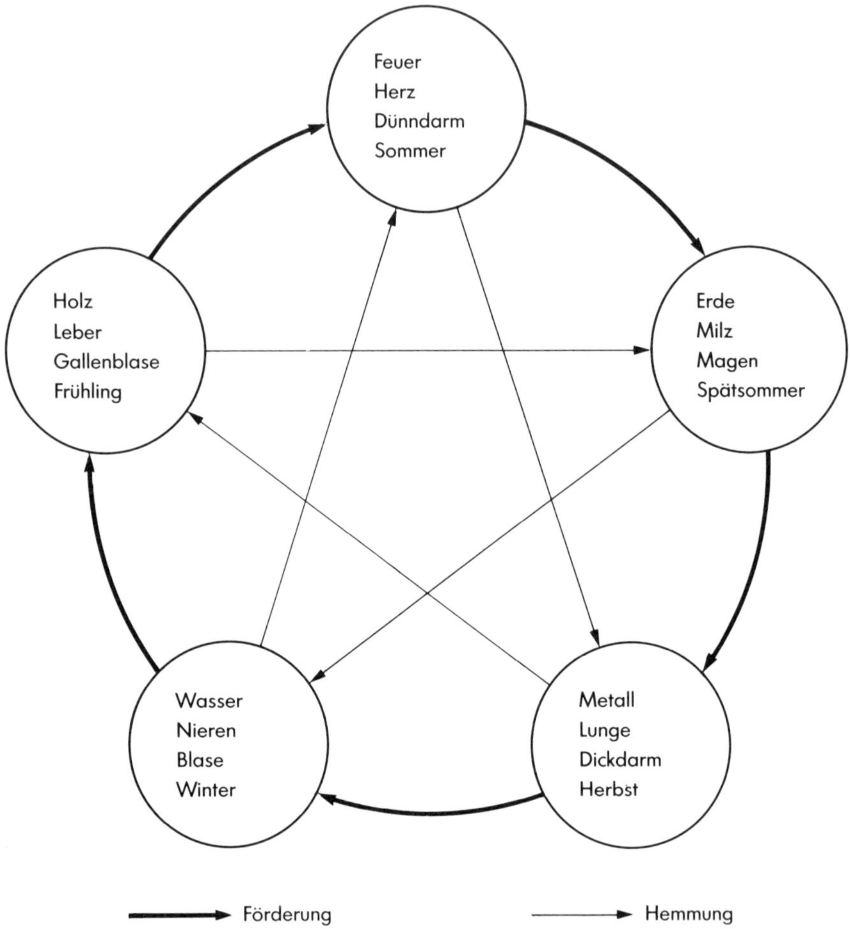
Feuer
Herz
Dünndarm
Sommer
Erde
Milz
Magen
Spätsommer
Metall
Lunge
Dickdarm
Herbst
Wasser
Nieren
Blase
Winter
Holz
Leber
Gallenblase
Frühling
Förderung
Hemmung

den Regeln der fünf Elemente wurde auf viele Bereiche des menschlichen Lebens übertragen, im speziellen auch auf die Gesundheitsvorsorge. Zu jedem Organ (Herz, Milz, Lunge, Nieren, Leber) gehört ein nährendes Hohlorgan (Dünndarm, Magen, Dickdarm, Blase, Gallenblase). Die entsprechenden Meridian-Paare beeinflussen sich gegenseitig nach den Regeln von Erzeugung und Zerstörung. Wir betrachten deshalb ein krankes Organ nie isoliert, sondern stets zusammen mit den Organen und Körperteilen, die es angesteckt haben könnten und die es – über die Meridiane und die fünf Elementarenergien – selber anstecken könnte. Eine genaue Kenntnis all dieser Zusammenhänge ist besonders in der chinesischen Präventivmedizin von unschätzbarem Wert. Indem wir zum Beispiel im Frühling bestimmte Energien fördern, können wir den Krankheiten des Sommers vorbeugen. Oder wir können, durch entsprechende Behandlung der Meridiane, ein Organ stärken, wenn ihm von einem kranken Partnerorgan Gefahr droht.
Die Organe und Hohlorgane sind einander paarweise zugeordnet. Jedes Paar gehört zu einem der fünf Elemente, die mit ihren Energien den Lauf der Jahreszeiten bestimmen. Die Regeln der Förderung und der Hemmung halten den Kreislauf im Gleichgewicht.

Yin und Yang

Die Begriffe Yin und Yang sind in die deutsche Sprache eingegangen, nachdem die chinesische Heilkunst im Westen populär geworden war. Leider muß ich aber immer wieder feststellen, daß sehr unpräzise Vorstellungen von der Bedeutung, dem Gehalt dieser beiden Schlüsselbegriffe bestehen. Zugegeben, die Vorstellung vom universalen Wirken der zwei Kräfte ist eine sehr chinesische und mag für Europäer schwierig nachzuvollziehen sein. Auf der andern Seite, und dies scheint mir die Richtigkeit dieser Lehre nachdrücklich zu bestätigen, finde ich auch im westlichen Denken Vorstellungen und Überlegungen, die der chinesischen Denkschule durchaus entsprechen, immer klarer dargestellt. Daß der Mensch sein inneres Gleichgewicht bewahren soll, daß die Abwehrkräfte durch heftige Gefühlsregungen oder unausgewogene Ernährung geschwächt werden[1], sind Erkenntnisse, die sich die chinesische Gesundheitslehre schon sehr lange zu eigen gemacht hat, und zwar basierend auf der uralten Yin-Yang-Theorie.

Yin (das «Schattige») und Yang (das «Helle, Lichte»), die beiden alles durchwirkenden Kräfte, sind nicht zwei unvereinbare Pole: In jedem Yin ist auch Yang, in jedem Yang ist Yin.

Die Grundzüge dieser (an sich natürlich noch sehr viel tiefsinnigeren und vielschichtigeren) Lehre lassen sich wie folgt entwerfen:
Yin und Yang sind die beiden gegensätzlichen Prinzipien des altchinesischen Denkens, nach denen alle Dinge und Erscheinungen der Welt geordnet sind. Ursprünglich bedeutet Yang Licht, Yin als Gegenpol Schatten. Später bekam Yang auch die Bedeutung des Männlichen, Aktiven, Yin dagegen die Bedeutung des Weiblichen, Passiven.

[1] vgl. Mark P. Friedlander/Prof. Dr. Terry M. Phillips: Für ein starkes Immunsystem. Bern, 1987.

Die Erde betrachtete man als Yin, den Himmel als Yang. Damit war unten Yin und oben Yang. So wurden Yin und Yang schließlich zur allgemeinen Bezeichnung für das Gegensätzliche in der Natur, im Kosmos, aber auch im Menschen selbst.
Im chinesischen Denken gilt der Mensch als organischer Bestandteil des Universums. Gleichzeitig ist er ein vollständiges Ganzes und damit selber ein kleines Universum, in dem wiederum alles nach den Prinzipien Yin und Yang geordnet ist: Seine Aktivitäten sind Yang, sein Schlaf ist Yin; die obere Körperhälfte ist Yang, die untere Yin; Arme sind Yang, Beine sind Yin; die Hohlorgane des Verdauungsapparates sind aktive Energieproduzenten und deshalb Yang; Herz und Herzbeutel, Lunge, Leber, Milz und Nieren empfangen die Energie, sie sind deshalb Yin; die Energie selbst ist Yang, Blut und andere Körperflüssigkeiten sind Yin; Yin ist auch das Körperinnere, während die Körperoberfläche Yang ist.
Doch hüten wir uns vor voreiligen Schubladisierungen! Yin und Yang sind keine festen Größen, denn Yin enthält stets auch Yang, Yang hat immer einen Yin-Anteil. In Beziehung zu den Armen sind die Beine Yin, in Beziehung zum Rumpf sind sie jedoch Yang. Die Leber ist Yin, ihre Oberfläche ist Yang. Ein und dieselbe Krankheit kann Yang oder Yin — progressiv oder chronisch — verlaufen.
Yin und Yang sind also nicht in einem statischen, sondern in einem fließenden Gleichgewicht. Wenn wir nun bedenken, daß das unendlich fein verästelte Yin-Yang-Beziehungsnetz im Körper des Menschen in ebenso vielen Verbindungen zu seinem Geist und seiner Seele, zu seiner Umwelt und den Jahreszeiten steht, dann verstehen wir leicht, wieso die chinesische Medizin den allergrößten Wert auf die gesundheitliche Vorsorge legt: Ein solch kompliziertes Gleichgewicht zu erhalten ist einfacher, als es wiederherzustellen, wenn es einmal gestört ist. Eine ausgewogene Ernährung und ein harmonisches Gefühlsleben in einer intakten Umwelt sind deshalb das A und O für eine vollkommene körperliche und geistige

Gesundheit. Und nicht umsonst schätzen selbst hochkarätige östliche Akupunkteure die präventive tägliche Massage höher ein als den schwierigsten kurativen Nadelstich.

Überragende Ärzte behandeln noch nicht ausgebrochene Krankheiten, unbedeutende Ärzte schon ausgebrochene, meint ein chinesisches Sprichwort. Im alten China wurden deshalb Ärzte manchmal nur so lange bezahlt, als ihre Schützlinge gesund waren; andernfalls hätten die Ärzte ja versagt ... Dies scheint mir doch eine etwas rigorose Auffassung zu sein, ein Körnchen (oder mehr) Wahrheit läßt sich aber auch hier finden: Auch ich lege größten Wert auf Vorbeugung, auf Stärkung des Körpers schon in gesunden Tagen. Die chinesische Massage, täglich ausgeführt, ist ein vorzüglicher Schutzschild gegen Krankheiten und Belastungen des Alltags. Aber auch die Akupressur hilft oft, Krankheiten zu vermeiden, da die Energieströme wieder ins Gleichgewicht gebracht werden, bevor sich Schlimmes daraus ergeben kann.

Diagnose

Die traditionelle chinesische Medizin kennt weder Röntgenuntersuchungen noch Labortests, weder Endoskopie noch Biopsie, noch sonst eine der präzisen technisch-diagnostischen Untersuchungsmethoden der westlichen Schulmedizin. Um so sorgfältiger setzt der chinesische Arzt deshalb die Mittel ein, die ihm zur Diagnose bleiben: seine eigenen Sinnesorgane.

Natürlich ist auch der westliche Mediziner — besonders der Allgemeinpraktiker — auf ein gutes «Gespür» für seinen Patienten angewiesen. Befund und Therapieentscheid hängen wohl in der östlichen wie auch in der

westlichen Medizin zuallererst vom Verhältnis zwischen Patient und Arzt ab. Hat der Patient Vertrauen und spricht offen über seine Probleme? Nimmt sich der Arzt Zeit, mit dem Patienten zu sprechen, ihn genau zu beobachten? Genauso wie ich hat auch ein westlicher Kollege die Pflicht, zuerst jene diagnostischen Möglichkeiten auszuschöpfen, die sich im Gespräch mit dem Patienten und ohne fremde Mittel ergeben: Sehen, Hören und Riechen, Fragen stellen, Fühlen und Abtasten.
Diese Diagnose in vier Schritten stellt in der chinesischen Medizin einen festen Raster dar, mit dessen Hilfe der Arzt seine Wahrnehmungen fortlaufend nach den Prinzipien Yin und Yang und nach den Gesetzen der fünf Elemente auswerten kann. Sie setzt allerdings geschulte Sinnesorgane voraus. Der Akupunkteur muß auf Anhieb erkennen können, ob die Zunge seines Patienten «gräulich», «bräunlich» oder «gelblich» belegt ist. Er muß auch die Lautstärke und den Tonfall der Stimme beurteilen können. Ebenso interessiert ihn, ob der Schweiß eines Patienten «süßlich» oder «sauer» riecht, was schon deshalb schwierig festzustellen ist, weil sich die meisten Patienten Mühe geben, in der Sprechstunde nach gar nichts oder allenfalls nach Dusch-Gel und Parfum zu riechen. Dem Akupunkteur erschwert ein frisch gebadeter Patient die Diagnose auch deshalb, weil ein Bad Haut und Körpertemperatur beeinflußt, zwei wichtige Punkte im vierten Diagnoseschritt, in dem der Arzt den Puls fühlt und den Körper des Kranken abtastet.
Mit den vier Schritten «Sehen», «Hören und Riechen», «Fragen» und «Befühlen» diagnostiziert die chinesische Medizin nach den Prinzipien Yin und Yang und nach den Gesetzen der fünf Elemente. Dabei suchen wir nicht nach einer Krankheit im westlichen Sinn, um diese zu bekämpfen, sondern wir gehen weiter und suchen nach der Ursache der Erkrankung beziehungsweise nach Ort und Ausmaß des Energie-Ungleichgewichts, das der Erkrankung zugrunde liegt. Die Krankheit selbst wird so zum Symptom. Auch der Akupunkteur behandelt selbstver-

ständlich die Krankheit, lindert Schmerzen, hemmt Entzündungen. Er geht jedoch davon aus, daß seine Therapie auf lange Sicht erfolglos bleibt, wenn er das ursächliche Energie-Ungleichgewicht nicht findet und behebt.
Der Akupunkteur behandelt also nicht nur die Krankheit, sondern die ganze Person des Patienten. Das bedeutet, daß er bei der Diagnose manchmal zu Resultaten kommt, die bei zwei Patienten nicht gleich sein müssen, auch wenn sich diese über dieselben Schmerzen beklagen. Die Therapie hängt übrigens auch von der Jahreszeit ab: Je nachdem wird eine andere Behandlung vorgenommen.
Die klinische Untersuchung beginnt mit genauem *Beobachten.* Der Arzt beurteilt die Konstitution und den Bewegungsapparat des Patienten. Besondere Aufmerksamkeit schenkt er der Gesichtsfarbe, dem Farbton der Lippen, der Zunge und der Augen. Nach der Lehre von den fünf Elementen geben ihm diese Farben Aufschluß über den Zustand der inneren Organe. Gleichzeitig lassen sie ihn bereits Näheres über das zugrunde liegende Energie-Ungleichgewicht erfahren.
Mit *Hören* und *Riechen* setzt der Arzt die Untersuchung fort. Tönt die Stimme des Patienten schwach? Spricht er schnell, laut, abgehackt? Wie ist seine Ausdünstung? Hat er Mundgeruch? Auch wenn die Symptome schwierig zu erfassen und zu interpretieren sind: Für die Diagnose sind sie genausowichtig wie die eigentlichen Beschwerden.
Im dritten Schritt stellt der Arzt dem Patienten *Fragen.* Er erkundigt sich über seinen Alltag, seine Gewohnheiten, seine Vergangenheit, seine Familie. Der Patient soll auch über seine Krankheit sprechen. Er soll den Verlauf und die verschiedenen Phasen beschreiben. Es ist wichtig, daß er seine Schmerzen möglichst genau lokalisiert. Kopfweh kann zum Beispiel durch eine Störung des Energieflusses auf einem der Meridiane verursacht sein. So besteht ein Zusammenhang zwischen Magen-Meridian und Schmerzen im Stirnbereich, zwischen Gallen-

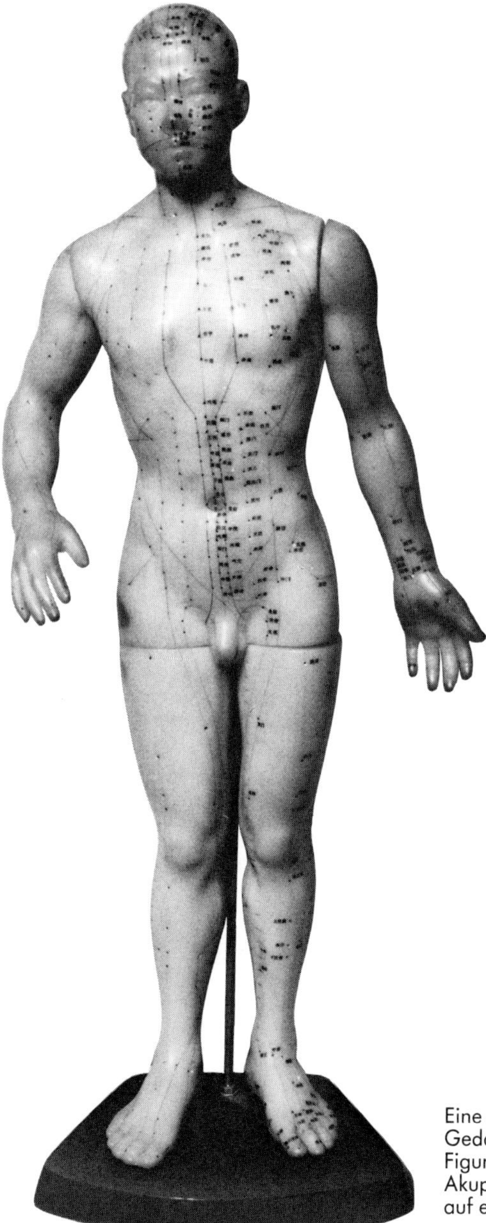

Eine wichtige Hilfe und Gedankenstütze ist diese Figur: Meridiane und Akupunkte finden sich auf einen Blick.

blasen-Meridian und Schmerzen in den Schläfen, zwischen Blasen-Meridian und Schmerzen im Hinterkopf und im Nacken, zwischen Leber-Meridian und Schmerzen im Scheitel.

Pulsdiagnose und *Abtasten* schließen die klinische Untersuchung ab. Indem wir den Körper des Patienten nach schmerzenden, geschwollenen und druckempfindlichen Stellen abtasten, kontrollieren wir gleichzeitig die Hauttemperatur. Eine überhöhte Temperatur gilt in der chinesischen Medizin als kombiniertes Symptom aus «Leere» und «Wärme», kalter Schweiß dagegen bedeutet «Leere» und «Kälte». Überhitzte Hände und Füße zeigen eine «Yin-Leere» an, kalte eine «Yang-Leere».

Einen ausgezeichneten Tastsinn und viel Erfahrung erfordert die chinesische Pulsdiagnose. Der Arzt legt seine drei mittleren Finger auf drei hintereinanderliegende Stellen des Pulses am Handgelenk des Patienten. Mit drei verschiedenen Druckintensitäten fühlt er nun an den drei Stellen die oberflächlichen, die mittleren und die tiefen Pulse. Die Resultate vergleicht er mit den Pulsen am anderen Handgelenk und teilt sie nach einer ganzen Anzahl von Merkmalen ein. Wenn die verschiedenen Pulse harmonisch zusammenspielen, dann gilt der Puls im ganzen als normal.

Dieses Diagnose-Instrumentarium mag einem westlichen Kollegen sehr einfach erscheinen, in Tat und Wahrheit ist es aber sehr aussagekräftig, und vor allem stellt es auch sehr hohe Ansprüche an das Wahrnehmungs- und das Einfühlungsvermögen des Arztes — Eigenschaften, die meiner Meinung nach trotz aller hochkomplizierten Technologien die Grundlagen der Diagnose bleiben.

Die acht Schlüsselsymptome

In den vier Schritten der Diagnose hat sich der chinesische Arzt dem Patienten sachte und rücksichtsvoll genähert. Zuerst hat er ihn betrachtet, ihm zugehört und seinen Geruch wahrgenommen. Dann hat er ihm Fragen gestellt, und zwar zunächst jene Fragen, die den Patienten nicht stark belasten. Und schließlich hat er ihn berührt, seinen Puls gefühlt und seinen Körper abgetastet. Um jetzt einen Therapieentscheid zu treffen, der ja nicht nur von der Erkrankung, sondern von der ganzen Person des Patienten abhängig ist, ordnet der Arzt die zahlreichen Ergebnisse der klinischen Untersuchung den acht Schlüsselsymptomen der chinesischen Medizin zu:

Tiefe	Oberfläche
Kälte	Hitze
Leere	Fülle
Yin	Yang

Mit diesen Unterscheidungen können wir die Energiestörung lokalisieren und die Krankheit nach Verlauf und Schweregrad einstufen. Eine Erkrankung, bei der die Leere-Symptome überwiegen, verläuft eher chronisch, Leere zeigt ein Energiedefizit an. Leere-Symptome sind etwa Appetitlosigkeit, Nachtschweiß, eine schwache Stimme und Müdigkeit. Fülle-Symptome wie schleimiger Auswurf, Verstopfung und Blähungen, aber auch ruhrartige Durchfälle deuten auf einen akuten Verlauf hin. Hat der Patient keinen Durst oder bevorzugt heiße Getränke, so ist das ein Kälte-Symptom. Lust auf kühle Getränke, trockene Lippen, gerötete Augen und allgemeine Unruhe sind Hitze-Symptome. Schmerzen in Armen und Beinen sind Oberflächen-Symptome, Schmerzen in Bauch und Brust lassen auf eine tiefliegende Energiestörung schließen.

Yin und Yang sind die Grundprinzipien, nach denen der gesamte Organismus funktioniert. Also sind auch seine

Erkrankungen Yin oder Yang. Tiefe, Kälte und Leere sind die Schlüsselsymptome einer Yin-Krankheit; Oberfläche, Hitze und Fülle sind die Schlüsselsymptome einer Yang-Krankheit.

Der chinesische Arzt untersucht nicht nur die Krankheit, sondern die ganze Person des Patienten nach den acht Schlüsselsymptomen. Diese ganzheitliche Untersuchung führt ihn fast zwangsläufig zu individuell angepaßten Therapieentscheiden. Er kann den Schwerpunkt der Behandlung auf die Ernährungsberatung legen oder pflanzliche Heilmittel verschreiben. Er kann den Patienten massieren oder akupressieren. Er kann die Heiztechnik der Moxibustion anwenden oder akupunktieren. In der Akupunktur selbst stehen ihm verschieden geformte Nadeln aus unterschiedlichen Materialien zur Verfügung. Und je nach Patient kann er zusätzliche Nadeln an Punkten ansetzen, die für das allgemeine Befinden von Bedeutung sind, auch wenn sie in keinem direkten Zusammenhang mit der Krankheit stehen. Mit feinsten Nadelbewegungen kann er schließlich je nach Indikation den Energiefluß entweder stimulieren oder bremsen.

All die verschiedenen und verschieden kombinierbaren therapeutischen Möglichkeiten schließen einen weiteren bedeutenden Entscheid nicht aus: Können wir mit unseren bescheidenen Mitteln dem Patienten helfen? Oder hat er eine Krankheit, die in schulmedizinische Behandlung gehört? Denn die westliche Medizin hat durchaus mächtige Waffen gegen die verschiedensten Krankheiten. Vielleicht können wir dann eine schmerzlindernde und aufbauende Begleittherapie ohne Nebenwirkungen anbieten.

DIE ACHT WUNDER DER CHINESISCHEN MASSAGE

Yin und Yang sind nicht unvereinbare Pole: Der enge Bogen symbolisiert Yin, er läuft aber in Yang aus.

Kan bedeutet das Abgründige, das Wasser. Im «I Ging», dem Buch der Wandlungen, lesen wir unter dem Zeichen Kan: «Das Wasser erreicht sein Ziel durch ununterbrochenes Fließen. Es füllt jede Vertiefung aus, ehe es weiterfließt.» Das Bild des Wassers, im «I Ging» als Beispiel für richtiges Verhalten in bestimmten Lebenssituationen beschrieben, wollen wir uns auch bei der Massage vor Augen halten. So wie die Energie in unserem Körper gleichmäßig und ohne Unterbrechung fließen soll, so gleitet die Hand, mit der wir den Energiestrom beeinflussen, über die Haut: Sie hüpft über keine noch so kleine Vertiefung hinweg, sondern übt überall den gleichen Druck aus. Wie stark der Druck ist, entscheiden Sie selbst. Auch sanftes Streicheln kann Wunder wirken, denn nicht die Intensität, sondern die Gleichmäßigkeit ist für den Erfolg der Massage verantwortlich. Auf keinen Fall ist die chinesische Massage ein Gewaltakt. Sie hat nichts mit kräfteraubendem Muskelkneten zu tun. Schließlich ist unser Körper mehr als ein Stück Teig, das es durchzuwalken gilt.
Die chinesische Massage stärkt Geist und Körper gleichermaßen. Indem Sie die klassischen Meridiane wie auch wichtige Spezialpunkte außerhalb des Meridiansystems anregt, belebt sie den gesamten Organismus, wirkt vorbeugend und heilend in einem. Sie ist ganzheitlicher als Akupressur und Akupunktur, die die Behandlung einzelner Leiden zum Ziel haben. Und sie ist kinderleicht, weil sie keinerlei Kenntnisse von der genauen Lage der Meridiane und Akupunkte voraussetzt. Außerdem kann sie ohne fremde Hilfe und an jedem beliebigen Ort angewendet werden. Wenn Sie die chinesische Massage regelmäßig wiederholen, so wird sie bald ein unentbehrliches Ritual in Ihrer täglichen Körperhygiene sein. Die Konzentration auf Ihren Körper wird Ihnen von Mal zu Mal leichter fallen, und indem Sie die acht Schritte der Massage als acht Wunder erfahren, werden Sie einem neunten auf die Spur kommen: Ihrem Körper, einem kleinen, jedoch vollkommenen Universum.

«Haben Sie eine verstopfte Nase?» Das war das erste, was mich Dr. Kuan Hin fragte, als ich in seine Praxis kam. Was für eine Frage! Natürlich hatte ich keine verstopfte Nase. Ich war ja auch nicht deswegen hergekommen, sondern weil ich mich wegen meiner Kopfschmerzen akupunktieren lassen wollte. Nun zweifelte ich noch mehr, ob mich mein Bekannter da wirklich gut beraten hatte.
Ich war ohnehin nicht besonders überzeugt, daß mir der Akupunkteur helfen könnte. Da ich aber seit langem auf der Suche war, meine Kopfschmerzen ohne Medikamente wegzubringen, konnte ich ja mal hingehen und mich überraschen lassen. Ich hatte oft geschäftlich in Paris zu tun. Falls die Nadeln wirken würden, könnte ich danach regelmäßig zu Dr. Kuan Hin gehen. Nun war ich hier mit meinen Kopfschmerzen, und er wollte unbedingt, daß ich meine Nase massierte, weil sie verstopft sein sollte. Zögernd machte ich die Nasenmassage, die er mir zeigte, nach. Aber wie überrascht war ich über die Wirkung! Es kam mir vor, als würde mein Kopf auf einen Schlag gelüftet. Ich hatte eine verstopfte Nase gehabt, ohne es zu wissen. Als er mich lächelnd fragte, ob es nun besser gehe, war ich noch so verblüfft, daß ich gar keine Antwort geben konnte.
Dann zeigte er mir die ganze Inhoa-Massage und empfahl mir, den Kopf und das Gesicht auch tagsüber zu massieren, sobald die Kopfschmerzen beginnen. Die Stellen, die er jetzt akupunktierte, sollte ich später bei Schmerzen akupressieren. Das war gar nicht nötig, weil die Kopfschmerzen nie mehr so stark geworden sind, seit ich die Inhoa-Massage kennengelernt habe und täglich anwende.

K. W., Handelsreisender,
Frankfurt

Die Vorbereitung

In drei Phasen bereiten Sie sich auf die Massage vor. Zunächst nehmen Sie die richtige Position ein. Dann konzentrieren Sie sich. Und schließlich kontrollieren Sie durch einige Übungen Ihre Atmung.

Die Position: Achten Sie darauf, daß Sie während der Massage nicht gestört werden. Idealerweise massieren Sie sich morgens nach dem Erwachen (insbesondere wenn Sie Mühe mit dem Aufstehen haben) oder abends vor dem Einschlafen, das durch die Massage sehr erleichtert wird. Wenn es Ihr Gesundheitszustand erlaubt, sind Sie dabei nackt. Ihr Körper wird die Gelegenheit zu einem wohltuenden Luftbad nutzen. Er darf jedoch keiner Zugluft ausgesetzt sein, denn — wie eine chinesische Gesundheitsregel sagt — «den Wind muß man meiden wie einen Pfeil». Wenn Sie die Kälte stört, so können Sie sich unter einer Decke massieren. Wichtig ist, daß Ihre Hand wie Wasser über die Haut «fließen» kann. Einige Massagen werden Sie im Liegen, andere im Sitzen vornehmen. Die jeweilige Position richtet sich nach Ihren eigenen Wünschen. Für die vollständige Massage benötigen Sie ungefähr eine halbe Stunde.

Die Konzentration: Nachdem Sie Ihre Massageposition eingenommen haben, befreien Sie Ihren Geist. Lösen Sie sich von allen Sorgen, von jedem Gedanken. Sie vergessen alles, was Sie umgibt, Sie hören nichts und sehen nichts, Ihre Muskeln sind vollkommen entspannt. Konzentrieren Sie sich wechselweise auf zwei Punkte Ihres Körpers. Zum einen auf den Spezial-Akupunkt *Yintang,* der etwas über der Nasenwurzel genau zwischen den Augenbrauen liegt. Zum anderen auf den Bauchnabel, der von einer ganzen Anzahl wichtiger Akupunkte umgeben ist, unter ihnen *Qihai,* das «Energiemeer» (Dienergefäß-Meridian 6), und *Guanyuan,* der «Drehpunkt des Lebens» (Dienergefäß-Meridian 4). In der Tat sagten die alten Meister über diese beiden Punkte des Dienergefäß-Meridians: «In ihnen wohnt *Tan Tien.*» In der traditionellen chinesischen Medizin ist *Tan Tien* das «Meer der Lebensenergien», das «Tor des Atems» und die «Wurzel der Organe, der Hohlorgane und der Meridiane». Beachten Sie bei Ihrer Konzentration auf *Yintang* und den Nabel folgendes: Wenn Ihr Blutdruck eher tief ist, konzentrieren Sie sich vor allem auf den *Yintang.* Wenn er eher hoch ist, versenken Sie sich vor allem in den Nabel. Eine starke Konzentration auf den *Yintang* kann den Blutdruck steigen lassen.

Die Atmung: Atmend nimmt der Mensch in unserem östlichen Verständnis nicht nur Sauerstoff, sondern auch kosmische Energie auf. Die Atmung ist mitverantwortlich für den Erfolg der Massage. Mit zwei einfachen Übungen bringen Sie Ruhe und Regelmäßigkeit in Ihren Atem, die Sie während der ganzen Dauer der Massage bewahren sollten. Wir unterscheiden zwei Arten der Bauchatmung: die natürliche und die — im Westen verbreitete — konträre Bauchatmung. Wiederholen Sie beide Arten je dreimal und steigern Sie im Lauf der Tage schrittweise auf zwanzig bis dreißig Atemzüge.

Die natürliche Bauchatmung: Beim Einatmen füllt sich der Bauch und wird größer, die Brust hebt sich nur minim. Beim Ausatmen ziehen Sie den Bauch wieder ein. Sollten Sie sich plötzlich unwohl fühlen, so unterbrechen Sie die Übung. Reiben Sie die Handflächen aneinander und massieren Sie dann Ihr Gesicht. Erheben Sie sich langsam, machen Sie einige Schritte und trinken Sie etwas warmes Wasser.

Die konträre Bauchatmung: Beim Einatmen ziehen Sie den Bauch ein, die Brust hebt sich. Beim Ausatmen wird Ihr Bauch größer, und Ihre Brust sinkt zusammen. Während Sie durch die Nase einatmen, pressen Sie Ihre Zungenspitze mit leichtem Druck hinter den Schneidezäh-

nen an den Gaumen. Beim Ausatmen durch den Mund lassen Sie die Zunge zurückfallen.
Für die Massage wählen Sie die Atmungsart, die Ihnen besser zusagt und leichter fällt. Bei Affektionen der Atemwege oder des Magens und während der Schwangerschaft sollten Sie sich mit den Atemübungen etwas zurückhalten. Lassen Sie sich ruhig von Ihrem Gefühl leiten, es wird Ihnen das richtige Maß angeben.

Erstes Wunder: Die Trockenbäder

Das erste Wunder besteht aus acht energetischen Massagen, die wir die Trockenbäder nennen. Sie lehnen sich an ein über 800 Jahre altes Werk mit dem Titel «Die acht Wunder der Massage» an. Die Trockenbäder stärken Ihren gesamten Organismus. Einerseits fördern sie die Blutzirkulation und sorgen so für eine gute Durchblutung der Organe. Anderseits aktivieren sie den Energiestrom und unterstützen damit die Arbeit der Verdauungsorgane und des Lymphsystems. Diese Doppelwirkung auf das Blut (Yin) und die Energie (Yang) hilft Ihrem Körper, sein energetisches Gleichgewicht zu erhalten oder wiederzufinden. Haut und Muskeln bleiben elastisch, Sie fühlen sich frisch und ausgeglichen. Indem Sie die Trockenbäder regelmäßig wiederholen, stärken Sie Ihr Abwehrsystem und praktizieren so die höchste der medizinischen Künste, die Vorbeugung.

Bad der Hände Die Hände sind Anfang beziehungsweise Endpunkt von sechs der insgesamt zwölf regulären, organgebundenen Meridiane. Die drei «Yang-Meridiane der Hand» laufen von den Fingerspitzen über den Außenarm zum Kopf, die drei «Yin-Meridiane der Hand» von der Brust über die Innenfläche des Arms und über den Handteller in die Fingerspitzen (vgl. S. 85 ff.). Mit dem Bad der Hände fördern Sie die Beweglichkeit der Fingergelenke, sensibilisieren Ihren Tastsinn und verhindern rissige Haut. Im selben Moment massieren Sie nebenbei die Akupunkte der Meridiane mit ihren zahlreichen therapeutischen Indikationen, und zwar sowohl an der Innenfläche der Hand, mit der Sie massieren, als auch auf dem Handrücken, den Sie gerade behandeln. Sie massieren also stets die Yin-Meridiane der einen Hand und die Yang-Meridiane der andern gleichzeitig.

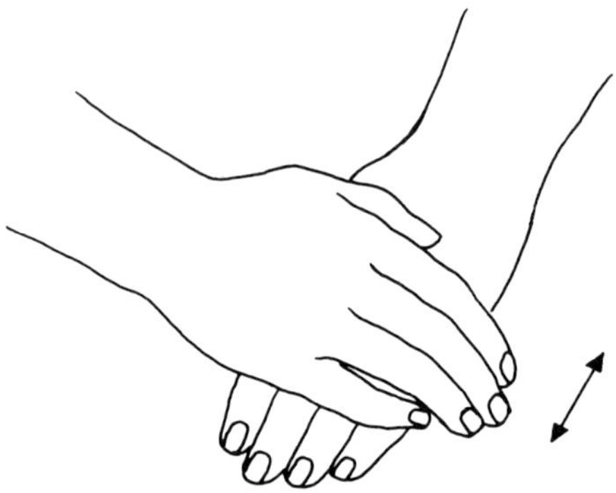

Reiben Sie zunächst die Innenflächen beider Hände aneinander, bis sie erwärmt sind. Umfassen Sie jetzt mit der einen Hand das gegenüberliegende Handgelenk. Massieren Sie 16mal über den Handrücken bis zu den Fingerspitzen und wieder zurück. Wiederholen Sie die gleiche Massage 16mal auf der anderen Hand.

Bad der Arme Die Hand-Meridiane führen durch die Arme. Die geringfügigste Infektion kann von hier auf den übrigen Körper übertragen werden. Das Bad der Arme hält Entzündungen fern, indem es die Gefäße stärkt und Handgelenk, Ellbogen und Schulter gelenkig macht. Sollten Sie an einem Arm eine Infektion haben, so beschränken Sie die Behandlung auf den gegenüberliegenden Arm. Schmerzen im Arm können überdies durch Massage der entsprechenden Stelle am Bein therapiert werden: So entspricht der Schulter die Hüfte, dem Ellbogen das Knie, dem Handgelenk das Fußgelenk.

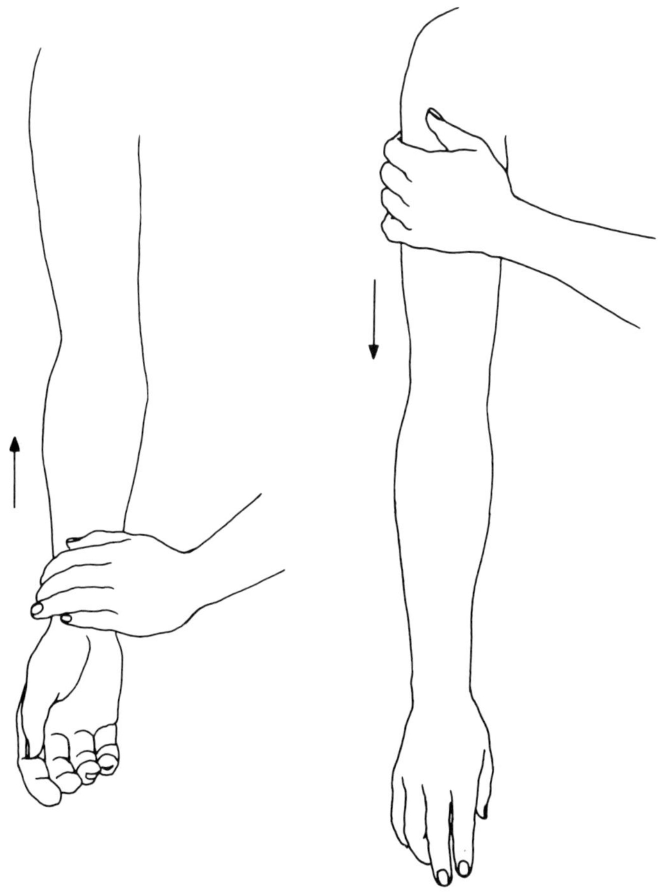

Legen Sie Ihre Hand auf die Innenfläche des gegenüberliegenden Handgelenks. Lassen Sie sie auf der Arminnenseite nach oben, über die Schulter und auf der Armaußenseite wieder zurück zum Handgelenk gleiten. Massieren Sie auf diese Art jeden Arm 16mal.

Bad des Kopfes Der Kopf, Sitz des Gehirns und der Sinnesorgane, ist mit seinem feinstverästelten Gefäßnetz der wohl empfindlichste Teil unseres Körpers. Er ist Treffpunkt aller Yang-Meridiane, aber auch Ort zahlreicher Akupunkte außerhalb des Meridiansystems. Um unerwünschte Reaktionen wie Schwindel oder Kopfschmerzen auszuschließen, wollen wir den Kopf besonders sanft massieren. Sollten trotzdem Beschwerden auftreten, so unterbrechen Sie die Massage. Das Bad des Kopfes fördert die Durchblutung und damit die Sauerstoffzufuhr. Es stärkt die Konzentrationsfähigkeit, das Gedächtnis und die Sehkraft, es kämpft gegen Störungen im Sprachzentrum und gegen Lähmungserscheinungen.

Legen Sie Ihre Handinnenflächen senkrecht nebeneinander auf die Stirn und ziehen Sie sie über Augen, Wangen und Mund zum Kinn hinunter. Fahren Sie beidseits des Halses nach hinten zum Nacken und von dort über den Hinterkopf hinauf und zurück zur Stirn. Wiederholen Sie diese Bewegung 16mal. Tagsüber können Sie, um Ihre Frisur nicht zu beeinträchtigen, auf die Massage des Hinterkopfs verzichten und statt dessen vom Kinn über die Schläfen direkt zur Stirn zurückkehren. Wenn Sie auch ein Make-up tragen, verzichten Sie allenfalls auf die Trockenbäder zwischendurch und massieren sich nur morgens vor der Morgentoilette beziehungsweise abends vor dem Schlafengehen.

Massieren Sie schließlich die Schläfen von unten her so weit zum Scheitel hoch, bis sich die Finger beider Hände begegnen und leicht kreuzen. Pressen Sie nun die verschränkten Finger fest aneinander und fahren Sie der Mittellinie des Kopfes entlang so tief wie möglich über den Nacken nach unten. Wiederholen Sie diese Massage 16mal.

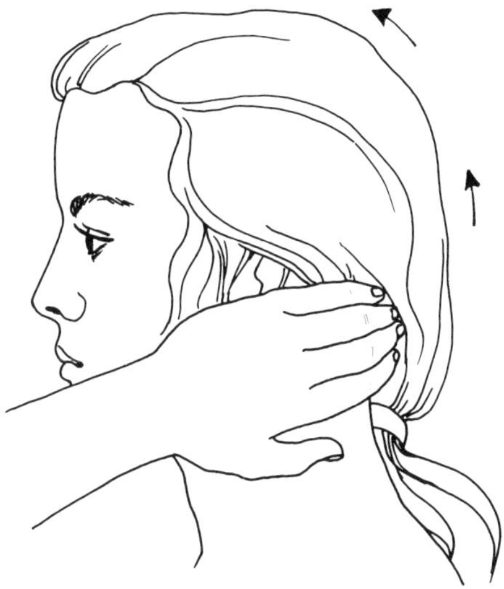

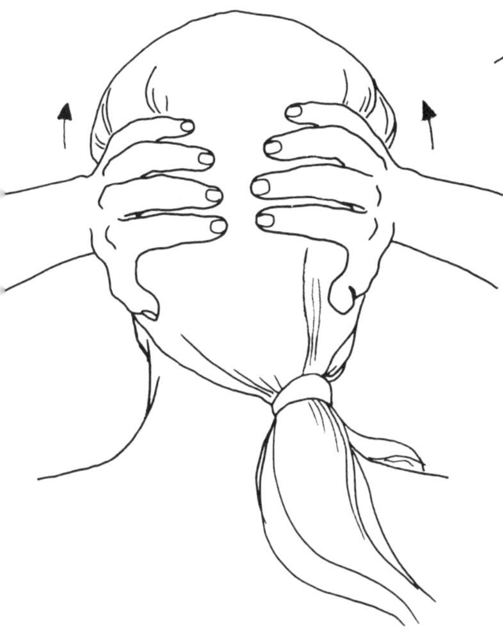

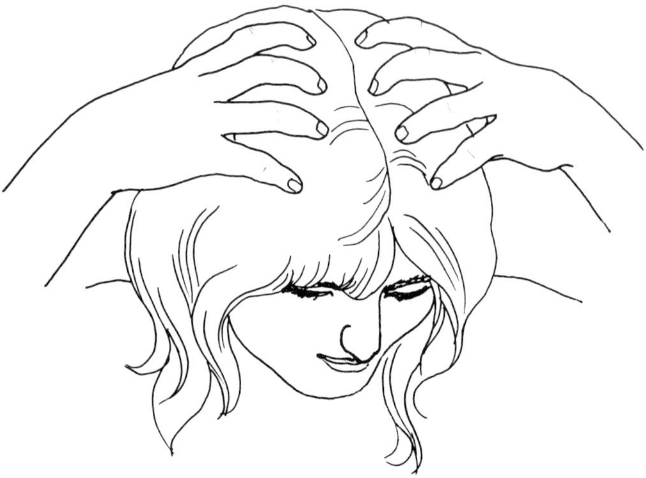

Nach der Massage von Gesicht und Hinterkopf behandeln Sie den Haarboden: Spreizen Sie die Finger und massieren Sie ihn leicht klopfend 40mal mit allen Fingerspitzen gleichzeitig. Achten Sie darauf, daß diese vierhundert feinsten Stöße gleichmäßig über die Kopfhaut verteilt werden.

Bad der Nase «Eine verstopfte Nase ist wie ein verschlossenes Fenster», pflegten die alten Meister zu sagen, wenn sie über die Bedeutung dieses Sinnesorgans sprachen. In der Tat ist die Nase als Eingangstor für die Luft und damit für die kosmischen Energien einer der wichtigsten Faktoren für unser Wohlbefinden. Viele meiner Patienten haben eine verstopfte Nase, ohne es zu wissen. Sie stellen oft nach der Nasenmassage mit Erstaunen fest, daß sie plötzlich viel freier atmen als zuvor.
Eine verstopfte Nase ist nicht nur unangenehm, sie bringt auch leicht Affektionen des Rachens, der Bronchien und der Lunge mit sich. Die Lunge ihrerseits hat nach unserer Vorstellung eine Kontrollfunktion über die Haut (vgl. S. 84). Es können deshalb auch Hautschäden auf eine ver-

Legen Sie Ihre Zeigefingerspitzen oder die Rücken Ihrer Daumen beidseits an die Nasenflügel, fahren Sie nach oben über die Nasenwurzel hinaus auf die Stirn und wieder zurück. Wiederholen Sie diese Massage 40mal.

stopfte Nase zurückzuführen sein. Mit dem Bad der Nase kämpfen wir gegen Erkrankungen der Atemorgane, aber auch gegen Entzündungen der Haut.

Die Nase mit den vielen umliegenden Akupunkten repräsentiert den ganzen menschlichen Körper. Mit etwas Phantasie läßt sich sogar ihre äußere Form mit einem Säugling vergleichen: Der Kopf liegt über der Nasenwurzel zwischen den Augenbrauen, der Nasenrücken stellt den Rumpf dar, die Nasenspitze steht für den Unterleib, die Nasenflügel sind die angezogenen Schenkel.

Bad der Brust Das Bad der Brust stärkt nicht nur Herz und Lunge, es kann Sie auch von seelisch bedingten Druckgefühlen in der Brust befreien. Es kann Angstzustände bekämpfen.

Legen Sie Ihre linke Hand auf die rechte Schulter. Lassen Sie sie zur rechten Brust gleiten, umkreisen Sie dreimal die Brustwarze und fahren Sie von dort diagonal zum linken Oberschenkel. Ziehen Sie die Hand wieder nach oben zum Ausgangspunkt auf der rechten Schulter und denken Sie gelegentlich an das Bild des Wassers: Das Wasser hüpft nicht, sondern geht in jede Vertiefung, bevor es weiterfließt. Massieren Sie beidseits je 40mal.

Bad der Beine Die Beine sind Durchgangsort der drei Yin- und der drei Yang-Meridiane des Fußes. Das Bad der Beine fördert die Blutzirkulation und aktiviert den Energiefluß in diesen Meridianen. Es hilft den Fußgelenken, den Knien und den Hüften, ihre Gelenkigkeit zu bewahren. Gleichzeitig stärkt es die Beinmuskulatur und verhindert Ermüdungserscheinungen der Gefäße (Krampfadern, geschwollene Füße). Auch hier gilt indes: Bei Entzündungen nur das gegenüberliegende Bein beziehungsweise die entsprechende Stelle am Arm massieren.

Fahren Sie mit der Handfläche von der Leiste über die Beininnenseite hinunter zum Fußgelenk und von dort über die Außenseite zurück zur Hüfte. Massieren Sie auf diese Weise jedes Bein 16mal und versuchen Sie, überall den gleichen Druck auszuüben.

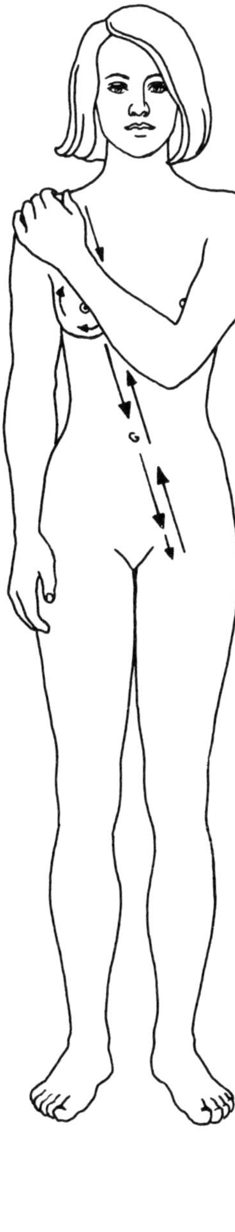

Bad der Knie Kaum ein Gelenk ist so schweren Belastungen ausgesetzt wie das Knie. Schmerzhafte Abnützungserscheinungen können bereits im jugendlichen Alter auftreten. Da das Knie gefäßarm ist, reagiert es auf Kälte besonders empfindlich, Entzündungen sind häufig. Durch die Massage erhalten wir seine Beweglichkeit und schützen es so vor der Kälte. Wenn Ihnen die Massage Schmerzen bereitet, können Sie das Knie statt dessen sanft mit der Faust beklopfen.

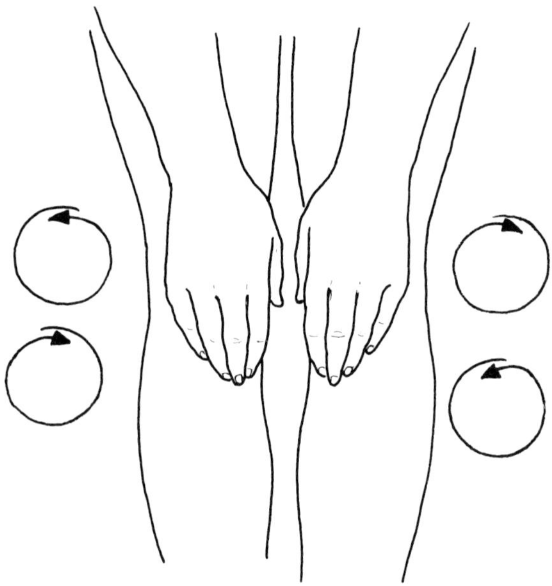

Wärmen Sie Ihre Hände, indem Sie sie aneinander reiben. Massieren Sie beide Knie gleichzeitig mit kreisenden Bewegungen. Lassen Sie Ihre Hände in beiden Richtungen je 16mal kreisen.

Bad der Augen Das Bad der Augen reguliert die Blutzirkulation und den Energiestrom und beugt auf diese Weise den verschiedensten Augenleiden vor. Es erhält die Augenmuskulatur geschmeidig und bekämpft frühzeitige Lach- und Sorgenfältchen.

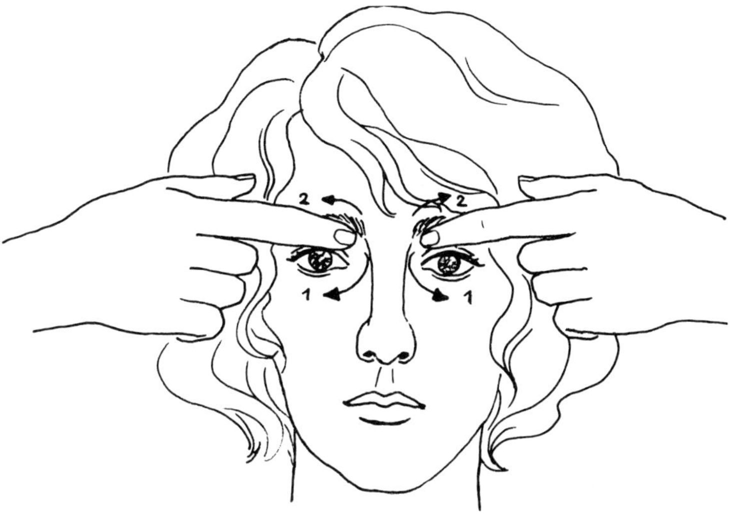

Massieren Sie beide Augen gleichzeitig. Benützen Sie nach Gutdünken die Zeigefingerspitzen oder die Daumenrücken. Kreisen Sie in beiden Richtungen je 16mal um die Augen, und zwar so, daß Sie — bei den inneren Augenwinkeln beginnend — zunächst nach unten und außen fahren. Beachten Sie diese Abfolge der Massagerichtungen, denn am Ende des Augenbades soll die Haut über der Nasenwurzel geglättet, der Spezialpunkt Yintang *zwischen den Augenbrauen «offen» sein. Zum Schluß werden Sie also neben den inneren Augenwinkeln hoch und über die Lider nach außen fahren.*

Zwei Massagen, die wir auch zur Bekämpfung von Kopfschmerzen vornehmen, vervollständigen das Bad der Augen:

Massieren Sie die Schläfen, indem Sie die Daumen 16mal in die eine und 16mal in die andere Richtung kreisen lassen.

Zupfen Sie sich mit Daumen und Zeigefinger der rechten Hand am Punkt Yintang *zwischen den Augenbrauen und fahren Sie anschließend mit dem Daumen unterhalb der Nase über die Oberlippe. In der Zeit dieser beiden Bewegungen fährt Ihre linke Hand von der linken Schläfe über Stirn, Scheitel und Hinterkopf zum Nacken hinunter. Führen Sie diese etwas komplizierte Übung 16mal aus, wechseln Sie die Hände und wiederholen Sie sie nochmals 16mal.*

Zweites Wunder: Die Trommel des Himmels

Das Ohr repräsentiert, wie die Nase, den ganzen menschlichen Körper. In der Aurikulotherapie wird gar der gesamte Organismus vom Ohr aus behandelt. Entsprechend groß ist die Zahl der Ohr-Akupunkte: Über 200 sind im Laufe der Zeit beschrieben worden. Die Trommel des Himmels massiert diese Punkte, bekämpft Hörprobleme und beugt Ohrentzündungen vor.

Schließen Sie mit den Handballen die Ohren und trommeln Sie mit den Zeige-, Mittel- und Ringfingern beider Hände 40 rhythmische Schläge auf Ihren Hinterkopf. Wählen Sie einen gemächlichen Takt, etwa den Ihres Schrittempos. Heben Sie nach dem letzten Trommelschlag die Hände ruckartig von den Ohren weg. Stecken Sie nun Ihre Zeigefinger in die Ohren. Sie drehen sie dreimal hin und her und ziehen sie dann ruckartig heraus. Diese Übung wiederholen Sie dreimal. Verzichten Sie darauf, wenn Sie lange Fingernägel haben, mit denen Sie die Gehörgänge verletzen könnten.

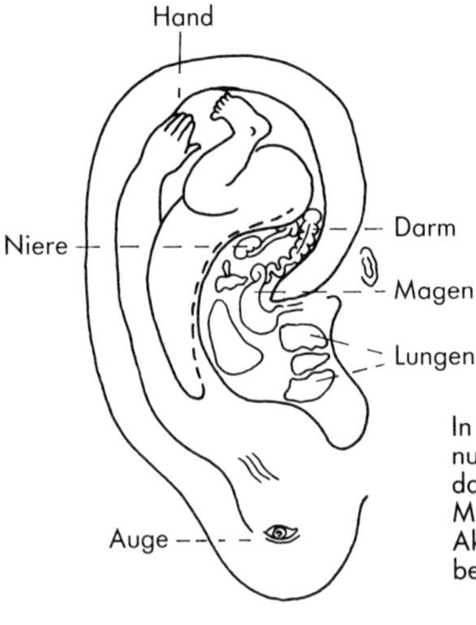

In der Aurikulotherapie werden nur Punkte im Ohr genadelt, denn das Ohr symbolisiert den ganzen Menschen. Sämtliche wichtigen Akupunkte finden sich hier dicht beieinander.

Drittes Wunder: Die Augenübung

Den Zustand der einzelnen Organe kann der chinesische Mediziner oft schon am Äußeren eines Menschen ablesen. Die Haare geben uns Auskunft über die Nieren, von der Haut schließen wir auf die Lunge, das Herz erkennen wir auf der Zunge, und die Augen verraten uns, wie es um die Leber steht. Bei einem Augenleiden wird der chinesische Arzt also sofort an Leberprobleme denken und gleichzeitig mit den Augen auch die Leber behandeln.
Die Augenübung stärkt die Augenmuskulatur und den Sehnerv. Wir setzen Sie insbesondere gegen Sehstörungen ein.

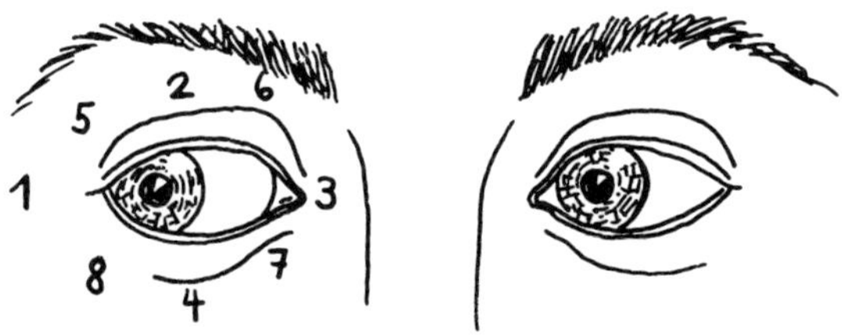

Halten Sie Rücken und Kopf gerade, ob Sie nun sitzen oder liegen. Rollen Sie Ihre Augen dreimal und fixieren Sie Ihren Blick für eine kurze Zeit nach rechts. Schauen Sie dann geradeaus. Rollen Sie die Augen in die andere Richtung und fixieren Sie den Blick nach links. Wiederholen Sie diese Übung, indem Sie Ihren Blick nacheinander nach oben, nach unten und schließlich in jede Diagonalrichtung erstarren lassen.

Viertes Wunder: Die Zahnübung

Nach der chinesischen Lehre sind die Zähne nicht nur mit den Knochen und Bändern, sondern auch mit bestimmten Organen direkt verbunden: mit den Nieren, der Milz, der Leber und dem Magen. Die Zahnübung stärkt Kiefer und Zähne und pflegt gleichzeitig das Verdauungssystem. Zudem schickt sie feinste belebende Stöße zum Hirn, die Ihre Gedanken klären helfen.
Sie halten den Mund geschlossen, jedoch vollkommen entspannt. Klappern Sie im Zeitlupentempo 40mal mit den Zähnen.

Fünftes Wunder: Die Mundspülung

Die desinfizierende und entgiftende Eigenschaft des Speichels macht sich jedes Kind zunutze, wenn es sich in den Finger geschnitten hat. Reflexartig nimmt es den verletzten Finger in den Mund, ob es nun im Nildelta, im Odenwald, am Yangtzekiang oder in Zuchwil wohnt. Die Kenntnis von der keimabtötenden Kraft des Speichels gehört sozusagen zum medizinischen Urwissen des Menschen. In China ist Speichel sogar gleichbedeutend mit Leben: Das Schriftzeichen für «Leben» besteht aus den beiden Teilzeichen für «flüssig» und «Zunge».
Die Mundspülung erleichtert die Verdauung und schützt vor Infektionen in der Mundhöhle. Zusammen mit der Zahnübung bekämpft sie Karies und stärkt die Kiefermuskulatur. Und so gehen Sie vor:

Ihr Mund ist geschlossen, die beiden Zahnreihen liegen aufeinander. Bewegen Sie die Zunge so, als spülten Sie den Mund mit Wasser. Wiederholen Sie die Bewegung 40mal. Den so entstandenen Speichel schlucken Sie danach in drei Portionen. Stellen Sie sich dabei vor, Ihr Speichel sei zu einem festen Gegenstand geworden und falle als solcher in den Magen hinunter.

Das Allerweichste auf Erden überwältigt das Allerhärteste auf Erden, sagt Lao-tse. Unsere Massage ist eine «weiche», harmonisierende Kunst, sie will Verstocktes ins Fließen, Verschobenes wieder ins Gleichgewicht bringen. Je schlimmer ein Leiden, desto eher wird man mit diesem sanften Weg eine Heilung erzielen.

Sechstes Wunder: Die Nierenmassage

Ziel der Nierenmassage ist es, die «Augen der Nieren» vor Kälte zu schützen. Die «Augen der Nieren» liegen auf dem *Dai Mai*, einem Sondermeridian, der die Taille auf Nierenhöhe wie ein Gürtel umschlingt. Sie reagieren äußerst empfindlich auf Temperaturschwankungen, lieben die Wärme und hassen die Kälte.
Die Nierenmassage harmonisiert die Blut- und die Energiezirkulation und sorgt so für eine konstante Temperatur. Dabei lindert sie Rückenschmerzen und beugt rheumatischen Entzündungen vor. Von der harmonisierenden Wirkung profitieren auch die Geschlechtsorgane: Ein unregelmäßiger Monatszyklus kann wieder ins Gleichgewicht kommen, Menstruationsschmerzen können gedämpft werden oder ganz verschwinden, Potenzprobleme lassen sich zumindest begleitend behandeln.

Wenn Sie schwanger sind, halten Sie sich mit der Nierenmassage und besonders mit dem Gedanken an die Wärme etwas zurück. Bei Entzündungen in der Nierengegend verzichten Sie ganz darauf, denn Wärme kann sie verschlimmern.

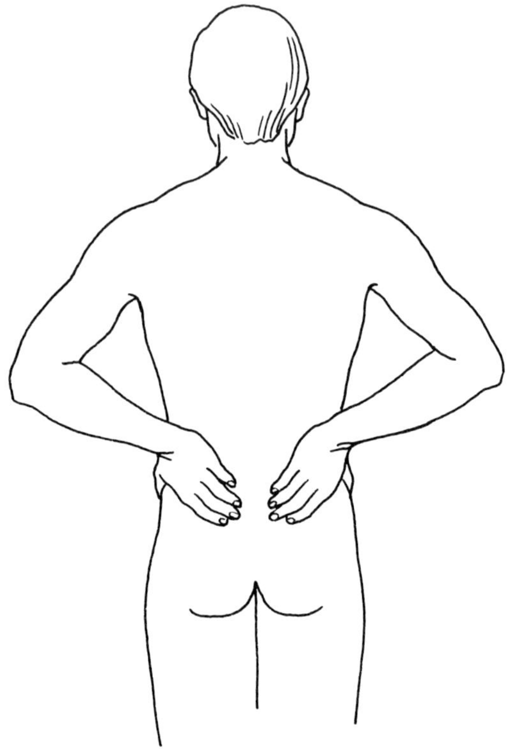

Reiben Sie Ihre Handinnenflächen aneinander, bis sie richtig warm sind. Pressen Sie die Hände auf die Nieren. Stellen Sie sich eine angenehme Wärme vor, die von den Händen auf den Rücken übergeht und die «Augen der Nieren» leicht erhitzt. Verharren Sie ein bis zwei Minuten so und geben Sie sich ganz diesem Energieaustausch hin. Nun lassen Sie Ihre Hände zunächst zum Steißbein und anschließend so hoch wie immer möglich wirbelsäulenaufwärts gleiten. Wiederholen Sie die Massage 40mal.

Siebtes Wunder: Die Bauchmassage

Mit der Bauchmassage stimulieren sie fünf Meridiane zugleich: den Magen-, den Milz-, den Nieren-, den Leber- und den Dienergefäß-Meridian. Mit dem Magen- und dem Milz-Meridian stärken Sie Ihr Verdauungssystem und fördern die Darmtätigkeit. Durch Stimulation können Sie sich vor verschiedenen Affektionen des Verdauungstrakts schützen: Magengeschwür, Durchfall, Verstopfung, Bauchkrämpfe. Der Mittellinie Ihres Körpers entlang verläuft der Dienergefäß-Meridian, der «Chef» aller Yin-Meridiane. Er kontrolliert die Körperflüssigkeiten und sorgt dafür, daß kein Tropfen davon ohne Grund den Körper verläßt. Stimulieren Sie diesen Meridian, so stärken Sie Ihre Geschlechtsorgane und Ihr Immunsystem. Wenn Sie den Nieren- und den Leber-Meridian stimulieren, so regulieren Sie damit die Tätigkeit Ihrer Blase und beugen Unterleibsbeschwerden vor.
Ein Meridian wird bereits dann stimuliert, wenn Sie ihn mit der Hand überqueren. So einfach und bescheiden also die Bauchmassage einen Außenstehenden auch anmuten mag, so vielfältig und wohltuend ist ihre Wirkung für Sie.

Dem unterschiedlichen Körperbau und den geschlechtsspezifischen Bedürfnissen entsprechend massieren sich Männer mit einer großen, umfassenden Kreisbewegung, während Frauen mit Rücksicht auf das hochsensible Gefüge der inneren Geschlechtsorgane Unterleib und Magengegend getrennt behandeln.

Vorsicht! Die Bauchmassage kann zwar einem Magengeschwür vorbeugen. Sollten Sie jedoch schon eines haben, so ist sie verboten. Zu unterlassen ist die Bauchmassage auch bei Blinddarm- und Bauchfellentzündungen sowie bei allen Arten von Krebs in der Bauchgegend. Verzichten Sie ebenfalls, wenn Sie seit langem nichts gegessen haben und großen Hunger verspüren oder wenn Sie –

im Gegenteil — sich soeben den Bauch vollgeschlagen haben; zwei Extremsituationen also, denen Sie ohnehin am besten Ihr Leben lang ausweichen sollten.

Bauchmassage für Frauen: *Legen Sie Ihre rechte Hand unter die linke Brust. Dort beginnt die Kreisbewegung, mit der Sie die Magengegend massieren. Lassen Sie die Hand 40mal im Uhrzeigersinn kreisen. Der unterste Punkt dieses Kreises liegt über dem Nabel. Legen Sie dann die linke Hand unter den Nabel und kreisen Sie 40mal im Gegenuhrzeigersinn über den Unterleib. Massieren Sie sanft, nahezu drucklos. Das gilt insbesondere für schwangere und für ältere Frauen.*

Bauchmassage für Männer: *Legen Sie die rechte Hand unter die linke Brust. Lassen Sie sie im Uhrzeigersinn 40mal in einem großen Kreis um den Bauch kreisen. Legen Sie nun die linke Hand unter die rechte Brust und wiederholen Sie die Massage 40mal im Gegenuhrzeigersinn.*

Wenn Sie sich liegend massieren, lassen Sie die jeweils unbeschäftigte Hand entspannt ruhen. Wenn Sie sitzen oder stehen, dann legen Sie sie so auf die Niere der gleichen Körperseite, daß der Daumen nach vorne schaut und die andern Finger nach hinten gerichtet sind. Diese Position bewirkt, daß Sie den Oberkörper strecken und so die Massagefläche optimal vergrößern.

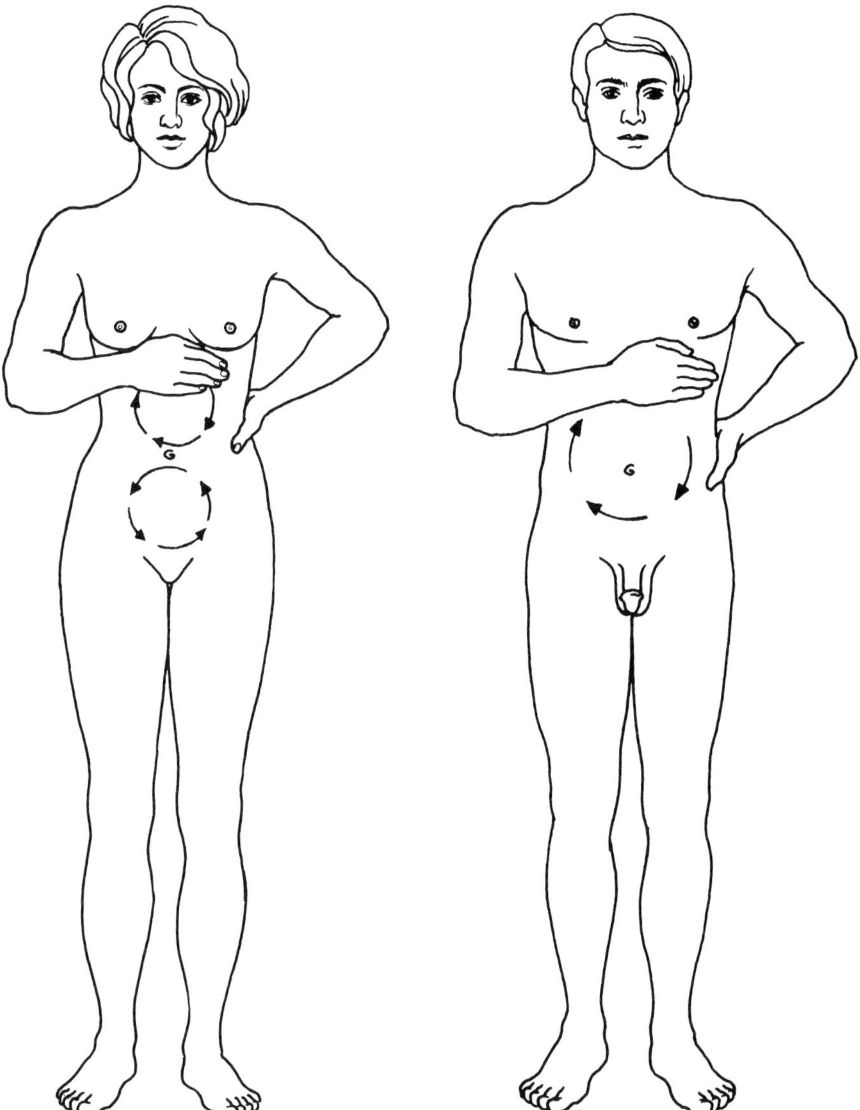
G
G

Achtes Wunder: Die Massage der Sprudelnden Quelle

Sprudelnde Quelle (*Yongquan*) ist der Name des ersten Akupunktes auf dem Nieren-Meridian, der von der Fußsohle über die Innenseite des Beins und den Bauch bis unters Schlüsselbein verläuft. Die Sprudelnde Quelle verdient ihren Namen zu Recht, denn der Punkt in der Vertiefung zwischen dem mittleren und dem äußeren Drittel der Fußsohle ist ein Nothelfer erster Güte. Der Akupunkteur setzt ihn bei Bewußtlosigkeit, Schockzuständen oder auch bei epileptischen Anfällen als Hauptpunkt ein.

Die Füße sind weiter vom Herz entfernt als jeder andere Punkt des Körpers. Durchblutungsstörungen sind häufig. In der chinesischen Massage aktivieren wir mit der Sprudelnden Quelle vor allem die Blutzirkulation und beugen dadurch geschwollenen Füßen, Gefäßschwächen, Wadenkrämpfen und anderen unangenehmen Folgen von Durchblutungsstörungen vor.

Der Punkt an der Fußsohle hat — wie alle Akupunkte unterhalb der Knie beziehungsweise außerhalb der Ellbogen — allerdings ein präventives und therapeutisches Potential, das weit über den lokalen Bereich hinausgeht: Er beugt Nierenentzündungen vor, kräftigt die Leber und stärkt damit — gemäß den Gesetzen der Elementenlehre — die Augen. Außerdem lindert er Bauchschmerzen, bekämpft Husten, Heiserkeit und Halsschmerzen, wirkt beruhigend bei Herzklopfen und Angstzuständen.

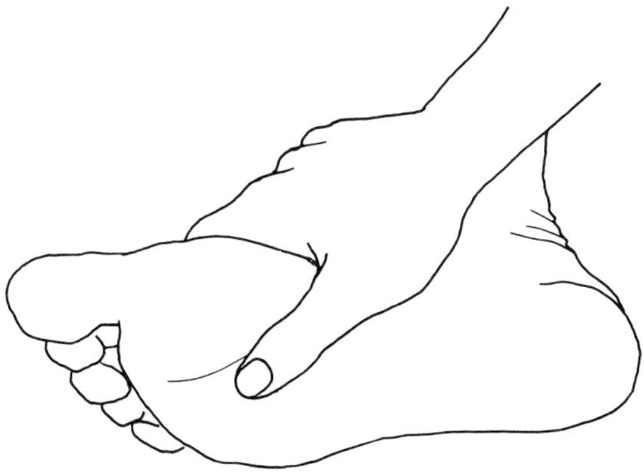

Legen Sie den rechten Fuß aufs linke Knie. Am leichtesten können Sie den Punkt mit dem rechten Daumen massieren, indem Sie den Fuß mit der Hand umfassen. Lassen Sie nun den Daumen auf der Sprudelnden Quelle 40mal kreisen, und zwar wechselweise im Uhrzeiger- und im Gegenuhrzeigersinn. Wiederholen Sie die Massage am linken Fuß mit dem linken Daumen.

AKUPRESSUR: HEILEN MIT DEN HÄNDEN

«Finger-Nadeln, die heilen» bedeuten die vier Zeichen links (auf der vorhergehenden Seite), «Kunst des Finger-Akupressierens mit der Inhoa-Methode» die Zeichen rechts. Die chinesische Schrift ist eine Wortschrift: Jedes Zeichen stellt ein ganzes Wort dar.

Beim Durchblättern des nachfolgenden Bildteils werden Sie sich vielleicht fragen, wieso bei den verschiedenen Beschwerden und Krankheiten die gleichen Akupunkte mehrmals auftauchen. Es mag Sie auch wundern, daß ein bestimmter Punkt einmal als Hauptpunkt, dann wieder als Nebenpunkt angegeben ist. Doch hinter dem scheinbaren Durcheinander verbirgt sich jeweils ein gezieltes therapeutisches Miteinander, in dem wir die Wirkungen der einzelnen Meridiane und Akupunkte optimal zu kombinieren versuchen. Da die Meridiane und die Organe den Gesetzen der fünf Elemente gehorchen und sich gegenseitig heilen beziehungsweise schädigen können, läßt sich eine Krankheit nur dann an der Wurzel bekämpfen, wenn gleichzeitig mit ihrer Behandlung mögliche Ansteckungen innerhalb des Körpers verhindert werden. So kommt jedem Punkt eine andere, spezifisch heilende oder vorbeugende Aufgabe zu. Und weil die meisten Akupunkte der chinesischen Medizin mehr als ein therapeutisches Wirkungsfeld haben, kann diese Aufgabe von Krankheit zu Krankheit neu formuliert sein. Ähnlich den Figuren auf einem Schachbrett übernehmen sie in wechselnden Situationen stets neue, ihrem Wirkungskreis entsprechende Angriffs- und Verteidigungsaufgaben.

Schon in jüngsten Jahren werden chinesische Kinder in die Kunst des Massierens und Akupressierens eingeweiht. Je früher sie ihren Körper und die Energien, die ihn durchströmen, kennenlernen, um so rascher werden sie selbst unscheinbare Alarmzeichen eines energetischen Ungleichgewichts wahrnehmen und deuten können, um so sicherer werden sie wissen, was bei «Alltagsbeschwerden» wie Magenverstimmung, Kopfweh oder Schnupfen zu tun ist. Mit der Ernährungs- und Hygieneerziehung kombiniert, sind die tägliche Selbstmassage und Grundkenntnisse der wichtigsten Akupressurpunkte das Fundament der chinesischen Präventivmedizin.

Das Wissen um die inneren Zusammenhänge, um die zahlreichen direkten und indirekten Wechselwirkungen zwischen den verschiedenen Meridianen und Organen ist indes auch in China dem Spezialisten vorbehalten. Dem östlichen und wohl erst recht dem ahnungslosen westlichen Laien bleiben die Kriterien, nach denen der Akupunkteur die Nadelungspunkte auswählt und zu einem Ganzen kombiniert, meist ein unergründbares Geheimnis. Ja, der Akupunkteur selbst bleibt sein Leben lang ein Lernender, wertet fortlaufend seine therapeutischen Erfolge, aber auch seine Mißerfolge aus, entdeckt immer wieder neue Kombinationsmöglichkeiten für die Punkte. Natürlich gibt es Lehrbücher, in denen die heilende Kraft von Hunderten von Akupunkten im einzelnen beschrieben ist. Doch auch wenn wir in der Behandlung einer Krankheit mit einer bestimmten Gruppe von Punkten guten Erfolg haben: Vielleicht gibt es eine Variation, die noch erfolgreicher wäre und die wir bloß noch nicht entdeckt haben. Erneut bietet sich der Vergleich mit dem Schachspiel an: Der hochkarätigste Spieler kann Tausende von gespielten Partien im Gedächtnis gespeichert haben. Doch in der entscheidenden Partie wird er seinen Gegner vielleicht mit einem Zug besiegen, der noch nie gespielt worden ist.
So sind denn auch die Akupressurempfehlungen zu verstehen, die ich im folgenden Kapitel zu den einzelnen Krankheiten gebe. Im Hintergrund stehen zwar zum einen die Schriften einer jahrtausendealten medizinischen Schule, zum andern die überlieferten Erkenntnisse meiner heilkundigen Vorfahren und zum dritten die Erfahrungen aus eigener jahrzehntelanger Praxis. Trotzdem sind die vorgeschlagenen Therapien nicht als der Weisheit letzter Schluß anzusehen. Und vor allem etwas will und kann die Akupressur nicht sein: Konkurrenz oder gar Ersatz für die westliche Medizin.
Der Akupunkteur läßt dem Patienten die individuelle Behandlung angedeihen, zu der ihn das chinesische Diagnosemodell geführt hat. Gewisse Akupunkte mit ent-

sprechenden therapeutischen Wirkungen nimmt er dabei als Grundgerüst und ergänzt sie oder wechselt einzelne aus, wenn die Bedürfnisse des Patienten es verlangen. Er therapiert ja die Krankheit nicht als losgelöstes Symptom, sondern als Teil eines Ganzen: eines Menschen nämlich, dessen Energiehaushalt in der einen oder anderen Form gestört ist.
Wozu dann ein Akupressurbuch, das selbstredend nicht von den individuellen Problemen und Bedürfnissen der Leser ausgehen kann? Unsere Empfehlungen sind genau solche Grundgerüste. Im einen Fall können sie zur Heilung genügen, im andern Fall lassen sie sich durch weiterführende Therapien individuell ausbauen. «Weiterführend» muß nicht Zuhilfenahme anderer Akupunkte bedeuten. Es kann auch heißen: Änderungen der Eßgewohnheiten, der Arbeitsweise im Berufsalltag, ganz einfach der Lebensumstände, die die Krankheit mit verursacht haben können. Das sind freilich Therapien, die Sie sich letztlich selber verschreiben müssen. Nehmen Sie sich die Zeit, in Ihren Körper und Ihre Seele hineinzuhören. Vielleicht kommen Sie so einem stummen Protest auf den Grund, bevor eine Krankheit ausbricht!

Akupunktur und Akupressur liegen dieselben Lehren und Erkenntnisse zugrunde, die zu behandelnden Punkte sind identisch. Erstere ist aber zweifellos wirkungsvoller, da die Behandlung tiefer geht und weil ich auch versuche, mich selbst bei der Akupunktur zu öffnen und die Energie fließen zu lassen. Dies ist auch der Grund, weshalb ich nicht unbeschränkt vielen Menschen an einem Tag helfen kann. Trotzdem hat auch die Akupressur ihre Vorteile: Der Kranke kann sie selbst, zu jeder Zeit und wo er will vornehmen, sie kann auch fast beliebig oft wiederholt werden. Das ist der Grund, weshalb ich vielen meiner Patienten beibringe, sich auf diese Weise ergänzend zu behandeln.

Nach einem schweren Autounfall mit einer bösen Knieverletzung befand ich mich in Bad Schinznach [Schweiz] zur Rekonvaleszenz. Nach gelungener Operation sollte ich das verletzte Knie mehrere Wochen nicht mehr belasten, gehen konnte ich nur mit Hilfe von Krücken. Vorsichtige Versuche, es ohne zu wagen, endeten kläglich, vor allem auch, weil sich die Muskulatur ganz erheblich zurückgebildet hatte.
Zu dieser Zeit heilte Herr Dr. Kuan Hin im selben Spital und vollbrachte angeblich wahre Wunder. Ich war allerdings sehr skeptisch und sah auch absolut keine Veranlassung, mich von ihm behandeln zu lassen: Schließlich war alles, was ich brauchte, etwas Geduld.
Eines Tages jedoch kam ich zufällig ins Gespräch mit ihm und erzählte ihm spontan meinen «Fall». Sofort sagte er: «Ich werde Sie jetzt behandeln, und danach können Sie wieder gehen wie vor Ihrem Unfall!» Nur sehr widerstrebend und mit sehr gemischten Gefühlen willigte ich ein.
Nachdem der Meister seine Nadeln an verschiedenen Körperstellen gesetzt hatte, spürte ich ein wärmendes, stärkendes Wogen und Fließen in meinem lädierten Bein. Die Behandlung, die ich mir als schmerzhaft und unangenehm, bestenfalls als wirkungslos vorgestellt hatte, erwies sich als einmaliges Erlebnis. Ich erfuhr eine Kraft, die ich zuvor nie auch nur erahnt hätte.
Nach einigen Minuten entfernte Herr Dr. Kuan Hin die Nadeln, und es hätte seiner Aufforderung «Gehen Sie!» gar nicht bedurft, ich wußte ganz genau, daß die Zeit der Krücken zu Ende war. Ohne die geringsten Beschwerden marschierte ich durch den Spitalpark zum Kiosk, wo ich meinen behandelnden Arzt traf. Er riß die Augen auf, konnte gar nicht glauben, was er sah — und verwies mich aber schließlich wieder in mein Krankenbett: Das Versicherungsrisiko könne er nicht tragen …

H. G., Schauspielerin, Bern

Die Meridiane

Die Lebenskraft setzt sich aus drei Energien zusammen:
Die Erbenergie erhält der Mensch bei seiner Zeugung; sie ist mit den körperlichen, seelischen und geistigen Fähigkeiten seiner Vorfahren ausgestattet.
Die Nahrungsenergie ist das Produkt der Arbeit seiner Verdauungsorgane.
Die kosmische Energie bezieht er über die Atmung aus der Atmosphäre.

Über ein Leitungssystem von Meridianen und Seitenästen fließt diese dreiteilige Energie in einem festen 24-Stunden-Takt durch den Körper und sorgt für ein gutes Funktionieren des gesamten Organismus.
Die Meridiane der chinesischen Medizin sind in zwei Gruppen geteilt. Zur ersten Gruppe gehören die zwölf regulären Meridiane «der Hand» und «des Fußes». Sie verlaufen, wie es die Bezeichnung bereits vermuten läßt, spiegelbildlich auf der linken wie auf der rechten Körperhälfte. Sie sind Organen zugeordnet, tragen deren Namen und haben — je nach Organ — entweder Yin- oder Yang-Charakter. In der zweiten Gruppe finden wir acht Spezialmeridiane, die nicht direkt mit bestimmten Organen zusammenhängen. Zwei dieser Spezialmeridiane sind für den therapeutischen Alltag von besonderer Bedeutung, da sie Wächter über die zwölf regulären Meridiane sind und eine ganze Anzahl wichtiger Akupunkte auf sich vereinigen. Zusammen mit den zwölf regulären Meridianen ergeben sie die «14 klassischen Meridiane der chinesischen Medizin».

Die zwölf regulären Meridiane

Immer wieder machten die Chinesen des Altertums die interessante Erfahrung, daß bei der Behandlung einer inneren Krankheit der Druck auf gewisse Stellen der Körperoberfläche einen heilsamen Einfluß hatte. Sie stellten

bald fest, daß sie mit bestimmten Kombinationen solcher Stellen die Erkrankungen bestimmter Organe heilen konnten. Aus den Zusammenhängen zwischen den Funktionen der Organe und jenen Körperstellen (*«Xue»*, «Punkte») ergab sich ein System, auf dem nach und nach die komplexe Theorie der Meridiane aufgebaut worden ist.
Zwölf Organe haben den regulären Meridianen die Namen gegeben, sechs davon sind Yin: Sie sind «voll», sie sind Energiehüter und -verteiler. Die sechs übrigen sind Yang: Sie sind hohl und produzieren Energie. Im folgenden nennen wir die ersten «Organe», die zweiten «Hohlorgane».

Organe (Yin)	**Hohlorgane (Yang)**
Lunge	Dickdarm
Herz	Dünndarm
Perikard (Herzbeutel)	Dreiteiliger Erwärmer
Milz	Magen
Nieren	Blase
Leber	Gallenblase

Basis der Meridiantheorie sind, wie gesagt, nicht die Organe und Hohlorgane selbst, sondern ihre Funktionen. Daß in unserer Liste ein der westlichen Schulmedizin unbekanntes Hohlorgan «Dreiteiliger Erwärmer» vorkommt, zeigt deutlich, wie weit das östliche Verständnis dieser Funktionen vom westlichen abweichen kann. Eine Übersicht über die Hauptfunktionen der Organe und Hohlorgane nach den Vorstellungen der chinesischen Medizin kann Ihnen helfen, die Meridiane und ihre Eigenschaften besser zu verstehen.

Die Lunge ist über Luftröhre und Nase mit der Außenwelt verbunden. Sie zeigt sich auf der Haut und im Körperhaar. Sie herrscht über Energie, Atmung und Wasser-

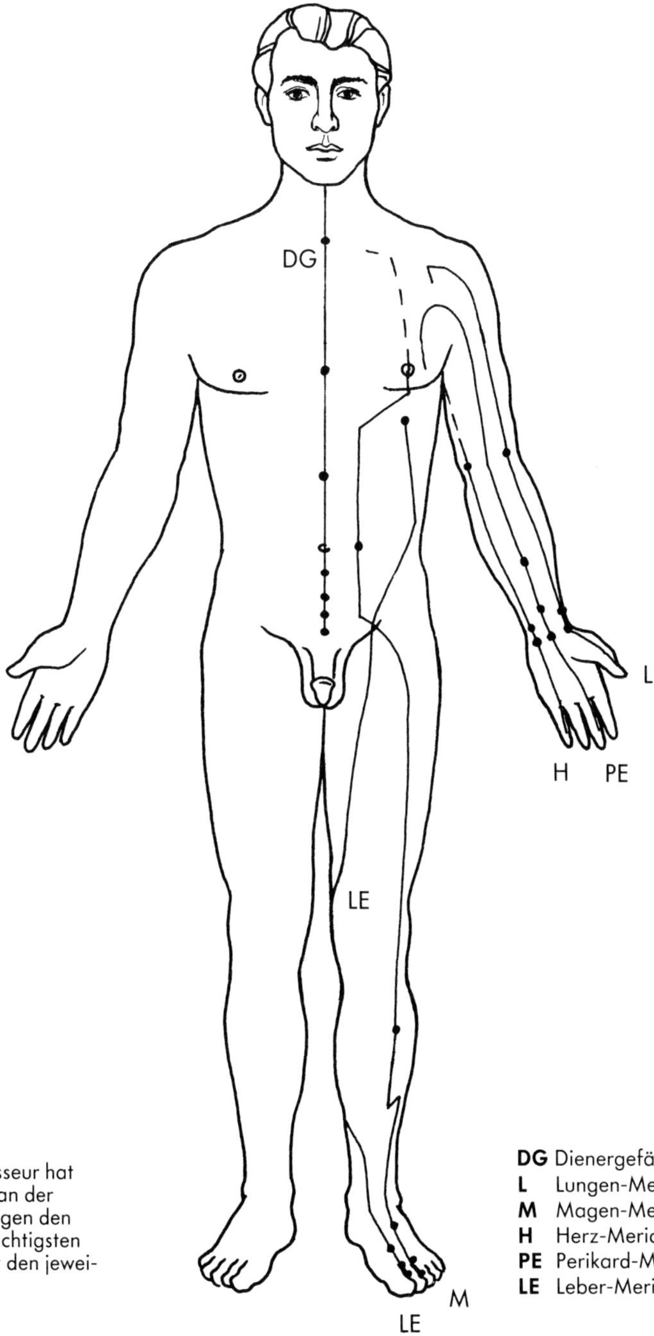

eder Akupresseur hat
olche Tafeln an der
Vand: Sie zeigen den
'erlauf der wichtigsten
Meridiane mit den jewei-
gen Punkten.

DG Dienergefäß-Meridian
L Lungen-Meridian
M Magen-Meridian
H Herz-Meridian
PE Perikard-Meridian
LE Leber-Meridian

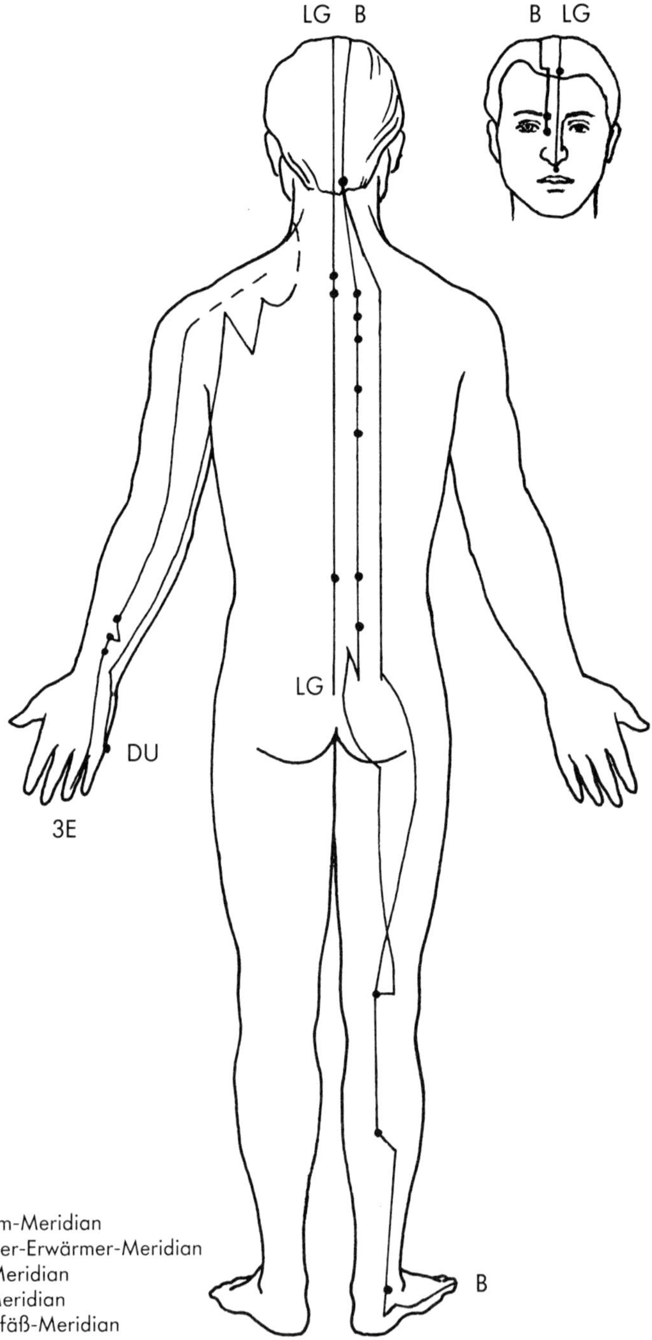

DU Dünndarm-Meridian
3E Dreiteiliger-Erwärmer-Meridian
N Nieren-Meridian
B Blasen-Meridian
LG Lenkergefäß-Meridian

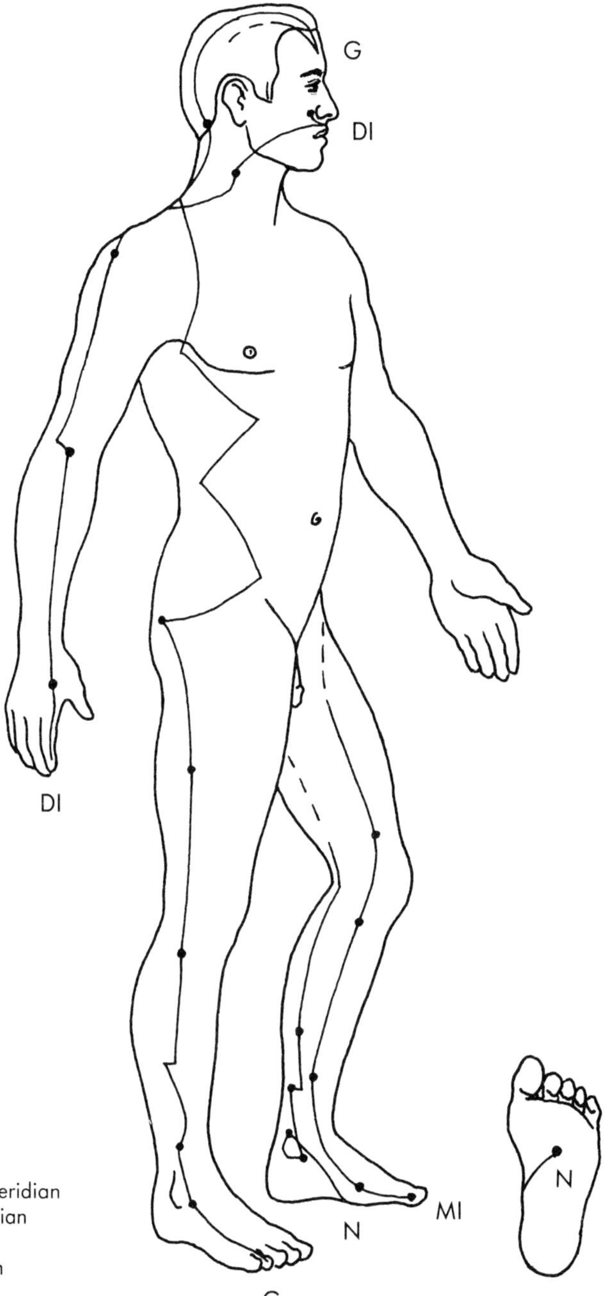

Gallenblasen-Meridian
Dickdarm-Meridian
Milz-Meridian
Nieren-Meridian

ausscheidung; ihre charakteristische Eigenschaft ist das «Sinkenlassen». Sie kontrolliert sämtliche Atmungsorgane und reguliert Körperflüssigkeiten und Blutzirkulation. Die entsprechenden Krankheiten gehören zur Lunge.

Der Dickdarm transportiert die festen Abfälle, wandelt sie zu Stuhl um, der schließlich durch den Anus ausgeschieden wird.

Das Herz beherbergt den Geist, das Blut und die Meridiane. Man erkennt seinen Zustand auf der Zunge. Es steht mit der Hirnrinde und dem kardiovaskulären System der westlichen Medizin in Verbindung. Deren Krankheiten gehören zum Herz.
Der Herzbeutel ist der äußere Schutzwall des Herzens. Krankheiten des Herzens gehen oft darauf zurück, daß der Herzbeutel von Fieberaffektionen angegriffen ist und seine Funktion nicht mehr wahrnehmen kann.

Der Dünndarm verdaut alles, was er aus dem Magen erhält, ein zweites Mal. Dabei trennt er die nährende Materie von den Abfällen, assimiliert sie und ernährt über die Milz, die die Substanzen zu Herz und Lunge hochsteigen läßt, den ganzen Körper. Die Abfälle schickt er in den Dickdarm zur Entsorgung. Auf einen Nenner gebracht, hat der Dünndarm die Funktion, das Reine vom Unreinen zu unterscheiden.

Das Perikard (Herzbeutel) ist Schutzwall des Herzens. Angriffe auf das Herz kommen nicht an ihm vorbei. Es muß die Krankheiten des Herzens stellvertretend ertragen. Als Generalbevollmächtigter des Herzens gibt es dessen Befehle aus. Gleichzeitig funktioniert das Perikard als Tor: Es ist Ein- und Ausgang für den Geist, der im Herz wohnt. Krankheitssymptome des Geistes gehören deshalb nicht nur zum Herz, sondern auch zum Perikard.

Der «Dreiteilige Erwärmer» ist kein materiell faßbares Organ. Er sitzt auf drei Etagen in der Bauchhöhle und ist die eigentliche Trafostation des menschlichen Körpers. Alle Aktivitäten der Organe werden von ihm in Energie umgewandelt. Nur wenn der Dreiteilige Erwärmer funktioniert, können die Organe ihre Aufgaben richtig erfüllen: Transport und Verteilung der Energie, des Blutes, der Flüssigkeiten, Nahrungsassimilation, Abfallbeseitigung und so weiter.

Die Milz kontrolliert die Nahrung, befördert die Körpersäfte und bekämpft Feuchtigkeit. Krankheiten des Verdauungssystems und der Zirkulation sind in ihrer Ursache mit der Milz verbunden. Liebe zu Trockenheit und Abneigung gegen Feuchtigkeit sind zentrale Eigenschaften der Milz.

Der Magen fängt die Nahrung auf, zerteilt und verdaut sie. Während die Milz den Transport der Nahrungssubstanzen beaufsichtigt, sorgt der Magen für ihre Umwandlung und organisiert zentral ihre Verteilung. Im Gegensatz zur Milz liebt er die Feuchtigkeit und hält Trockenheit nach Möglichkeit fern.

Die Nieren sind das Magazin der Essenzen und Energien. Sie herrschen über die Fortpflanzung, über das Harnsystem und über die Sekretionen. Sie sind die «Mutter des Knochenmarks», kontrollieren die Knochen und stehen mit dem Gehirn in Beziehung. Über die Ohren sind sie mit der Außenwelt verbunden. Den Zustand der Nieren erkennt man an den Haaren. Krankheitssymptome an all diesen Körperteilen haben mit den Nieren zu tun.

Die Blase ist Sammelbecken und Ausscheidungsort des Urins. Sie wandelt Energie um und entsorgt überschüssiges Wasser. Da die Blase mit den Nieren verbunden ist, stehen ihre jeweiligen Krankheiten in Wechselwirkung.

Die Leber ist das Magazin des Blutes. Sie beaufsichtigt die Gelenkbänder und kontrolliert die Energiezirkulation. Die Leber läßt sich in den Augen erkennen. Nach der chinesischen Lehre schließt das System dieses Organs außerdem das Nervensystem und gewisse Sekretionen mit ein. Der Ursprung entsprechender Krankheiten wird von der Leber beeinflußt. Auch Augenleiden gehen oft mit Leberfunktionsstörungen einher.

Die Gallenblase ist der Leber untergeordnet. Manche Krankheiten sind deshalb beiden gemeinsam. Als Teil des Verdauungsapparates ist dieses Hohlorgan Reservoir und Verteilzentrum der Galle. Wenn Feuchtigkeit und Hitze im Körper gleichzeitig überhandnehmen, so kann die Gallenblase derart aus dem Gleichgewicht geraten, daß eine Gelbsucht entsteht.

Die beschriebenen Hauptfunktionen der zwölf Organe und Hohlorgane deuten an, daß auch die Meridiane nicht bei bestimmten Organen anfangen und irgendwo an der Körperoberfläche enden, sondern daß sie in einem Netz von gegenseitigen Einflüssen und Abhängigkeiten miteinander verknüpft sind. Der Verlauf eines Meridians braucht sich auch jenem Organ oder Hohlorgan, das ihm den Namen gegeben hat, nicht mehr zu nähern als einem beliebigen anderen — jedenfalls nicht im oberflächlichen, stimulierbaren Bereich. Wir können die Meridiane als funktionale Abbilder der Organe und Hohlorgane verstehen, die streckenweise an die Körperoberfläche treten und deshalb — im Gegensatz zu den tiefliegenden Organen — mit den Mitteln der Akupunktur, der Moxibustion, der Akupressur und der Massage beeinflußt werden können.
Die zwölf Meridiane erreichen die äußersten Punkte der vier Extremitäten. Für die einen von ihnen sind die Zehen beziehungsweise Fingerspitzen das Ziel, für die anderen sind sie die Quelle. Die sechs Yin-Meridiane der Organe verlaufen auf den Innenseiten der Arme und

Beine, die sechs Yang-Meridiane der Hohlorgane auf den Außenseiten. Jeder Yin-Meridian ist über einen Seitenast mit einem Yang-Meridian verbunden, die Krankheiten des einen können auf den andern übergreifen. Das Schema auf S. 107 stellt diese Zusammenhänge dar.

Organe	**Hohlorgane**
Die drei Yin-Meridiane der Hand verlaufen von der Brust über die Innenseite des Arms zur Hand.	*Die drei Yang-Meridiane der Hand verlaufen von der Hand über die Außenseite des Arms zum Kopf.*
Lunge ⟷	Dickdarm
Herz ⟷	Dünndarm
Perikard ⟷	Dreiteiliger Erwärmer
Die drei Yin-Meridiane des Fußes verlaufen vom Fuß über die Innenseite des Beins hinauf zum Kopf.	*Die drei Yang-Meridiane des Fußes verlaufen vom Kopf über den Rumpf und die Außenseite des Beins zum Fuß.*
Milz ⟷	Magen
Nieren ⟷	Blase
Leber ⟷	Gallenblase

Die Yin- und die Yang-Meridiane sind über Seitenäste paarweise gekoppelt. Doch damit ein ausgewogener Energiekreislauf entsteht, sind zusätzliche Verbindungsbahnen notwendig: jene zwischen den Meridianen der Hand und den Meridianen des Fußes. Jeder Yin-Meridian der Hand hat auf der einen Seite seinen Yang-Partner, auf der andern verbindet er sich mit einem Yin-Meridian des Fußes. Das gleiche gilt umgekehrt für jeden Yang-Meridian, so daß sich schließlich der folgende Kreislauf ergibt:

1. Lungen-Meridian der Hand — Taiyin
2. Dickdarm-Meridian der Hand — Yangming
3. Magen-Meridian des Fußes — Yangming
4. Milz-Meridian des Fußes — Taiyin
5. Herz-Meridian der Hand — Shaoyin
6. Dünndarm-Meridian der Hand — Taiyang
7. Blasen-Meridian des Fußes — Taiyang
8. Nieren-Meridian des Fußes — Shaoyin
9. Perikard-Meridian der Hand — Jueyin
10. Dreiteiliger-Erwärmer-Meridian der Hand — Shaoyang
11. Gallenblasen-Meridian des Fußes — Shaoyang
12. Leber-Meridian des Fußes — Jueyin

Verlauf und Krankheiten der zwölf regulären Meridiane

Wenn ein Meridian seine physiologische Aufgabe, die Zirkulation von Energie und Blut, nicht erfüllt, nimmt möglicherweise das zugehörige Organ oder Hohlorgan Schaden, zudem können Krankheitssymptome entlang seiner Bahn auftreten. So kann zum Beispiel eine Funktionsstörung des Dickdarm-Meridians Krankheiten des Dickdarms nach sich ziehen, sie kann sich aber auch in

Zahnweh äußern, da der Dickdarm-Meridian durchs Zahnfleisch des Unterkiefers verläuft.
Die Funktionsstörung eines Meridians hat innere oder äußere Ursachen, wir sprechen von endogenen (inneren) und exogenen (äußeren) Krankheiten.

Die endogenen Krankheiten gehen auf Unstimmigkeiten der Gefühle zurück: Wut, Freude, Sorgen, Traurigkeit und Angst sind aus dem Gleichgewicht geraten. Die endogenen Krankheiten greifen zuerst die Organe oder Hohlorgane und erst dann die zugehörigen Meridiane an. Sie sind schwieriger zu behandeln als die exogenen Krankheiten.

Die exogenen Krankheiten entstammen klimatischen Faktoren: Wind, Hitze, Feuchtigkeit, Trockenheit oder Kälte haben überhandgenommen. Die exogenen Krankheiten zeigen sich im frühen Stadium entlang den Meridianen. Wenn sie nicht behandelt werden, können sie auf die Organe und Hohlorgane übergreifen.

Aus dem Verlauf ergeben sich auch die Verkettungen und die Krankheitssymptome der einzelnen Meridiane.

Der Lungen-Meridian der Hand — Taiyin

Der Lungen-Meridian beginnt in der Bauchhöhle im mittleren Teil des Dreiteiligen Erwärmers. Zunächst geht er hinunter zum Dickdarm, steigt dann hinauf zum Magen und verläßt durch das Zwerchfell die Bauchhöhle. Er teilt sich, um die beiden Lungenflügel zu erreichen, steigt in die Gegend der Luftröhre und tritt unter dem äußeren Ende des Schlüsselbeins erstmals an die Oberfläche. Dort liegt denn auch der erste Akupunkt des Lungen-Meridians. Über den Innenarm erreicht er als vorderster der

drei Yin-Meridiane der Hand das Handgelenk, um dann über den Daumenballen an sein Ziel in der Daumenspitze zu kommen.
Von der Schulter bis zur Daumenspitze ist der Lungen-Meridian an elf Akupunkten direkt beeinflußbar. Ein Seitenast verbindet ihn vom Handgelenk aus mit dem Zeigefinger und damit mit dem Dickdarm-Meridian, der sein Yang-Partner ist.
Krankheitssymptome: Beklemmungsgefühle, Husten, Atemlosigkeit, Bluthusten, Halsschmerzen, Schnupfen, Kälte und Schmerzen im Bereich der Schulterblätter, Schmerzen in der Region des Meridians.

Der Dickdarm-Meridian der Hand — Yangming

Der Dickdarm-Meridian führt von der Fingerspitze zum Mittelhandknochen des Zeigefingers und als vorderster Yang-Meridian der Hand über den Außenarm auf die Schulter. Nach einem Abstecher zum siebten Halswirbel, wo er sich mit allen andern Yang-Meridianen trifft, kommt er in die Vertiefung über dem Schlüsselbein. Von dort sinkt er über die Lunge hinab zum Dickdarm und entzieht sich dem direkten Zugriff von außen. Ein Seitenast mit wichtigen Akupunkten steigt von der Vertiefung über dem Schlüsselbein zum Hals und zur Wange hoch. Zwischen Oberlippe und Nase überquert er die Mittellinie des Körpers und endet seitlich des Nasenflügels, um sich dort mit dem Magen-Meridian zu vereinigen. Der Dickdarm hat zwischen Zeigefinger und Nase 20 Akupunkte.
Krankheitssymptome: Bauchschmerzen, Durchfall, Verstopfung, Halsschmerzen, Zahnschmerzen, Nasenbluten, Schmerzen im Bereich des Meridians.

Der Magen-Meridian des Fußes — Yangming

Der Magen-Meridian hat seinen ersten Akupunkt unter dem Auge. Von dort führt er über das Zahnfleisch des Oberkiefers, den Mundwinkel und das Kinn zum Kiefergelenk. Am Ohr vorbei steigt er zunächst hoch zur Stirn. Während ein Seitenast vom Unterkiefer direkt zum Schlüsselbein verläuft und dort ins Körperinnere absinkt, um den Magen zu erreichen, kommt der Hauptstamm senkrecht über die Brustwarze in die Bauchgegend, nähert sich der Körpermittellinie und erreicht via Unterleib den Oberschenkel. Dort wird er von einem Seitenast abgelöst, der am Magenausgang beginnt und über die vordere Außenseite des Beins und den Fußrücken in die zweite Zehe mündet. Ein weiterer Seitenast biegt unterhalb des Knies ab und führt zur dritten Zehe. Ein letzter schließlich geht vom Fußrücken zur großen Zehe, er ist Verbindungsbahn zum Milz-Meridian.
Der Magen-Meridian verläuft als einziger Yang-Meridian des Fußes über die Vorderseite des Körpers. Er hat 45 Akupunkte.
Krankheitssymptome: Blähungen, Magenschmerzen, Ödem, Erbrechen, Schwellungen und Schmerzen im Hals, Nasenbluten, Fieberkrankheiten, Sucht, Schmerzen in der Gegend des Meridians.

Der Milz-Meridian des Fußes — Taiyin

Der Milz-Meridian führt von der großen Zehe aus zunächst der Farbgrenze zwischen Fußsohle und Fußrükken entlang nach hinten. Vor dem Knöchel steigt er nach oben, an der inneren Rückseite des Schienbeins hoch und über die Innenseite des Oberschenkels in den Unterleib. Von dort erreicht er die Milz, deren Namen er trägt. Seitlich der Brustwarze steigt er auf die Höhe der Achsel-

höhle hoch und setzt sich dann zur Seite hin ab. Im sechsten Zwischenrippenraum unter der Achselhöhle hat er seinen letzten Akupunkt. Ein Seitenast geht zur Speiseröhre und unter die Zunge, um sich dort flächig zu verteilen. Ein anderer geht über den Magen und durchs Zwerchfell zum Herz, um den Milz-Meridian mit dem Herz-Meridian zu verbinden.
Der Milz-Meridian hat 21 Akupunkte.
Krankheitssymptome: schmerzhafte Zungenstarre, Magenschmerzen, Blähungen, Erbrechen, Gelbsucht, allgemeine Schwäche, Schmerzen im Bereich des Meridians.

Der Herz-Meridian der Hand — Shaoyin

Der Herz-Meridian beginnt in seinem eigenen Organ, überquert die Lunge und kommt mitten in der Achselhöhle an seinem ersten Akupunkt an die Körperoberfläche. Als hinterster der drei Yin-Meridiane der Hand gelangt er über den Innenarm zum Handgelenk, von wo er in einer geraden Linie über den Handteller zur Spitze des kleinen Fingers führt. Dort verbindet er sich mit seinem Yang-Partner, dem Dünndarm-Meridian. Ein Seitenast geht vom Herz durchs Zwerchfell hinunter zum Dünndarm. Ein zweiter führt zum Kopf und endet am Auge.
Der Herz-Meridian kann an neun Akupunkten stimuliert werden.
Krankheitssymptome: trockener Hals, Schmerzen in der Herzgegend, Hitzegefühle in den Händen, Schmerzen im Bereich des Meridians.

Dünndarm-Meridian der Hand — Taiyang

Der Dünndarm-Meridian führt vom kleinen Finger über den Handrücken zum Handgelenkknöchel. Von dort geht er als hinterster der drei Yang-Meridiane der Hand

zum Ellbogen und über die Außenseite des Oberarms weiter zum Schultergelenk. Über das Schulterblatt wandert er zum siebten Halswirbel, wo er sich mit den andern Yang-Meridianen trifft. Dann überquert er die Schulter und erreicht die Vertiefung über dem Schlüsselbein, um von dort direkt zum Herz zu gelangen. Schließlich steigt er der Speiseröhre entlang hinab zum Magen und zum Dünndarm, zu dem er gehört. Ein Seitenast steigt vom Schlüsselbein seitlich über den Hals zur Wange. Vom äußeren Augenwinkel geht er nach hinten und verschwindet im Ohr. Ein weiterer Seitenast zweigt an der Wange ab und führt unter dem Auge hindurch zum inneren Augenwinkel, um sich mit dem Blasen-Meridian zu vereinen.
Der Dünndarm-Meridian hat 19 Akupunkte.
Krankheitssymptome: Schmerzen im Unterleib, Taubheit, Gelbsucht, Wangengeschwulst, Halsschmerzen, Schmerzen entlang dem Meridian.

Blasen-Meridian des Fußes — Taiyang

Der Blasen-Meridian steigt vom inneren Augenwinkel über die Stirn zum Scheitel. Ein Seitenast geht vom Oberkopf in die Schläfenregion, während der Meridian nach einem kurzen Absinken ins Hirn über den Hinterkopf zum Nacken hinuntersteigt. Parallel zur Wirbelsäule führt der Blasen-Meridian nun in die Kreuzgegend, um dort — auf einem Umweg über die Nieren — sein Organ zu erreichen. Ein Ast geht vom Kreuz über Gesäß und Oberschenkelrückseite zur Kniekehle. Dort wird er von einem Seitenast eingeholt, der den Hauptmeridian bereits im Genick verlassen hat und in etwas größerer Entfernung von der Wirbelsäule das Gesäß erreicht hat. Dieser Seitenast vollendet die Bahn des Blasen-Meridians, indem er über den Wadenmuskel hinter den äußeren Knöchel, zum Fußrücken und schließlich der äußeren

Fußkante entlang zur kleinen Zehe gelangt. Dort verbindet er sich mit dem Nieren-Meridian.
Wir haben an 67 Punkten Zugriff zum Blasen-Meridian.
Krankheitssymptome: Harnverhaltung, Bettnässen, Delirium, Kopfschmerzen, Augenkrankheiten, Schmerzen im Bereich des Meridians.

Nieren-Meridian des Fußes — Shaoyin

Der Nieren-Meridian gelangt von der kleinen Zehe zu seinem ersten Akupunkt auf der Fußsohle. Hinter dem inneren Knöchel erreicht er die Ferse, kreist und steigt dann über das innere Ende der Kniebeugefalte und den Oberschenkel zum Steißbein hinauf. Von dort führt er zu den Nieren und schickt einen Seitenast zur Blase. Über Leber, Zwerchfell und Lunge kommt er in den Hals und an die Zungenbasis. Seinen letzten Akupunkt hat er allerdings bereits unterhalb des Schlüsselbeins. Ein Seitenast zweigt auf der Höhe der Lunge ab und führt zum Herz, um dort den Nieren-Meridian mit dem Perikard-Meridian zu vereinigen.
Der Nieren-Meridian hat 27 Akupunkte.
Krankheitssymptome: Bluthusten, Atemnot, Asthma, trockene Zunge, Halsschmerzen und -schwellungen, Kreuzschmerzen, Ödem, Verstopfung, Durchfall, schwache Beine, Hitzeempfinden in der Fußsohle, Schmerzen im Bereich des Meridians.

Perikard-Meridian der Hand — Jueyin

Der Perikard-Meridian beginnt im Brustkorb und besucht zunächst den Herzbeutel, dem er ja zugeordnet ist. Von dort steigt er durch das Zwerchfell hinunter in die Bauchhöhle und erreicht nacheinander die drei Etagen des Dreiteiligen Erwärmers. Ein Seitenast verläßt in der

Nähe der Achselhöhle den Brustkorb. Dort liegt auch der erste Akupunkt des Perikard-Meridians. In einem Bogen führt er um die Achselhöhle herum und steigt dann wieder abwärts, über den Innenarm in die Beugefalte des Ellbogens. Als mittlerer der drei Yin-Meridiane der Hand endet er in der Spitze des Mittelfingers. Ein Seitenästchen führt vom Handteller aus in den Ringfinger und verbindet so den Perikard-Meridian mit dem Dreiteiligen Erwärmer.
Der Perikard-Meridian hat neun Akupunkte.
Krankheitssymptome: Angina pectoris, Beklemmungsgefühle, Herzklopfen, Erregung, Hitzeempfinden an der Handinnenfläche, Schmerzen im Bereich des Meridians.

Dreiteiliger-Erwärmer-Meridian der Hand — Shaoyang

Der Meridian des Dreiteiligen Erwärmers beginnt am Nagelansatz des Ringfingers und führt zwischen den beiden anderen Yang-Meridianen der Hand über den Handrükken und den Außenarm hinauf zur Schulter, wo er den Gallenblasen-Meridian kreuzt und schließlich in der Vertiefung über dem Schlüsselbein in den Brustkorb eintritt. Er verbindet sich mit dem Perikard und steigt von dort durchs Zwerchfell zum Dreiteiligen Erwärmer hinab, dessen Namen er trägt. Ein Seitenast führt vom Brustkorb zurück zur Vertiefung über dem Schlüsselbein und geht von dort zunächst in den Nacken und dann hinters Ohr, umkreist es und endet unter der Augenhöhle. Ein anderer Seitenast tritt ins Ohr ein und kommt Richtung Wange wieder an die Oberfläche. Auf der Wange kreuzt er sich mit dem ersten Seitenast und erreicht bald darauf im äußeren Augenwinkel sein Ziel: die Verbindungsstelle mit dem Gallenblasen-Meridian.
Auf diesem Meridian liegen 23 Akupunkte.
Krankheitssymptome: Blähungen, Bettnässen, Schmerzen beim Urinieren, Taubheit, Ohrensausen, Schwellun-

gen und Schmerzen im Hals, Schmerzen in der Gegend des Meridians.

Gallenblasen-Meridian des Fußes — Shaoyang

Der Gallenblasen-Meridian verläuft vom äußeren Augenwinkel über das Ohr und die Schläfenregion zum Genick. Via Schulter kommt er in die Vertiefung über dem Schlüsselbein. Ein Seitenast zweigt bereits im Augenwinkel ab, trifft sich unter der Augenhöhle mit dem Meridian des Dreiteiligen Erwärmers und steigt dann in der Vertiefung über dem Schlüsselbein in den Brustkorb. Durch das Zwerchfell gelangt er in die Bauchhöhle, wo er — nach einer Verbindung mit der Leber — die Gallenblase ansteuert. Am Hüftgelenk trifft dieser Seitenast wieder auf den Hauptast, dessen Strecke vom Schlüsselbein aus seitlich über Brust und Bauch zum Hüftgelenk verläuft. Auf der Außenseite des Beins setzt sich der Gallenblasen-Meridian fort, passiert vor dem Knöchel das Fußgelenk und endet in der vierten Zehe. Ein Seitenast zweigt auf dem Fußrücken ab und geht zur großen Zehe, um dort den Leber-Meridian zu erreichen.
Der Gallenblasen-Meridian kann über 44 Akupunkte beeinflußt werden.
Krankheitssymptome: bitterer Geschmack im Mund, Benebelung, Fieber, Kopfschmerzen, Oberkieferschmerzen, Entzündungen der äußeren Augenwinkel, Taubheit, Ohrensausen, Schmerzen in der ganzen Umgebung des Meridians.

Leber-Meridian des Fußes — Jueyin

Der Leber-Meridian hat seine Quelle in der großen Zehe. Er verläuft zunächst über den Fußrücken und passiert vor dem inneren Knöchel das Fußgelenk. Auf der Innen-

seite des Unterschenkels kreuzt er den Milz-Meridian. Von nun an liegt seine Bahn hinter der des Milz-Meridians. Von der Leistengegend aus umschließt er die äußeren Geschlechtsteile, steigt nahe der Mittellinie des Körpers durch den Unterleib hoch und biegt dann zur Leber hin ab. Er verbindet sich mit der Leber, die ihm den Namen gegeben hat, und mit der Gallenblase, dem Hohlorgan seines Yang-Partners. Vom Zwerchfell an entzieht er sich dem direkten Zugriff über Akupunkte, steigt jedoch hinauf bis zum Kopf, verbindet sich mit dem Auge und endet schließlich auf dem Scheitel. Ein Seitenast senkt sich vom Auge zum Mund und umkreist ihn. Ein anderer Seitenast geht von der Leber weg, verläßt durch das Zwerchfell die Bauchhöhle, vereinigt sich in der Lunge mit dem Lungen-Meridian und schließt so den Kreislauf der zwölf regulären Meridiane.
Der Leber-Meridian hat 14 Akupunkte.
Krankheitssymptome: Hexenschuß, Druckempfinden in der Brust, Erbrechen, Bettnässen, Harnverhaltung, Hernie, Unterleibsschmerzen, Schmerzen im Bereich des Meridians.

Die zwei Spezialmeridiane Lenkergefäß und Dienergefäß

Während die regulären Meridiane der Hand und des Fußes symmetrisch für beide Körperseiten gelten und gegen ihr jeweiliges Spiegelbild austauschbar sind, müssen die acht Spezialmeridiane auf derartige Alternativen verzichten: Sie haben kein Spiegelbild, das ihre Aufgaben übernehmen könnte. Sechs von ihnen haben nicht einmal eigene Akupunkte, stehen jedoch an bestimmten Kreuzungs- und Vereinigungspunkten mit anderen Meridianen in Verbindung. Sie haben übergeordnete Koordinationsfunktionen. Das sogenannte Gürtelgefäß (*Dai Mai*) etwa umschlingt die Taille, es «bündelt» die Yin-Yang-Meridianpaare an zentraler Stelle. Der Spezialist

kommt nicht ohne genaue Kenntnis dieser Spezialmeridiane aus, da er bei der Akupunktauswahl in der Entwicklung einer Therapie stets an die verschiedenen Verbindungsstellen zwischen regulären und Spezialmeridianen denken muß.
Zwei Spezialmeridiane spielen indes auch in der Selbstakupressur eine zentrale Rolle. Zentral im wahrsten Sinne des Wortes: Der Lenkergefäß-Meridian und der Dienergefäß-Meridian verlaufen auf der hinteren und auf der vorderen Mittellinie des Körpers, sie machen die regulären Meridiane zu einem axialsymmetrischen Leitungsnetz, und sie bieten eine ganze Reihe von wertvollen Akupunkten an.

Das Lenkergefäß

Das Lenkergefäß steigt über die Mittellinie des Rückens auf. Der Rücken gilt in der chinesischen Auffassung als Yang, deshalb hat auch das Lenkergefäß Yang-Charakter. Es wird oft als «Meer der Yang-Meridiane» bezeichnet: Am siebten Halswirbel wird es zum Treffpunkt aller Yang-Meridiane. Sein chinesischer Name lautet *Du Mai,* wobei *Du* «Gouverneur» und *Mai* «Gefäß» bedeutet. Daraus leitet sich seine Hauptfunktion ab: Es regiert über sämtliche Yang-Meridiane.
Das Lenkergefäß beginnt am Damm und steigt über das Steißbein und die Lendenwirbel hinauf in die Kreuzgegend. Dort vereinigt es sich zunächst mit den Nieren und setzt dann seinen Weg über die Wirbelsäule bis zum Kopf fort. Es versenkt sich ins Hirn, steigt wieder zum Scheitel auf und fließt über die Mittellinie von Stirn und Nase hinunter auf die Oberlippe. Schließlich endet es im Zahnfleisch über den Schneidezähnen.
Das Lenkergefäß kann über 28 Akupunkte direkt beeinflußt werden.
Krankheitssymptome: Fieberkrankheiten, übermäßige Erregbarkeit, Steifheit der Wirbelsäule, tonischer Krampf

der Rückenmuskulatur, Symptome von Krankheiten des Zentralnervensystems.

Das Dienergefäß

Das Dienergefäß ist Yin-Partner des Lenkergefäßes. Die Chinesen nennen es oft «Meer der Yin-Meridiane», weil es alle Yin-Meridiane vereinigt. Die offizielle Bezeichnung ist *Ren Mai. Mai* bedeutet wiederum «Gefäß», *Ren* heißt «Verantwortlicher» oder «Direktor». Das Dienergefäß ist verantwortlich für die Yin-Meridiane. Es beginnt ebenfalls am Damm, steigt dann über Schambein, Nabel und Brustbein hinauf in die Furche zwischen Kinn und Unterlippe. Es endet mit einem Kreis um den Mund.
Das Dienergefäß hat 24 Akupunkte.
Krankheitssymptome: Hernie, Husten, Asthma, Krankheiten des Urogenitalsystems.

Dienergefäß und Lenkergefäß bilden zusammen mit den regulären Meridianen das System der 14 klassischen Meridiane: das Energieleitungsnetz, das auf jeder Körperhälfte 309 und auf der Mittellinie insgesamt 52 klassische Akupunkte hat.

Die Akupunkte

Das Meridiansystem des menschlichen Körpers gleicht einem Stromnetz, das die ganze Bevölkerung einer Region mit Energie versorgt. Und so wie der Energiefluß des Stromnetzes nicht an beliebigen Stellen der Leitungen, sondern nur an bestimmten Schaltorten manipuliert werden kann, so lassen sich auch die Meridiane nur an speziellen Punkten beeinflussen. Diese Schaltstellen des Meridiansystems nenne ich Akupunkte. Hier wird die Energie konzentriert, hier können wir sie mit den Mitteln der Akupressur, der Akupunktur und der Moxibustion

(Wärmetherapie) aktivieren oder eindämmen und ihre Verteilung regulieren.
Im Laufe der Jahrhunderte sind insgesamt 361 Akupunkte beschrieben worden. Davon liegen 28 auf dem Lenkergefäß-Meridian und 24 auf dem Dienergefäß-Meridian. Weil diese Meridiane der senkrechten Mittellinie des Rückens beziehungsweise des Bauches und der Brust entlang verlaufen, haben sie keine spiegelbildlichen Zwillingspunkte, während alle übrigen Punkte, die auf den Yin- und Yang-Meridianen der Hand und des Fußes liegen, in doppelter Ausführung zur Verfügung stehen: auf der linken und auf der rechten Körperhälfte. Tatsächlich spielt es keine Rolle, ob Sie einen Punkt auf der linken Seite oder sein Spiegelbild auf der rechten Seite akupressieren. Die meisten Punkte können Sie sogar problemlos auf beiden Seiten gleichzeitig behandeln. Massieren Sie nie einen Punkt, wenn seine Umgebung entzündet ist. In diesem Fall akupressieren Sie den gleichen Punkt auf der Gegenseite.
Nicht alle 361 Akupunkte sind von gleicher Bedeutung. Einige benutze ich nur selten, da sie ein ganz spezifisches Krankheitssymptom beheben sollen. Andere brauche ich immer wieder, weil sie eine energieregulierende Wirkung haben, die weit über den lokalen Bereich hinausgeht. Besonders geschätzt sind seit jeher die Akupunkte von den Fingern bis zum Ellbogengelenk und unterhalb des Knies. Je größer nämlich die Entfernung zum Zentrum des Körpers ist, desto unregelmäßiger fließt die Energie und desto leichter und weitreichender läßt sich der Energiefluß manipulieren. Das möchte ich an einem einfachen Beispiel veranschaulichen: Am schnellsten und am empfindlichsten auf kalte Temperaturen reagieren unsere Hände und Füße. Wenn wir sie massieren, erzeugen wir Wärme, die bald als wohliges Gefühl den ganzen Körper durchströmt.
Die breite therapeutische Wirkung der Punkte der äußeren Extremitäten wurde früh entdeckt. Während Jahrhunderten sagten die großen Meister sogar, mit nur ge-

rade vier Akupunkten ließen sich sämtliche Krankheiten behandeln. Sie dachten dabei an den vierten Punkt des Dickdarm-Meridians am Mittelhandknochen des Zeigefingers, an den sechsunddreißigsten Punkt des Magen-Meridians unterhalb des Knies, an den vierzigsten Punkt des Blasen-Meridians in der Kniekehle und an den siebten Punkt des Lungen-Meridians oberhalb des Handgelenks. Man nannte diese Punkte die vier Schlüsselpunkte der Akupunktur. Einige Ärzte fügten den sechsten Punkt des Perikard-Meridians und die *Ashi*-Punkte, die schmerzenden und druckempfindlichen lokalen Punkte, hinzu. Wieder andere ersetzten die *Ashi*-Punkte durch den sechsundzwanzigsten Punkt des Lenkergefäß-Meridians.

Die zwölf Punkte des Meisters Ma

Zur Zeit der Song-Dynastie ums Jahr 960 empfahl der Meister Ma Tan Yan zwölf Akupunkte zur Anwendung, in denen er die therapeutischen Indikationen und die Wirkungskraft aller 357 damals bekannten Akupunkte zusammengefaßt sah. Neben den vier Schlüsselpunkten nahm er die folgenden Akupunkte in seine Liste auf: den vierundvierzigsten Punkt des Magen-Meridians, den dritten Punkt des Leber-Meridians, den elften Punkt des Dickdarm-Meridians, den dreißigsten und den vierunddreißigsten Punkt des Gallenblasen-Meridians, den fünften Punkt des Herz-Meridians, den sechzigsten und den siebenundfünfzigsten Punkt des Blasen-Meridians. Die Therapiemöglichkeiten, die der Akupunkteur mit diesem Dutzend Punkten hat, sind in der Tat zahlreich, wie die folgende Zusammenstellung der therapeutischen Indikationen zeigt:

Magen-Meridian 36 *(Zusanli):* Affektionen des Verdauungsapparats, Magenkrämpfe, Erbrechen, Blähungen, Verstopfung, Bakterienruhr, Enteritis. Dieser Punkt ist ein Tonisierungspunkt für den ganzen Körper.

Dickdarm-Meridian 4 *(Hegu):* Kopfschmerzen, Zahnschmerzen, Mandelentzündung, Schnupfen, Rachen-Hals-Entzündung, Augenschmerzen, Lähmung der Gesichtsmuskeln, Kropf, Schmerzen und Lähmungen der oberen Extremitäten, übermäßige und fehlende Schweißabsonderung, Erkältung, Fieber.

Blasen-Meridian 40 *(Weizhong):* Ischias, Kreuzschmerzen, Lähmungen der unteren Extremitäten, Sonnenbrand, Krankheiten des Knies.

Lungen-Meridian 7 *(Lieque):* Kopfschmerzen, Nackenstarre, Husten, Asthma, Lähmung der Gesichtsmuskeln, Trigeminus-Neuralgie.

Magen-Meridian 44 *(Neiting):* Magenschmerzen, Kopfschmerzen, Zahnschmerzen, Mandelentzündung, Ruhr.

Dickdarm-Meridian 11 *(Guchi):* Schulter- und Armschmerzen, Lähmungen der oberen Extremitäten, Krankheiten des Ellbogens, Fieber, Bluthochdruck, Ekzem.

Gallenblasen-Meridian 30 *(Huantiao):* Ischias, Lähmungen der unteren Extremitäten, Krankheiten der Hüfte.

Gallenblasen-Meridian 34 *(Yanglingquan):* Halbseitenlähmung, Erkrankungen der Gallengänge, Kreuzschmerzen, Beinschmerzen.

Herz-Meridian 5 *(Tongli):* Kopfschmerzen, akute Heiserkeit, Steifheit der Zunge, Sprachstörungen, Schlafstörungen, Herzklopfen, Arm- und Handgelenkschmerzen.

Leber-Meridian 3 *(Taichong):* Kopfschmerzen, Schwindel, Epilepsie, Fieberkrämpfe bei Kindern, Augenkrankheiten, Hernie, Gebärmutterblutung außerhalb der Menstruation, Brustdrüsenentzündung.

Blasen-Meridian 60 *(Kunlun):* Lähmungen der unteren Extremitäten, Kreuzschmerzen, Ischias, Ristschmerzen.

Blasen-Meridian 57 *(Chengshan):* Ischias, Vorfall des Mastdarms, Wadenkrämpfe, Schmerzen an der Fußsohle, Lähmungen der unteren Extremitäten.

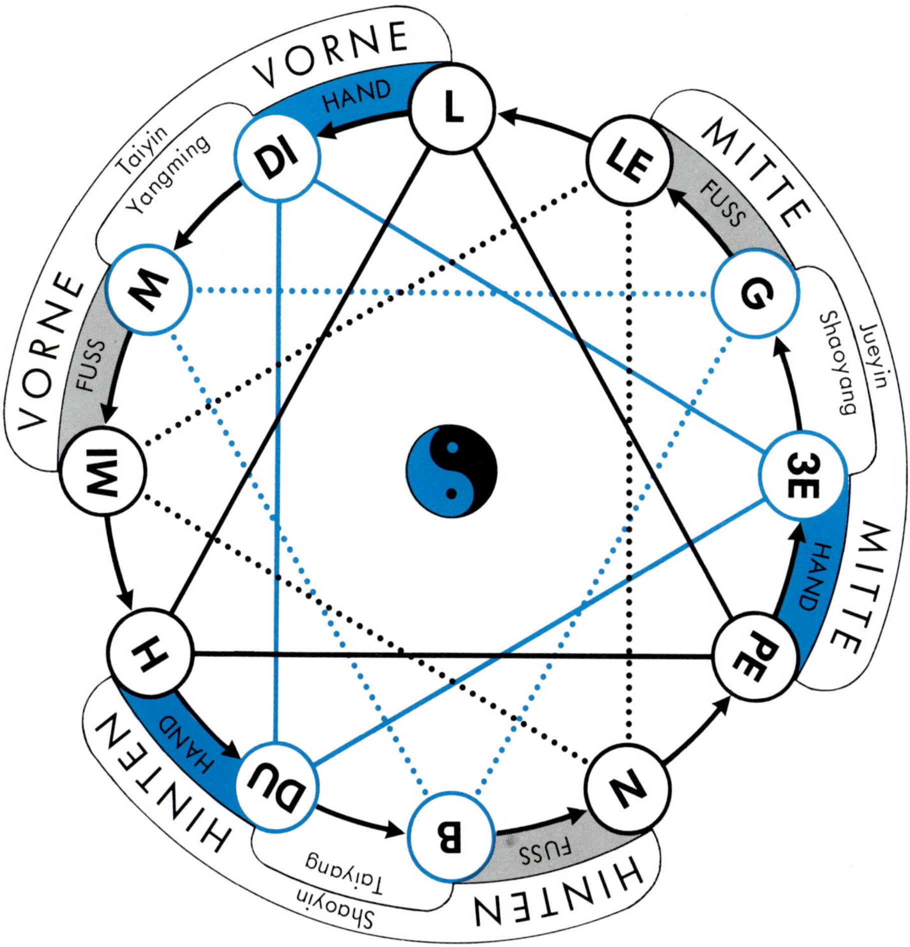

Drei Yang-Meridiane der Hand laufen von außen nach innen.

Drei Yin-Meridiane der Hand laufen von innen nach außen.

Drei Yang-Meridiane des Fußes laufen von innen nach außen.

Drei Yin-Meridiane des Fußes laufen von außen nach innen.

Die Meridiane und ihre Beziehungen: Der Lungen-Meridian ist mit dem Leber- und dem Dickdarm-Meridian verbunden. Zwei Meridiane, und zwar je einer des Fußes und der Hand, fallen unter einen Oberbegriff: Als Taiyin gelten Lungen- und Milz-Meridian. Lungen-, Herz- und Perikard-Meridian sind die drei Yin-Meridiane der Hand, die von innen nach außen, also vom Körper zu den Extremitäten, laufen.

L Lungen-Meridian der Hand-Taiyin

DI Dickdarm-Meridian der Hand-Yangming

M Magen-Meridian des Fußes-Yangming

MI Milz-Meridian des Fußes-Taiyin

H Herz-Meridian der Hand-Shaoyin

DU Dünndarm-Meridian der Hand-Taiyang

B Blasen-Meridian des Fußes-Taiyang

N Nieren-Meridian des Fußes-Shaoyin

PE Perikard-Meridian der Hand-Jueyin

3E Dreiteiliger Erwärmer-Meridian der Hand-Shaoyang

G Gallenblasen-Meridian des Fußes-Shaoyang

LE Leber-Meridian des Fußes-Jueyin

Cun — das individuelle Körpermaß

Weil sich durch die unterschiedlichen Körpergrößen der Patienten bei der Lokalisation der Akupunkte immer wieder Fehler ergaben, einigten sich die Ärzte der Han-Dynastie vor rund zwei Jahrtausenden darauf, die Distanzen zwischen den Punkten mit Hilfe einer körpereigenen Maßeinheit des Patienten festzulegen. Sie teilten den menschlichen Körper in lauter proportionale Abschnitte ein und nannten die Grundeinheit Cun (sprich «Tschün»). Bis heute ist das Cun die wichtigste Maßeinheit des Akupunkteurs geblieben.

1 Cun entspricht Ihrer Daumenbreite. Wenn Sie die übrigen vier Finger aneinanderlegen, so ergibt sich eine Breite von 3 Cun. Zwei Finger sind zusammen 1,5 Cun breit.

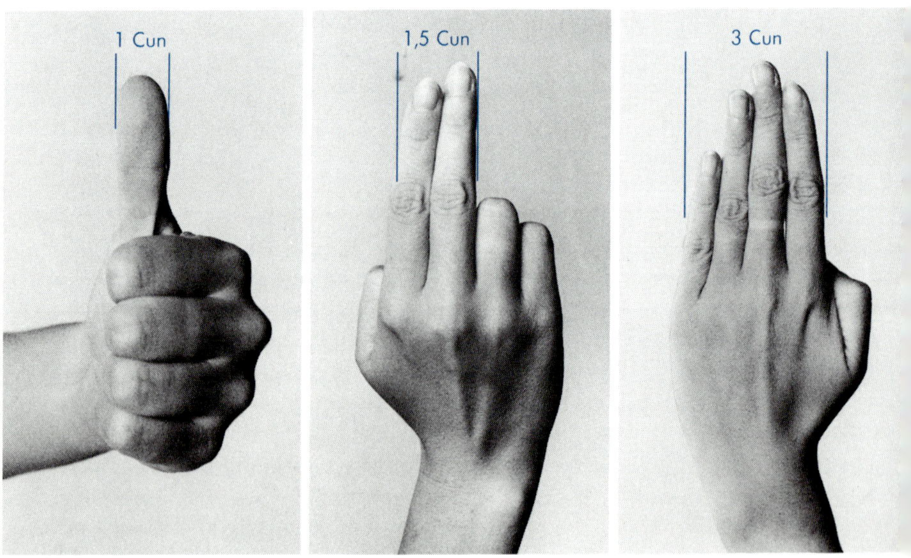

Das Messen mit Fingerbreiten ist denkbar einfach und doch — gerade in der Selbstakupressur — eine vergleichsweise sichere Methode zur Lokalisierung der Akupunkte. Die Fingerbreite kann indes stark von der beruflichen Tätigkeit beeinflußt sein. In der folgenden Liste sind die wichtigsten Proportionalmaße des Körpers zusammengestellt, so daß Sie überprüfen können, ob Ihre Fingerbreiten mit den Cun-Angaben übereinstimmen.

Kopf

12 Cun: Vom Haaransatz über der Stirn zum Haaransatz im Nacken
3 Cun: Vom Mittelpunkt zwischen den Augenbrauen zum Haaransatz
3 Cun: Vom Haaransatz im Nacken zum siebten Halswirbel, den Sie leicht finden, weil sein Dornfortsatz prominenter als alle andern hervorragt
6 Cun: Zwischen den beiden Schläfenhaaransätzen

Rumpf

8 Cun: Zwischen den beiden Brustwarzen
8 Cun: Zwischen Nabel und Brustbein
5 Cun: Zwischen Nabel und Schambein
6 Cun: Zwischen den beiden inneren Rändern der Schulterblätter

Arme

9 Cun: Vom vorderen Ende der Achselhöhlenfalte zur Beugefalte des Ellbogens
12 Cun: Von der Ellbogenbeugefalte zur Beugefalte des Handgelenks

Beine

19 Cun: Vom Großen Trochanter, dem deutlich spürbaren Oberschenkelknochenfortsatz an der Hüfte, zum Mittelpunkt der Kniescheibe
16 Cun: Vom Mittelpunkt der Kniescheibe zur äußeren Knöchelspitze

Sie haben zwei verschiedene Möglichkeiten, einen Akupunkt zu lokalisieren: einerseits die Meßmethode mit den Fingerbreiten, bei der die Daumenbreite 1 Cun entspricht, anderseits die Methode mit den Proportionalmaßen, bei der Distanzen zwischen zwei problemlos lokalisierbaren Körperstellen in Cun-Einheiten aufgeteilt sind. Einen Punkt etwa, der 2 Cun über der Handgelenkbeugefalte liegt, können Sie finden, indem Sie vom Handgelenk aus zwei Daumenbreiten nach oben messen. Sie können ihn jedoch auch lokalisieren, indem Sie die Strecke zwischen den Beugefalten von Handgelenk und Ellbogen mit Hilfe eines Meßbandes in zwölf gleich große Abschnitte (12 Cun) teilen und dann am Ende des zweiten Abschnitts akupressieren. Die zweite Methode ist zwar präziser, aber auch komplizierter als die erste. Für die Selbstakupressur scheint mir das Meßverfahren mit den Fingerbreiten vollauf zu genügen. Nicht zuletzt deshalb: Auch die Lokalisierung mit den Proportionalmaßen ist letztlich nicht mehr als eine Annäherung. Auch sie gibt nur den ungefähren Standort eines Akupunktes an. Ob man den gesuchten Punkt wirklich gefunden hat, zeigt sich erst im spezifischen Druckempfinden: Auf gleich starken Druck reagiert ein Akupunkt viel sensibler als eine beliebige Stelle in seiner nahen Umgebung. Suchen Sie deshalb stets ein größeres Feld nach der empfindlichsten Stelle ab. Ein zweiter Indikator ergibt sich aus einer anderen Eigenart der Akupunkte: Die allermeisten von ihnen liegen in Vertiefungen, die Sie mit dem Auge vielleicht nicht sehen, beim Drücken mit dem Finger jedoch sehr genau wahrnehmen können.

Die praktische Anwendung

Ob die Akupunkte mit traditionellen Mitteln wie den Gold- oder Silbernadeln, mit ultramoderner Lasertechnologie oder mit den bloßen Händen bearbeitet werden, das Therapieziel bleibt stets das gleiche: den Energiefluß zu regulieren, Yin und Yang des Menschen wieder ins Gleichgewicht zu bringen. Techniken wie die erstgenannten sind präziser und deshalb effizienter als die Akupressur, sie sind jedoch auch gefahrvoller, wenn man sie nicht perfekt beherrscht. Ja sogar in der Akupressur gibt es Vorgehen, die nicht ohne Risiko sind. Wenn wir beispielsweise mit den Fingernägeln akupressieren, so erhöhen wir die Präzision, aber gleichzeitig auch die Infektionsgefahr über kleine Verletzungen, denn im Gegensatz zu den Nadeln des Akupunkteurs sind die Fingernägel nicht keimfrei. Ich möchte Ihnen aus diesem Grund empfehlen, die Akupunkte mit den Fingerkuppen — am besten eignen sich Daumen oder Zeigefinger — beziehungsweise mit den Daumenballen zu massieren. So können Sie wirklich nichts falsch machen, die Selbstakupressur ist ohne jedes Risiko. Ein praktischer Vorteil ergibt sich nebenbei: Während die Nadel des Akupunkteurs den Punkt absolut präzis treffen muß, kann die vergleichsweise großflächige Massage mit Finger oder Handballen kaum vollkommen danebentreffen. Werfen Sie also die Flinte nicht gleich ins Korn, wenn Sie eines der in diesem Buch angegebenen Leiden mit Akupressur heilen wollen und nicht sofort erfolgreich sind. Unzählige Beispiele aus meiner jahrzehntelangen Praxis beweisen, daß die allermeisten Menschen die Akupressur lernen können. Im Laufe der Zeit werden Sie die Punkte immer präziser auffinden, da Sie das Druckempfinden eines Akupunkts zusehends leichter vom Druckempfinden anderer Stellen der Körperoberfläche werden unterscheiden können.

Der professionelle Akupresseur kombiniert je nach Therapieziel verschiedene Massagebewegungen. Er unterscheidet zum Beispiel zwischen «Ziehen», «Reiben», «Klopfen», «Stoßen», «Drücken an Ort» und «Drücken in kreisender Bewegung». Für die Selbstakupressur eignet sich die letztgenannte Technik besonders gut. Wenn Sie dabei abwechselnd im Uhrzeiger- und im Gegenuhrzeigersinn akupressieren, so arbeiten Sie bereits nach dem

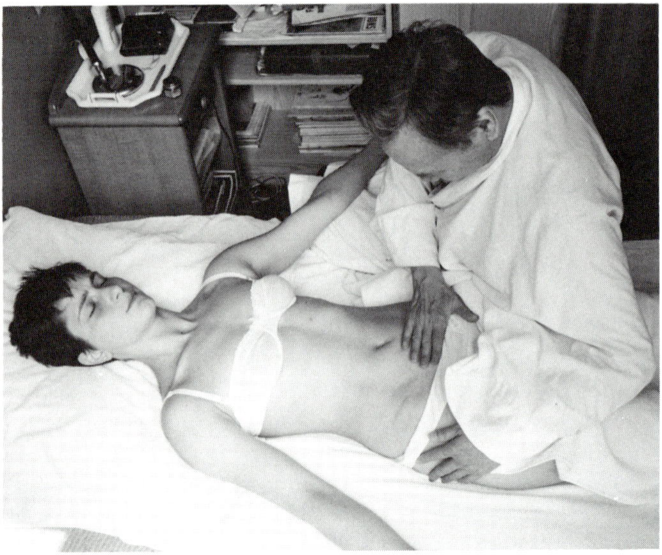

Eine Massage vom großen Meister persönlich: Sanft gleiten die Hände über den Körper, lösen Verspannungen, lassen die Körpersäfte fließen, bringen die Energie ins Gleichgewicht.

ausgleichenden Prinzip von Yin und Yang: Im Uhrzeigersinn geben Sie Yang, im Gegenuhrzeigersinn gleichen Sie mit Yin aus. Der Körper nimmt nun automatisch von der Energie, die er braucht, mehr auf. Der Druck sollte mindestens so stark sein, daß sich das Gewebe unter dem Finger beim Kreisen mitbewegt.
Nachfolgend wird zwischen Hauptpunkten ● und Nebenpunkten ○ unterschieden. Dies soll allerdings keine qualitative Wertung bedeuten. Es ist nicht etwa so, daß die Nebenpunkte weniger wichtig und deshalb zu vernachlässigen wären. Massieren Sie alle Punkte, die bei einer Krankheit angegeben sind. Die Hauptpunkte sollten Sie jedoch häufiger und etwas länger akupressieren als die Nebenpunkte, da sie dann ihre krankheitsspezifische Wirkung voll entfalten können.

Akupressieren Sie die Punkte in beliebiger Reihenfolge, bis Sie eine Linderung verspüren. Insgesamt sollten Sie höchstens 20 bis 25 Minuten akupressieren. Sie können die Behandlung mehrmals pro Tag wiederholen.
Sollte keine Besserung eintreten, so schieben Sie den Entscheid, zum Arzt zu gehen, nicht unnötig hinaus. Sie können – vor allem bei allen Arten von Schmerzen – die Akupressur auch als Übergangstherapie anwenden, wenn Sie bereits beim Arzt angemeldet sind. Denn wieso die Hände bis zum Termin untätig in den Schoß legen, wenn Sie Möglichkeiten haben, selber etwas gegen das Leiden zu unternehmen?
Noch etwas bleibt zur nachstehenden Zusammenstellung von Krankheiten zu sagen: Ich habe versucht, mich auf verbreitete Alltagsbeschwerden zu beschränken; teils sind es Krankheiten leichterer Art wie Erkältungen, die ein sonst gesunder Mensch ohne Arztbesuch übersteht, teils chronische Leiden wie Arthritis, gegen die die Schulmedizin nach wie vor nicht viel mehr als schmerzlindernde Salben und Tabletten anzubieten hat.
In folgenden Fällen sollten Sie vor einer Akupressurtherapie zunächst Ihren Arzt befragen:
- wenn Sie wegen einer Krankheit bereits in ärztlicher Behandlung sind;
- wenn Sie einen stark überhöhten Blutdruck haben;
- während einer Schwangerschaft.

Die großen Meister im alten China vermochten Kranke zu heilen, ohne sie auch nur zu berühren: Sie richteten all ihre Konzentration auf die betreffenden Akupunkte und ließen ihre Energie fließen. Zu dieser Perfektion wird es heute wohl niemand mehr bringen, die Zeiten sind anders. Immerhin gelingt es mir, die Massage an mir selbst im Geiste durchzuführen – mit genau demselben wohltuenden Effekt.

NERVOSITÄT

In manchen Fällen kennen wir den Grund unserer Nervosität genau: Eine bevorstehende Prüfung, ein Stellenwechsel, eine Reise, ein großes Fest können uns so sehr beschäftigen, daß wir nicht mehr richtig schlafen können, daß es uns den Appetit verschlägt oder daß wir beim bloßen Gedanken daran Herzklopfen bekommen. Angst, Unsicherheit und Vorfreude gehören denn auch zu den häufigsten Ursachen von Nervosität.

Zu einem gesundheitlichen Problem wird Nervosität dann, wenn sie scheinbar grundlos ist, wenn sie zu einem Dauergast wird, der nicht nur den Betroffenen quält, sondern auch in dessen Umgebung Unfrieden stiftet und damit einen wahren Teufelskreis in Gang setzen kann. So läßt sich etwa mit einem Ehepartner, der jedesmal an die Decke geht, wenn das Baby schreit, schwerlich ein gemütlicher Abend verbringen. Es kann sogar zum Streit zwischen den Eltern kommen, der sich auf das Kind ausdehnt und auf den das Kind wiederum mit Schreien reagieren wird. Die Lösung liegt folglich nicht beim Kind, sondern bei den Eltern. Wenn sie etwas gegen ihre Überreiztheit tun, so wird Sie das Schreien ihres Kindes nicht mehr gleich in Wut bringen, sie werden vielleicht sogar den Eindruck haben, das Baby schreie weniger laut als zuvor. Selbstverständlich schreit es genauso laut wie immer — aber womöglich muß es weniger oft weinen, wenn es spürt, daß seine Eltern ein harmonisches Leben führen.

Dies gilt für jeden beliebigen Lebensbereich: Wir sollten nicht das «Kind» zum Schweigen bringen, sondern unseren Geist so stärken, daß wir nicht bei jedem Mucks in unserer Umgebung gleich die Fassung verlieren. Genau hier kann die Akupressur helfen. Da Nervosität selten organische Ursachen hat, kommen vor allem auch Punkte der äußeren Extremitäten zum Einsatz. Jene Punkte also, deren Wirkung weit über ihr lokales Umfeld hinaus heilsam ist.

NERVOSITÄT

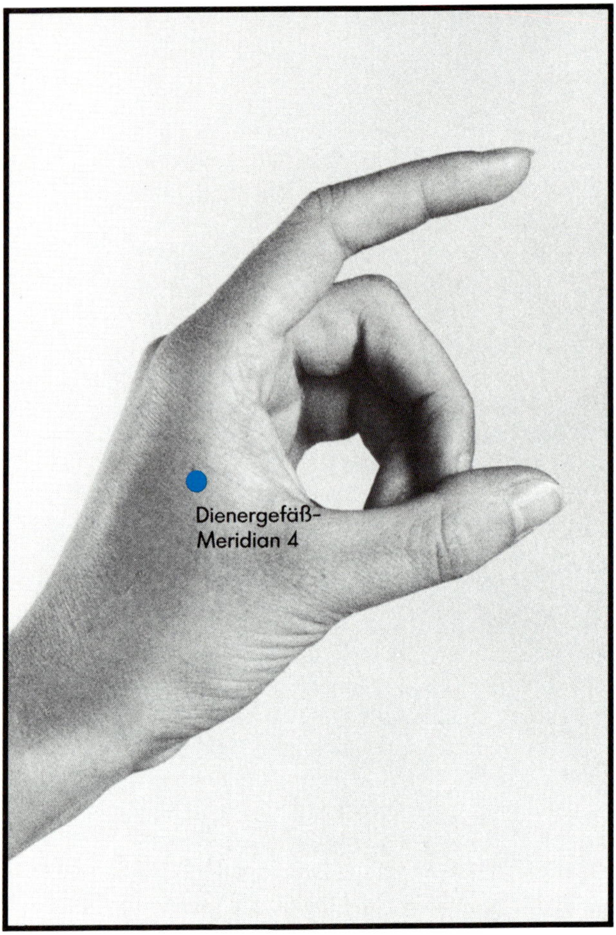

Den vierten Punkt des Dickdarm-Meridians, einen der ältesten Akupunkte der chinesischen Medizin, finden Sie am Mittelhandknochen des Zeigefingers. Pressen Sie den Daumen an die ausgestreckte Hand, so daß sich neben ihm auf dem Handrücken ein Hügel bildet. Legen Sie den anderen Daumen auf die Kuppe dieses Hügels und entspannen Sie die Hand wieder: Dies ist der gesuchte Punkt, den Sie nun massieren können.

3 Cun über dem Knöchel finden Sie den Punkt 6 des Milz-Meridians, den *Sanyinjiao* («Treffen der drei Yin»), an dem sich die drei Yin-Meridiane des Fußes begegnen. Erleichtern Sie sich das Messen und Akupressieren, indem Sie den Fuß aufs gegenüberliegende Knie legen.

Der dritte Punkt des Leber-Meridians (LE 3) liegt 2 Cun über dem ersten Zehenzwischenraum.

NERVOSITÄT

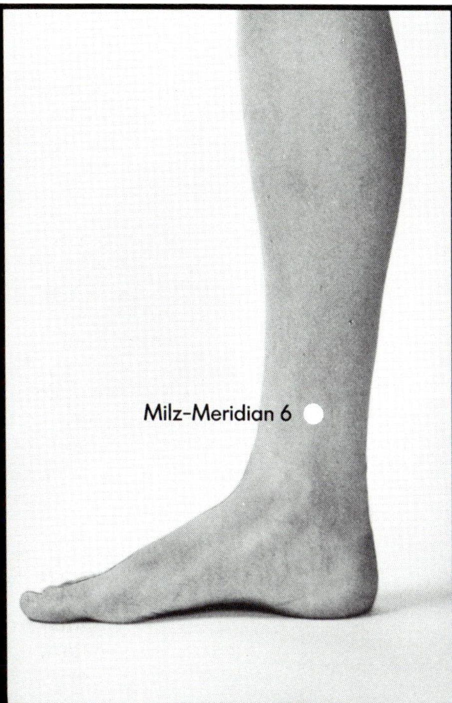

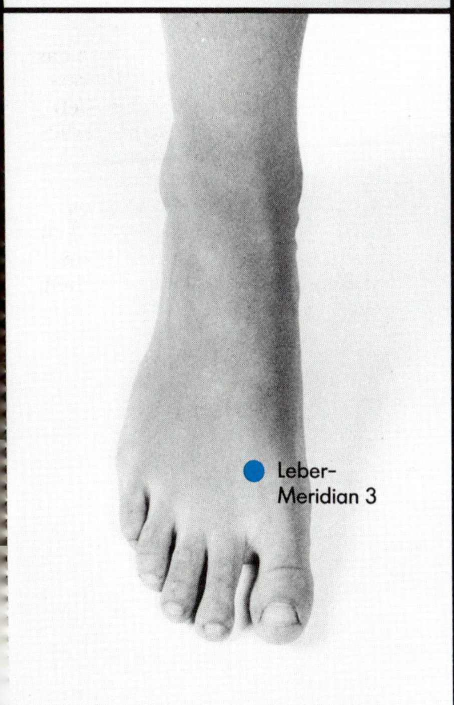

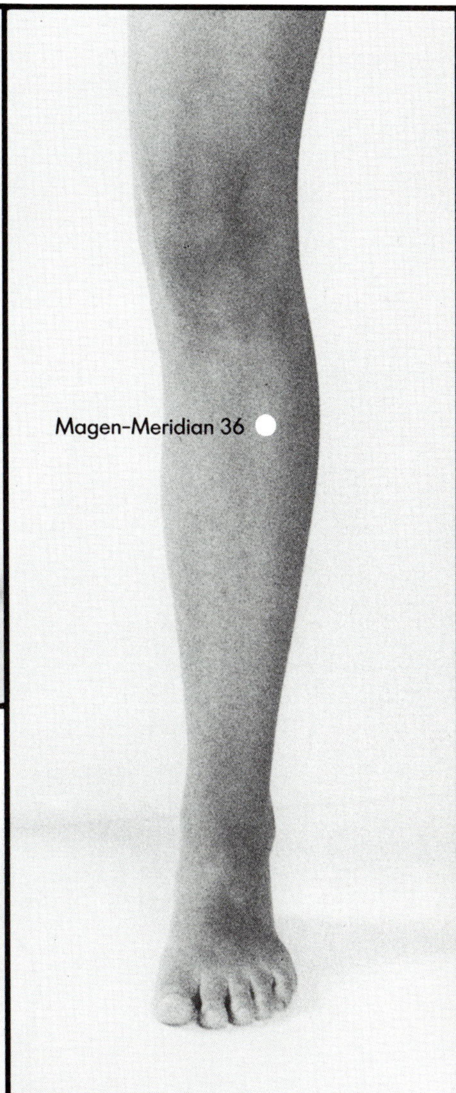

Messen Sie unter der Kniescheibe 3 Cun fußwärts und von dort 1 Cun nach außen. So finden Sie M 36, den sechsunddreißigsten Punkt des Magen-Meridians.

NERVOSITÄT

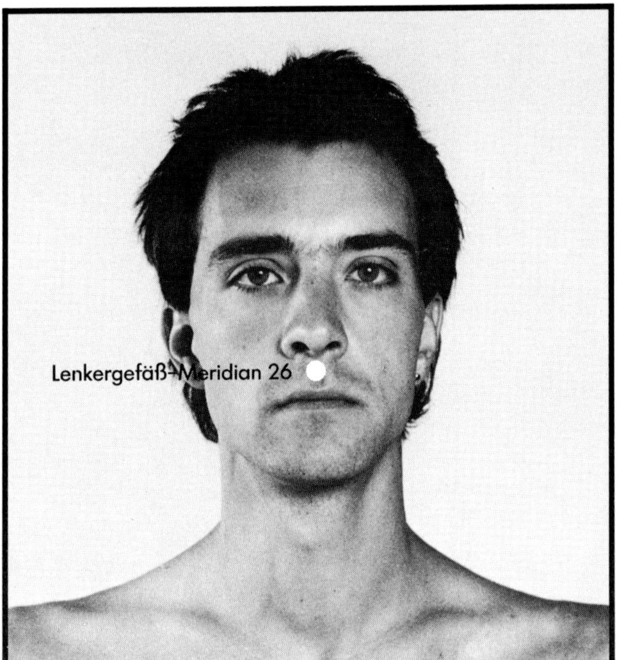

Der sechsundzwanzigste Punkt des Lenkergefäß-Meridians (LG 26) liegt am oberen Ende des zweiten Drittels zwischen Oberlippe und Nase.

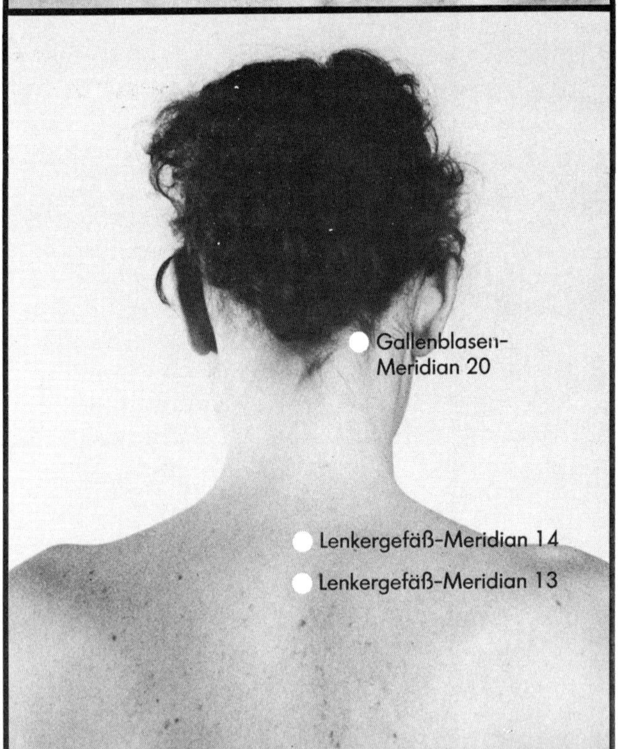

Unterhalb des ersten Brustwirbels finden Sie den Punkt 13 des Lenkergefäß-Meridians, unterhalb des siebten Halswirbels den vierzehnten Punkt desselben Meridians. Bei gesenktem Kopf steht der siebte Halswirbel stärker als alle andern hervor, weshalb Sie diesen Punkt leicht finden können. Der Punkt G 20 des Gallenblasen-Meridians liegt zwischen zwei Muskeln, die Sie leicht ertasten können, wenn Sie den Kopf senken und hin- und herbewegen.

HERZKLOPFEN

Das Herz gilt in China als Wohnsitz des Geistes. Da unsere Gesundheit wesentlich von unseren Stimmungen beeinflußt wird, müssen wir den Geist und seinen Wohnsitz besonders sorgfältig behüten. In jeder Therapie der chinesischen Medizin hat die Stärkung des Geistes erste Priorität, denn sie ist die wichtigste Voraussetzung für eine rasche Heilung, selbst wenn es sich bloß um eine kleine, harmlose Schnittwunde handelt. Gerade in der westlichen Welt, wo Tempo und Termine für viele Menschen nicht nur den Arbeitsalltag, sondern auch die Freizeit und das Vergnügen dominieren, werden Geist und Herz stark strapaziert. Nicht umsonst fühlen sich immer mehr Menschen überfordert, dürfen oder wollen es sich jedoch oft nicht eingestehen. Daraus ergibt sich eine Streßsituation, in der die Erwartungen der Gesellschaft und das Wissen um die eigenen beschränkten Möglichkeiten mitunter weit auseinanderklaffen. Angstzustände können die Folge sein, Depressionen können sich einschleichen, im schlimmsten Fall kann das Herz seinen Dienst versagen.

Herzklopfen und Angstzustände gehen oft Hand in Hand. Wenn wir das Herz stärken, so stärken wir auch den Geist, der durch die Angst geschwächt worden ist. Meine Therapie umfaßt deshalb vor allem Akupunkte des Herz- und des Perikard-Meridians mit entsprechenden therapeutischen Wirkungen. Durch einen weiteren Punkt stimulieren wir außerdem den Blasen-Meridian, denn über das chinesische Element «Wasser» steht dieser Meridian mit der Stimmung «Angst» in Verbindung.

Herzklopfen kann durch Angst verursacht sein, es kann aber auch Angstgefühle auslösen. Versuchen Sie, Ursache und Wirkung genau auseinanderzuhalten. Herzklopfen kann nämlich auch das Symptom einer körperlichen Krankheit sein, die vom Arzt abgeklärt werden sollte.

ANGSTZUSTÄNDE, HERZKLOPFEN

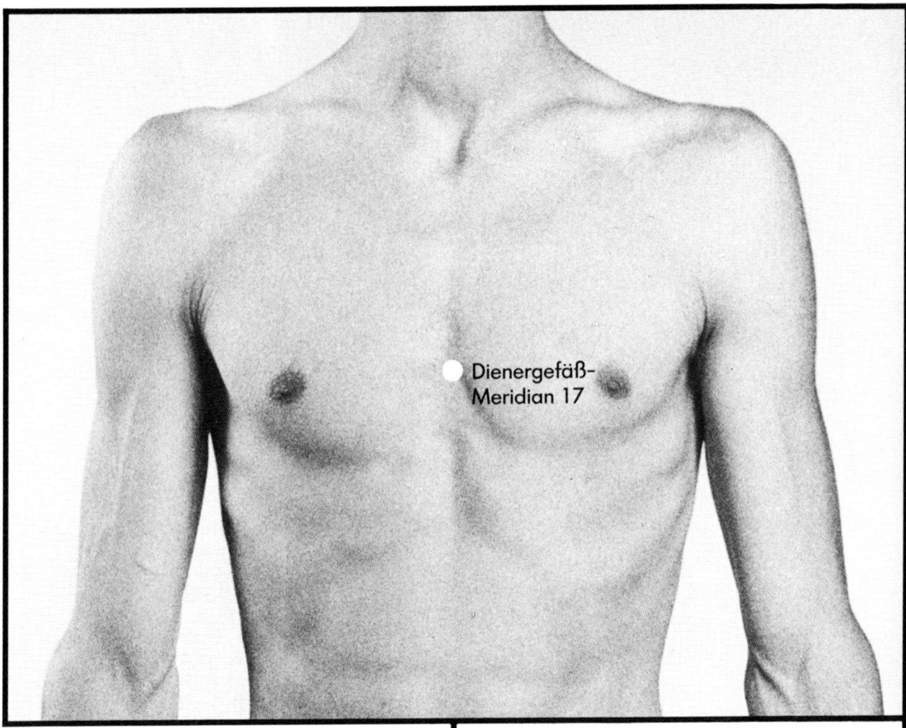

Der Punkt *Shanzhong* («Brustmitte», Dienergefäß-Meridian 17) liegt genau zwischen den Brustwarzen auf dem Brustbein. Lokalisieren Sie diesen Punkt in Rückenlage, weil die Brustwarzen dann in der anatomisch korrekten Position des vierten Rippenzwischenraums sind.

Der Punkt H 7 des Herz-Meridians liegt auf der Handgelenk-Beugefalte, und zwar außerhalb des Bandes, das die Elle mit dem Handgelenk verbindet. Wenn Sie von der Mitte der Beugefalte 2 Cun armaufwärts fahren, so stoßen Sie auf den Punkt PE 6 des Perikard-Meridians, die «Innere Verbindung» (*Neiguan*).

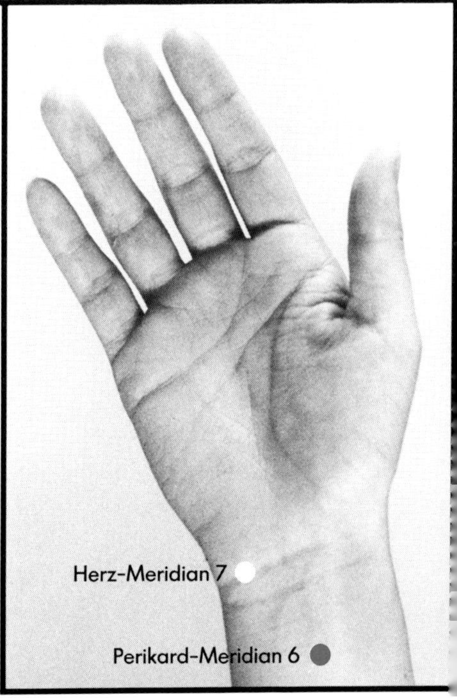

ANGSTZUSTÄNDE, HERZKLOPFEN

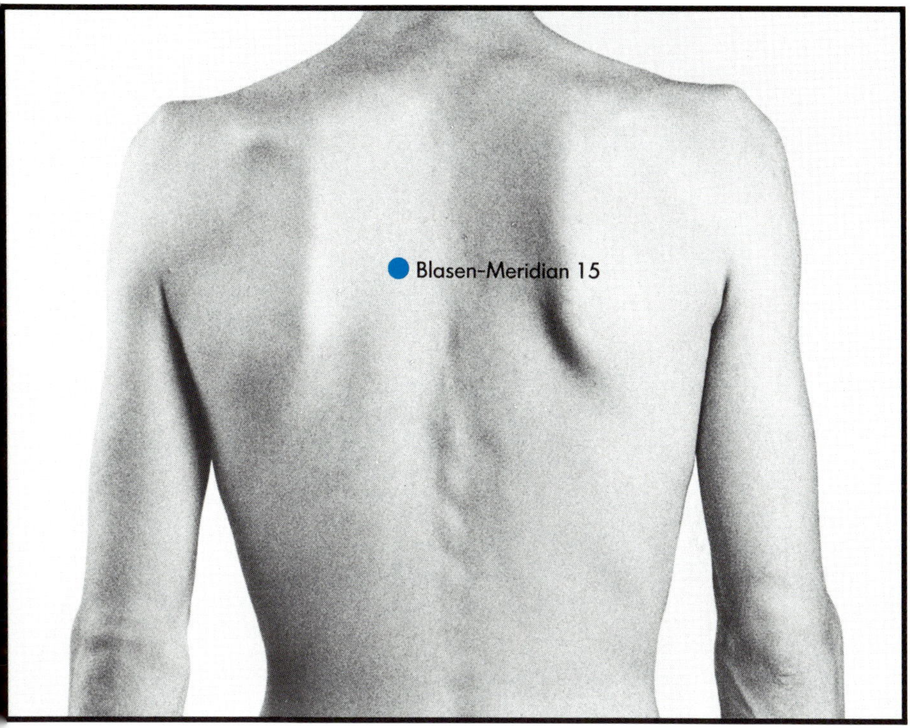

B 15, den fünfzehnten Punkt des Blasen-Meridians, können Sie vielleicht nicht ohne fremde Hilfe lokalisieren und akupressieren. Erleichtern Sie jedoch Ihrem Partner das Auffinden, indem Sie den Rücken krümmen. Der Punkt liegt 1,5 Cun neben dem Dornfortsatz des fünften Brustwirbels. Diesen Wirbel findet Ihr Partner problemlos, wenn er vom untersten Halswirbel aus abzählt; der unterste Halswirbel steht bei gesenktem Kopf deutlicher hervor als alle andern Wirbel.

ANGSTZUSTÄNDE, HERZKLOPFEN

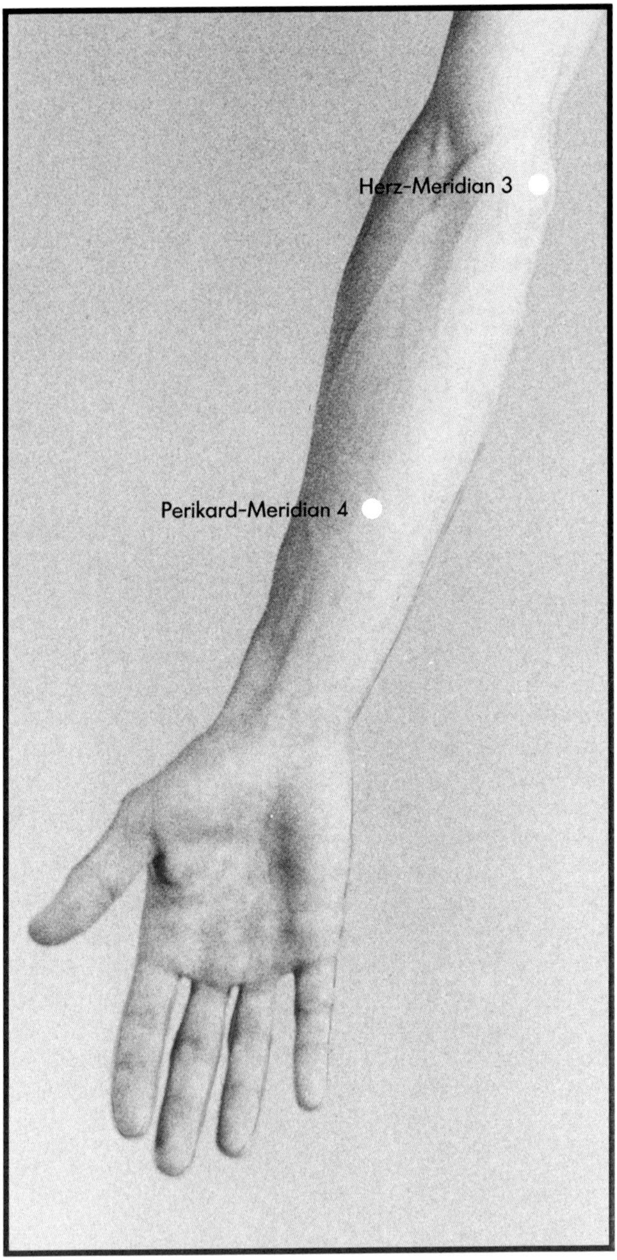

Wenn Sie den Arm zu einem rechten Winkel biegen, so finden Sie den Punkt Herz-Meridian 3 am inneren Ende der Ellbogen-Beugefalte. Den vierten Punkt des Perikard-Meridians (PE 4) können Sie nicht verfehlen: Er liegt in der Mitte der Arminnenfläche, genau 5 Cun über der ersten Beugefalte des Handgelenks.

DEPRESSIVE ZUSTÄNDE

Wer kennt sie nicht, jene Tage, die einem schon vor dem Aufstehen trüber als der trübste Novembernebel erscheinen. Man schlägt die Augen auf und weiß auf den ersten Blick: Der Tag wird grau bleiben.

Der eine schreibt solche Tage einem biorhythmischen Tief zu. Der andere sieht sein Es, sein Ich und sein Über-Ich in einen ungleichen Kampf verwickelt. Der dritte greift zunächst zu einer Zigarette und spätestens beim Morgenkaffee auch gleich zu einem «Aufsteller» aus der Pillenschachtel. Und der vierte erfindet für seinen Arbeitgeber eine schlaflose Nacht oder eine Magenverstimmung und bleibt einfach liegen. Eines ist allen gemeinsam: Sie fühlen sich müde, zerschlagen und ohne jede Lust, mit dem neuen Tag auch nur das Geringste anzufangen.

Depressive Verstimmungen haben oft keinen klar ersichtlichen Grund. Die Erklärung der chinesischen Medizin mag den westlichen Leser denn auch etwas sonderbar anmuten. Sie wird vielleicht erst verständlich, wenn man Geist und Körper tatsächlich als Einheit begreift. Wohnsitz des Geistes ist das Herz. Wenn das Herz schlecht oder ungenügend ernährt wird, kann es geschehen, daß der Geist auszieht und jene Leere hinterläßt, die wir als Lustlosigkeit und Motivationsschwäche nur allzu deutlich spüren. Um diese charakteristischen Yin-Symptome zu beheben, stimulieren wir einerseits Punkte auf dem Herz-Meridian, auf dem benachbarten Perikard-Meridian und auf dem Milz-Meridian, der mit dem Herz-Meridian direkt verbunden ist. Anderseits massieren wir eine Reihe von kräftigenden Akupunkten auf den Yang-Meridianen des Magens, der Gallenblase und des Lenkergefäßes.

DEPRESSIVE VERSTIMMUNG

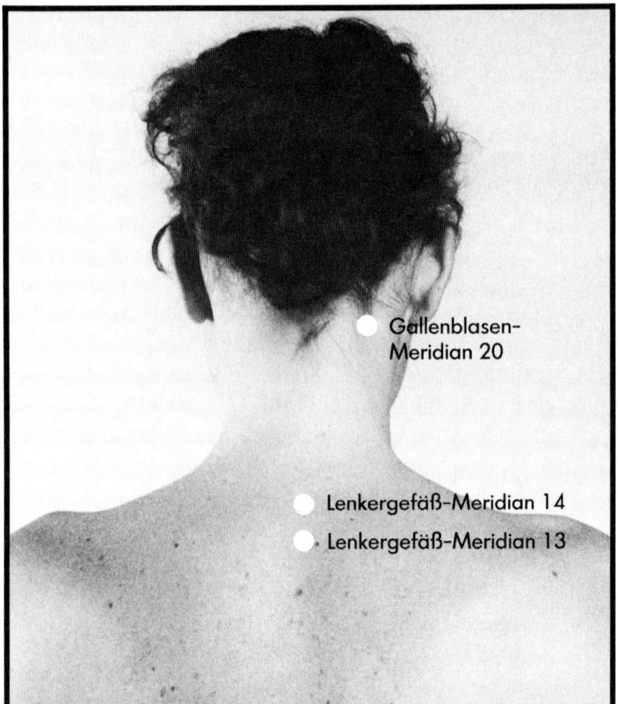

Unterhalb des ersten Brustwirbels liegt der Punkt Lenkergefäß-Meridian 13, unterhalb des siebten Halswirbels (der bei gesenktem Kopf stark hervortritt) der Punkt Lenkergefäß-Meridian 14. Wenn Sie von der Haarwurzel aus den ersten Muskel überqueren, so kommen Sie zum «Windteich» (*Fengchi*), dem Punkt G 20 des Gallenblasen-Meridians.

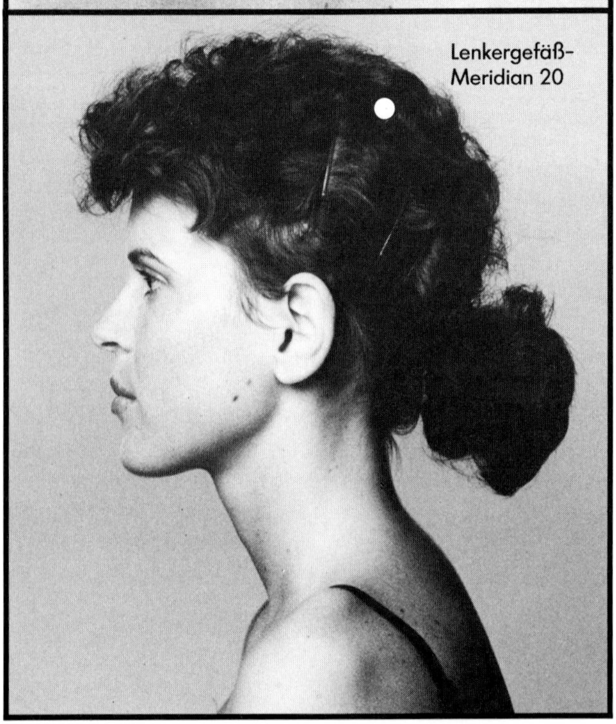

Messen Sie vom Mittelpunkt zwischen den Augenbrauen 8 Cun — zwei Daumenbreiten und zwei Handbreiten — über die Stirn und die Mittellinie des Kopfes nach hinten. So finden Sie den zwanzigsten Punkt des Lenkergefäß-Meridians, den Ort der «Hundert Übereinstimmungen» (*Baihui*).

DEPRESSIVE VERSTIMMUNG

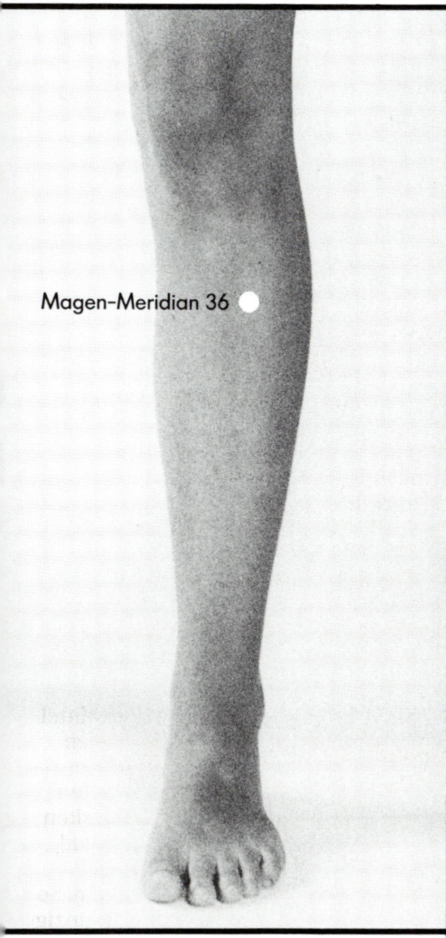

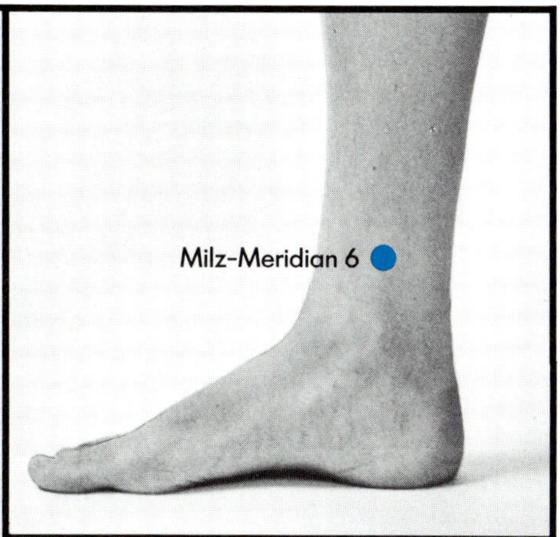

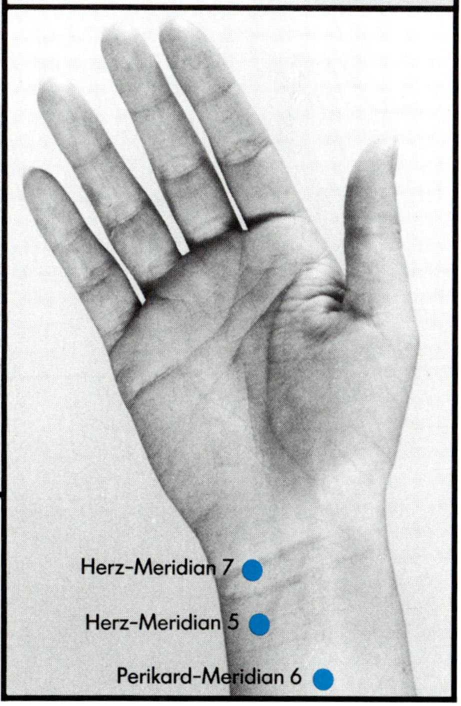

Der sechsunddreißigste Punkt des Magen-Meridians ist leicht zu finden: Messen Sie von der Kniescheibe 3 Cun nach unten und von dort 1 Cun nach außen. Der Punkt M 36 wirkt auf den gesamten Organismus kräftigend. Wir akupressieren ihn deshalb auch bei einer Vielzahl von organischen Leiden.

3 Cun über der Spitze des inneren Knöchels liegt der Punkt MI 6 des Milz-Meridians. Dort treffen sich mit dem Milz-Meridian auch die beiden anderen Yin-Meridiane des Fußes, der Leber- und der Nieren-Meridian. Der Punkt heißt deshalb *Sanyinjiao,* «Treffpunkt der drei Yin».

Die «Innere Verständigung» (*Tongli*, Herz-Meridian 5) liegt eine Daumenbreite vom «Tor des Geistes» (*Shenmen*, H 7) entfernt. Beide sind in der Depressionstherapie Hauptpunkte. Zwei Daumenbreiten von der gleichen Hautfalte, in der H 7 liegt, finden Sie in der Mitte der Arminnenfläche den Punkt PE 6 des Perikard-Meridians.

SCHLAFSTÖRUNGEN

Schlafmittel gehören mit den Schmerz-, Anregungs- und Beruhigungsmitteln zu den stimmungsverändernden Medikamenten. Sie können gefährliche Nebenwirkungen auf Körper und Psyche haben, Mißbrauch kann gar zum Tod führen. Längerdauernder, regelmäßiger Konsum schafft Abhängigkeit.

Alte Menschen haben oft mehrfache organische Grundleiden, die zu chronischen Schlafstörungen führen. Psychische Probleme tun das Ihre dazu: Einsamkeit, Unterbeschäftigung, Unselbständigkeit bei den alltäglichsten Verrichtungen, Zweifel am Sinn des Lebens, Angst vor dem Sterben verstärken die Schlafstörungen und lassen den Schlafmittelkonsum für viele alte Menschen zum allabendlichen Ritual werden.

Gerade für den älteren Menschen, der vielleicht schon eine ganze Anzahl anderer Medikamente nehmen muß, kann die Akupressur eine wertvolle Einschlafhilfe ohne gesundheitsschädigende Nebenwirkungen sein. Hauptpunkte sind Herz-Meridian 7 und Perikard-Meridian 6, zwei Punkte am Handgelenk, die Sie auch bei eingeschränkter Beweglichkeit problemlos selber akupressieren können.

Nehmen Sie Schlafstörungen ernst! Sie können ein Symptom organischer oder psychischer Erkrankungen sein, die in ärztliche Behandlung gehören. Suchen Sie jedoch auch selber nach Gründen und Lösungen für Ihr Schlafproblem. Ist es in Ihrem Schlafzimmer zu heiß, dringt Lärm oder Licht von der Straße herein? Trinken Sie zuviel Kaffee, Tee oder Alkohol? Nehmen Sie ein Medikament oder ein Hausmittelchen ein, das den Schlaf stören kann? Sind Sie am Arbeitsplatz, in der Familie oder in einer Beziehung überfordert? Schauen Sie zuviel und zu lange Fernsehen? Was auch immer die Ursache ist, eines steht fest: Wenn Sie die angegebenen Punkte regelmäßig sanft akupressieren, so wird Ihnen das beim Einschlafen helfen — doch die Ursache der Schlafstörung beheben Sie damit nicht.

EINSCHLAFSCHWIERIGKEITEN

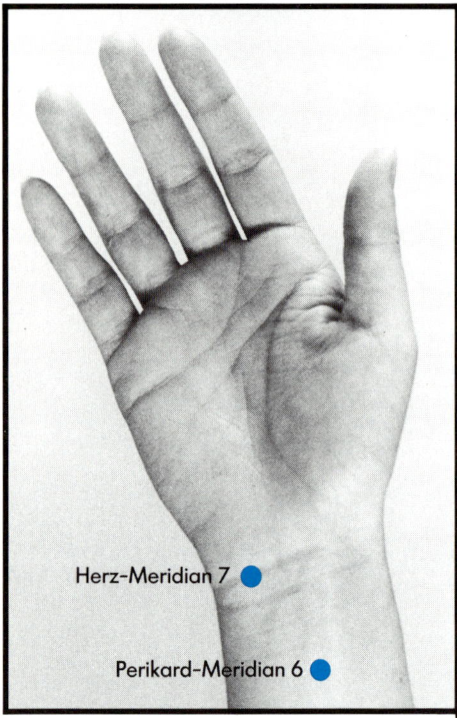

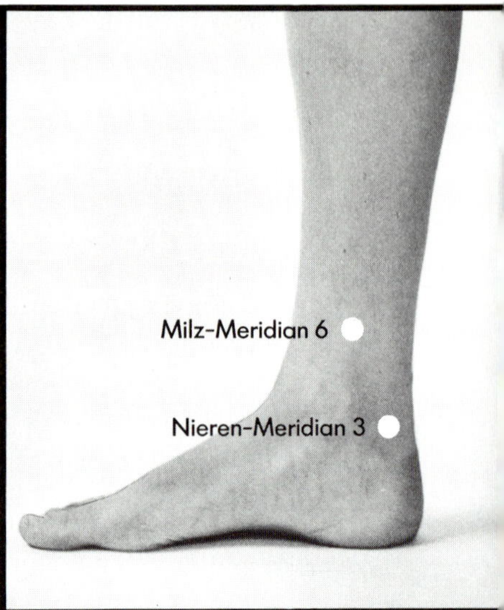

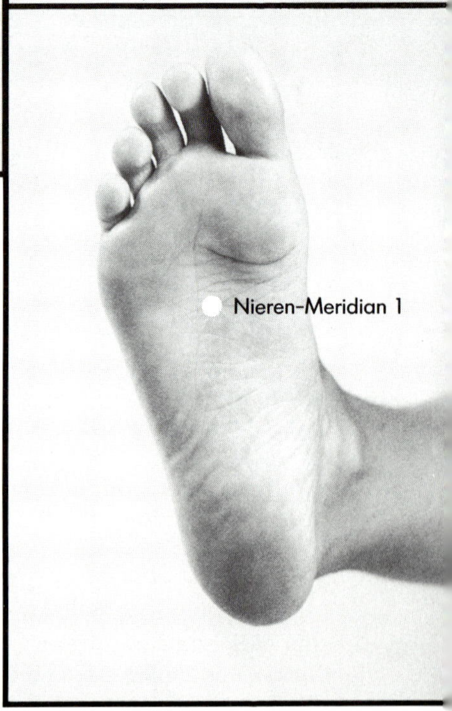

Der siebte Punkt auf dem Herz-Meridian (H 7) heißt *Shenmen,* «Tor des Geistes». Er befindet sich auf der Außenseite des Bandes, das die Elle mit dem Handgelenk verbindet. Der Punkt PE 6 des Perikard-Meridians liegt 2 Cun von der ersten Falte des Handgelenks entfernt armeinwärts.

Den Punkt MI 6 des Milz-Meridians finden Sie 3 Cun über der Knöchelspitze. In der Vertiefung zwischen der Knöchelspitze und der Achillessehne liegt der Punkt N 3 des Nieren-Meridians. Fahren Sie mit dem Finger waagrecht vom Knöchel nach hinten, damit Sie nicht irrtümlich den Punkt N 4 akupressieren, der nur eine halbe Daumenbreite unter unserem Punkt liegt.

Den ersten Punkt des Nieren-Meridians (N 1) können Sie nicht verfehlen, wenn Sie zwischen dem vorderen und dem mittleren Drittel der Fußsohle nach einer Vertiefung suchen.

EINSCHLAFSCHWIERIGKEITEN

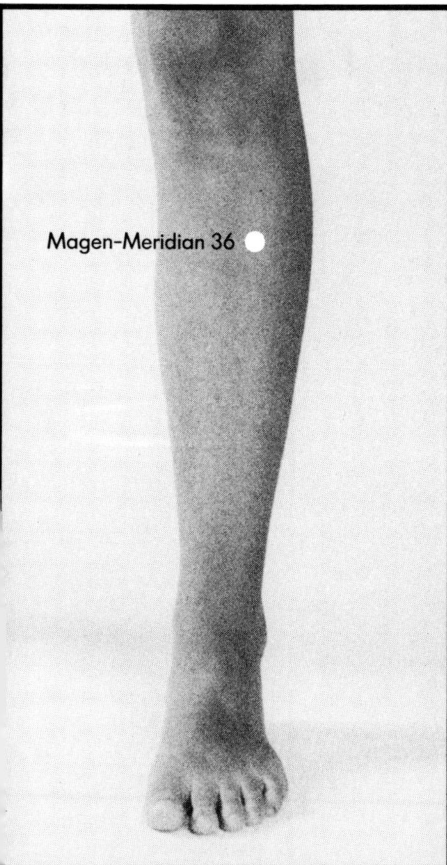

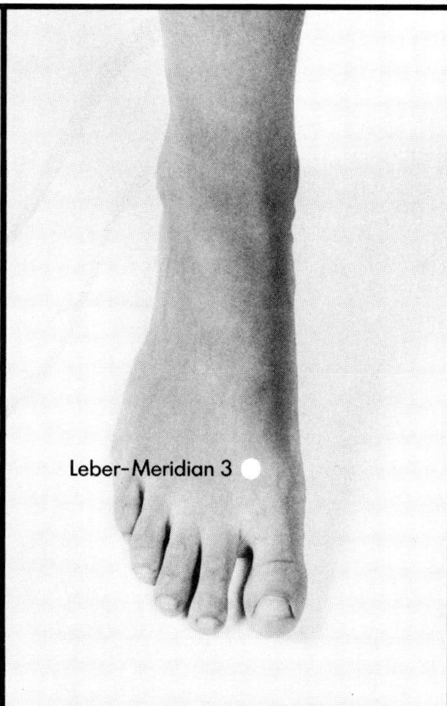

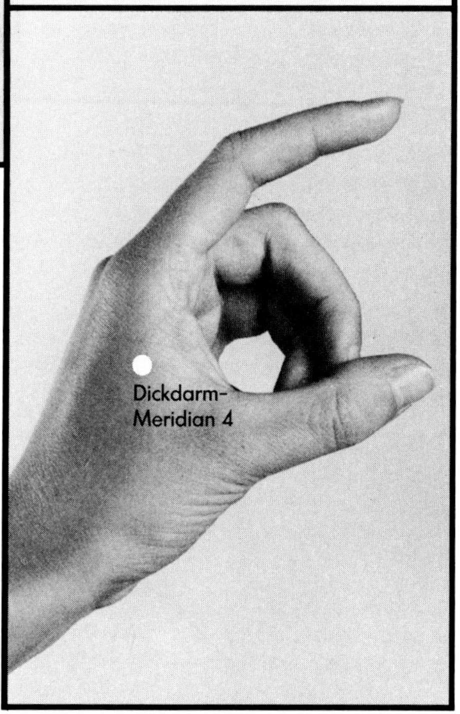

Messen Sie 3 Cun vom unteren Rand der Kniescheibe abwärts und von dort 1 Cun nach außen. So finden Sie auf dem Magen-Meridian den Punkt M 36.

Taichong, «Höchste Flut», heißt der Punkt LE 3 des Leber-Meridians. Sie finden ihn 2 Cun über dem ersten Zehenzwischenraum.

Der Punkt DI 4 des Dickdarm-Meridians heißt *Hegu*, «Geschlossenes Tal». Diesen Urpunkt finden Sie so: Pressen Sie den Daumen so fest an die Mittelhand, daß sich neben ihm auf dem Handrücken ein Hügel bildet. Legen Sie den Finger, mit dem Sie akupressieren, auf die Kuppe dieses Hügels und entspannen Sie die Hand wieder.

EINSCHLAFSCHWIERIGKEITEN

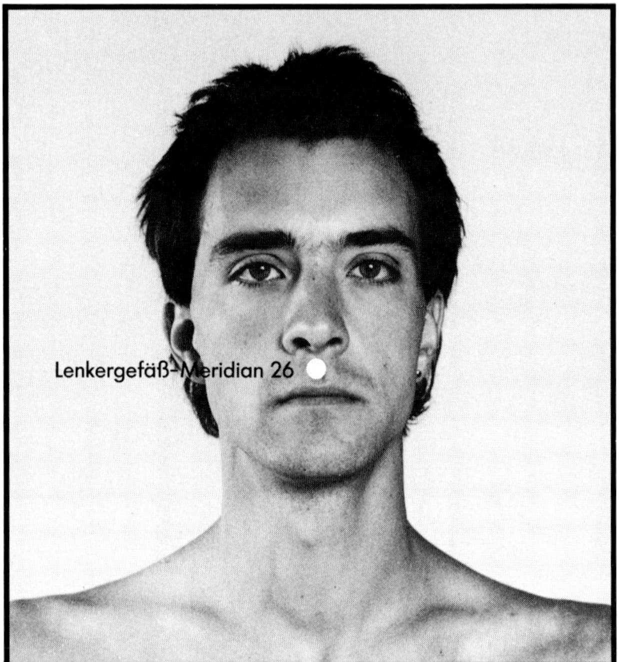

Teilen Sie das Grübchen zwischen Oberlippe und Nase in drei Abschnitte. Der Punkt LG 26 des Lenkergefäß-Meridians liegt zwischen dem oberen und dem mittleren Abschnitt.

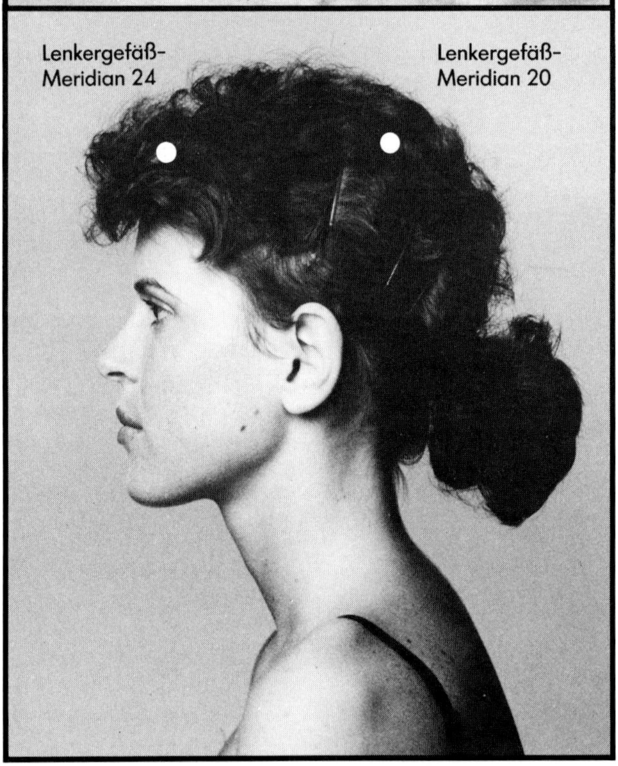

Eine halbe Daumenbreite über dem Haaransatz finden Sie den Punkt Lenkergefäß-Meridian 24. Sie können den Punkt auch finden, indem Sie vom Mittelpunkt zwischen den Augenbrauen 3,5 Cun nach oben messen. Wenn Sie von der gleichen Stelle aus insgesamt 8 Cun abmessen, so stoßen Sie auf den Punkt LG 20 desselben Meridians.

UNRUHIGER SCHLAF

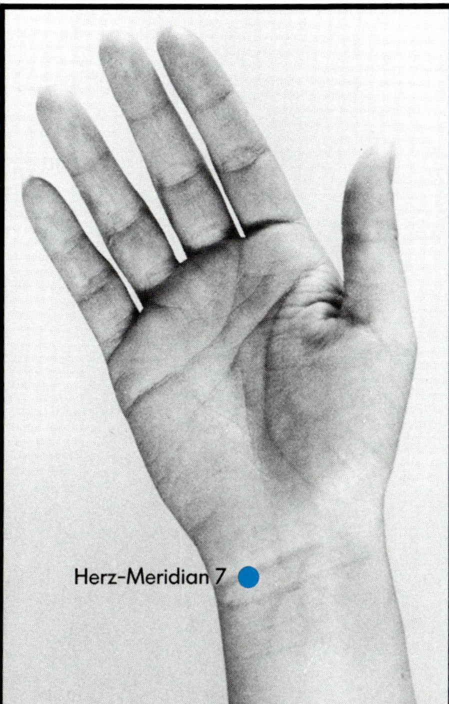

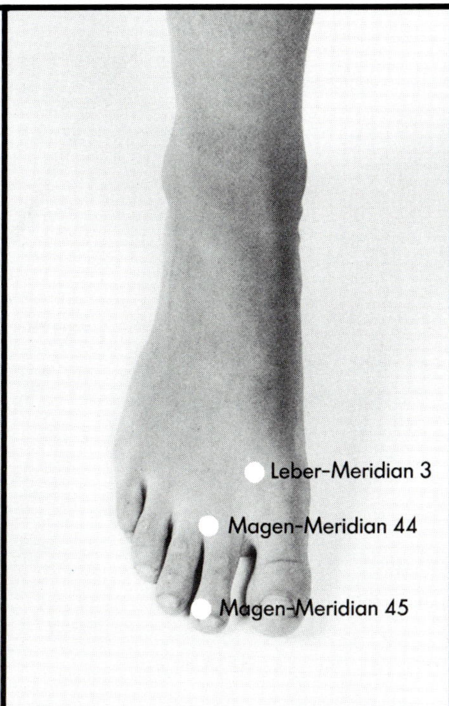

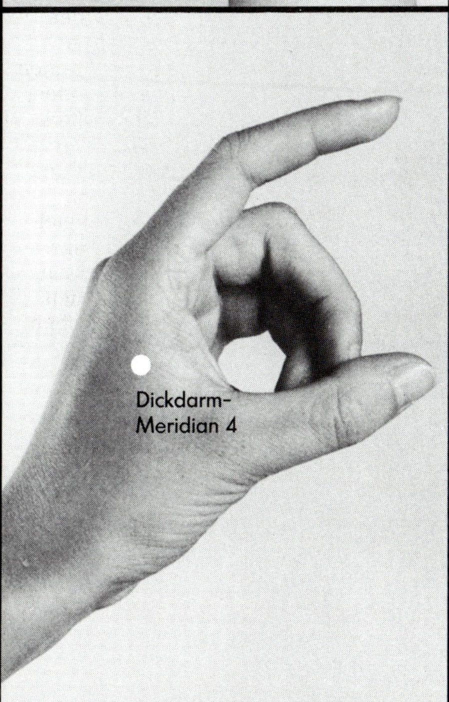

Der Punkt H 7, der siebte des Herz-Meridians, liegt auf der Außenseite des Bandes, das die Elle mit dem Handgelenk verbindet. Er heißt *Shenmen*, «Tor des Geistes».

2 Cun über dem ersten Zehenzwischenraum liegt der Punkt LE 3 (Leber-Meridian), die «Höchste Flut» (*Taichong*). 0,5 Cun über dem zweiten Zehenzwischenraum liegt der «Innere Hof», *Neiting* (Magen-Meridian 44). Der fünfundvierzigste und letzte Punkt des Magen-Meridians (M 45) befindet sich auf der Außenseite des Nagelwinkels der zweiten Zehe.

Auf diese Weise finden Sie den Punkt DI 4 (Dickdarm-Meridian): Pressen Sie den Daumen so an die Mittelhand, daß sich neben ihm auf dem Handrücken ein Hügel bildet. Legen Sie den anderen Daumen, mit dem Sie akupressieren, auf die Kuppe dieses Hügels und entspannen Sie die Hand wieder.

UNRUHIGER SCHLAF

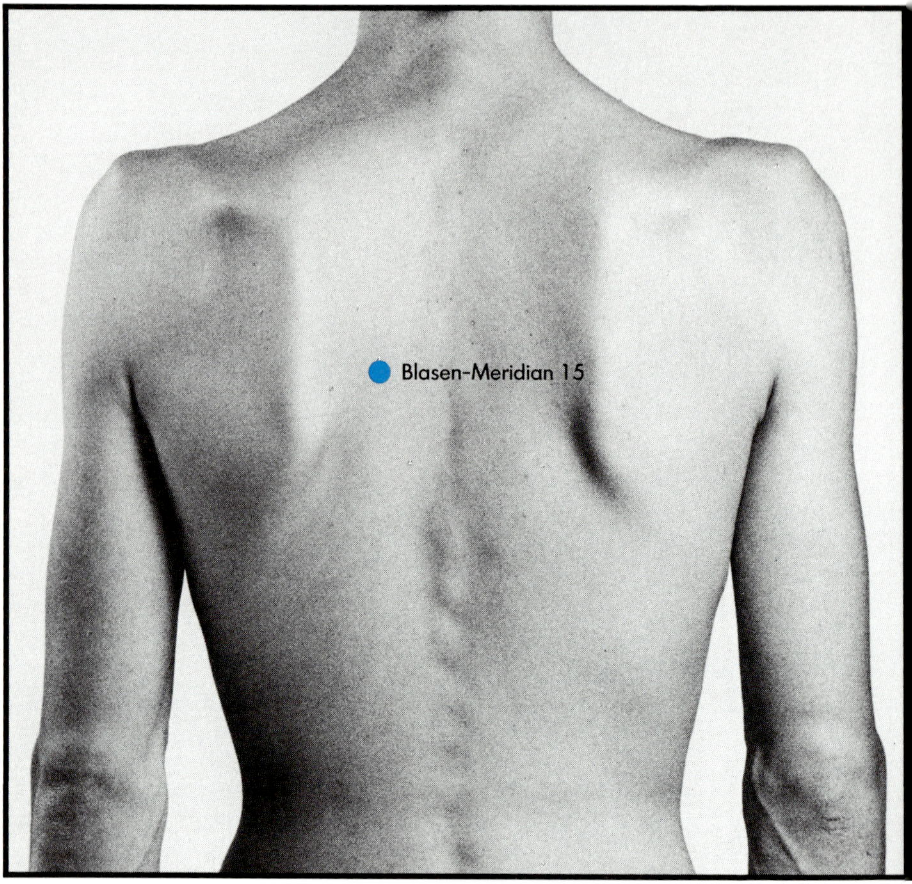

Ein Punkt, den Sie sich am besten von jemand anderem akupressieren lassen, ist B 15, der fünfzehnte Punkt des Blasen-Meridians. Er liegt zwei Fingerbreiten (1,5 Cun) neben dem Dornfortsatz des fünften Brustwirbels.

KOPFSCHMERZEN

Sie können stechend, ziehend, brennend oder pulsierend sein. Sie können als heftige Schläge, als schweres Gewicht oder als dumpfes Druckgefühl empfunden werden. Kaum ein Leiden äußert sich auf so viele verschiedene und oft schwer benennbare Arten wie die Kopfschmerzen. Und doch sind Kopfschmerzen stets nur ein Symptom. Neurologische Störungen oder Gehirntumoren können schuld sein; Krankheiten der Gesichtspartie, vor allem der Augen, können Kopfschmerzen verursachen; viele Frauen klagen während der Menstruation oder in den Wechseljahren über Kopfweh; Kopfschmerzen können psychische Gründe haben; aber auch Bluthochdruck, Autoabgase oder Giftdämpfe am Arbeitsplatz sind bisweilen verantwortlich, und sehr oft ist schlicht eine falsche Körperhaltung die Ursache. Die chinesische Medizin verbindet Kopfschmerzen zudem mit Störungen des Energieflusses in bestimmten Meridianen: Die Stirn betrifft den Magen-Meridian, die Schläfenpartie den Gallenblasen-Meridian, der Nacken den Blasen-Meridian und der Scheitelbereich den Leber-Meridian.

Akupressur drängt sich als Therapieform bei Kopfschmerzen geradezu auf. Sie hat — im Gegensatz zu Schmerztabletten — keinerlei unangenehme Nebenwirkungen, und gelegentlich bringt bereits die entspannte Haltung, die wir beim Akupressieren einnehmen, die Schmerzen zum Verschwinden.

Neben den lokalen Punkten am Kopf akupressieren wir ausschließlich sogenannte Fernpunkte: Punkte außerhalb des Ellbogens und unterhalb des Knies, die auf Schmerzen in entfernten Körperregionen spezialisiert sind. Versuchen Sie, sich körperlich und gedanklich vollkommen zu entspannen, bevor Sie mit der Akupressur beginnen. Je entspannter Sie sind, um so rascher wird sich der Erfolg einstellen.

KOPFWEH (GANZER KOPF/STIRN)

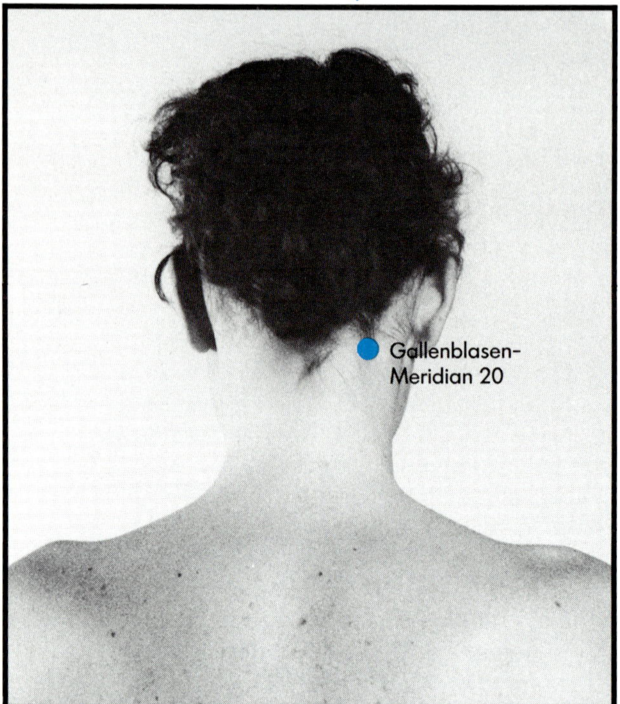

GANZER KOPF

Der Punkt Gallenblasen-Meridian 20 liegt über dem Haaransatz in einer Vertiefung neben dem Trapezmuskel, der sich vom Rücken zum Hinterkopf zieht. *Fengchi*, der «Windteich», ist Hauptpunkt für Schmerzen im ganzen Kopf.

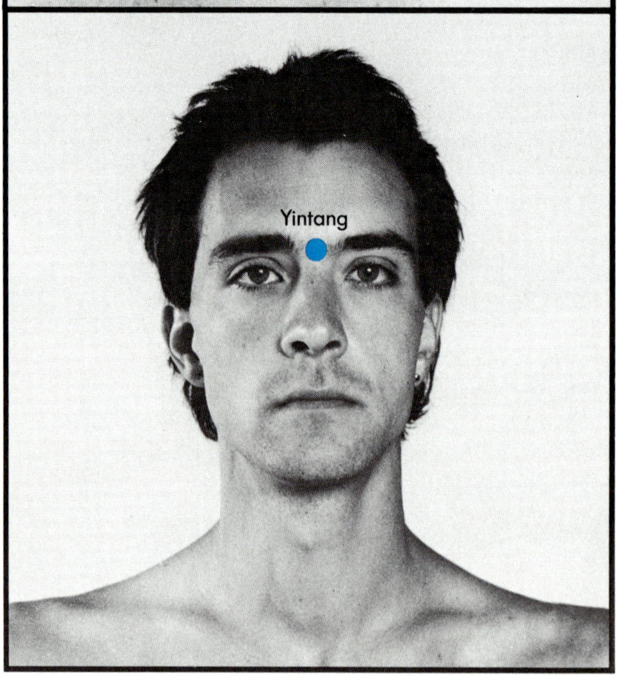

STIRN

Genau zwischen den Augenbrauen finden Sie den Spezialpunkt *Yintang*. Er liegt zwar auf der Linie des Lenkergefäß-Meridians, wird aber trotzdem nicht diesem Meridian zugerechnet.

KOPFWEH (SCHLÄFEN)

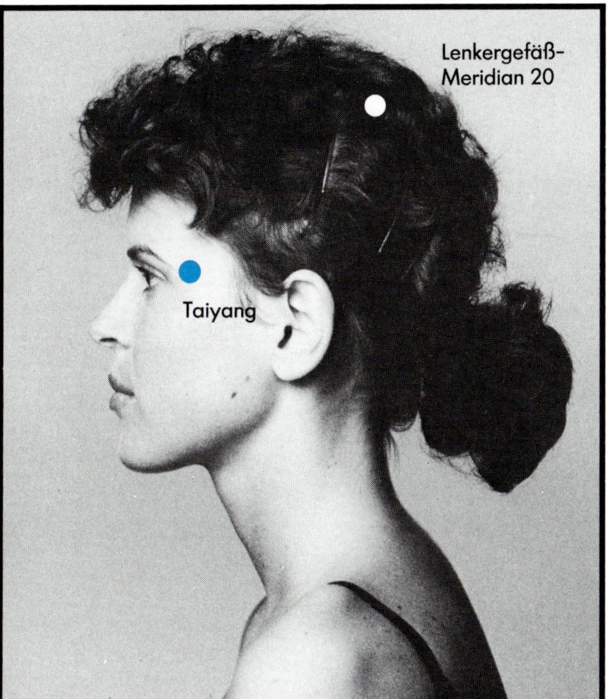

Wenn Sie von der Mitte zwischen äußerem Augenwinkel und Augenbraue 1 Cun nach außen messen, so stoßen Sie auf den Punkt *Taiyang*, einen der zahlreichen Spezialpunkte, die zu keinem Meridian gehören. Um den Punkt LG 20 (Lenkergefäß-Meridian) zu finden, messen Sie vom Punkt, der genau zwischen den Augenbrauen liegt, 8 Cun über die Stirn und den Scheitel nach hinten.

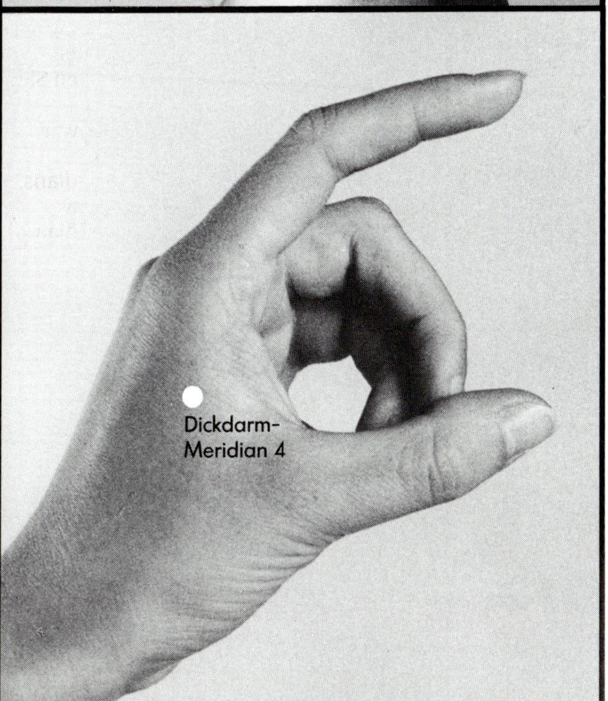

Der vierte Punkt des Dickdarm-Meridians befindet sich an der Außenseite des Zeigefinger-Mittelhandknochens. Sie finden ihn so: Pressen Sie den Daumen fest an die Mittelhand, so daß sich neben ihm auf dem Handrücken ein Hügel bildet. Legen Sie den Finger auf die Kuppe dieses Hügels und entspannen Sie die Hand wieder.

KOPFWEH (MIGRÄNE)

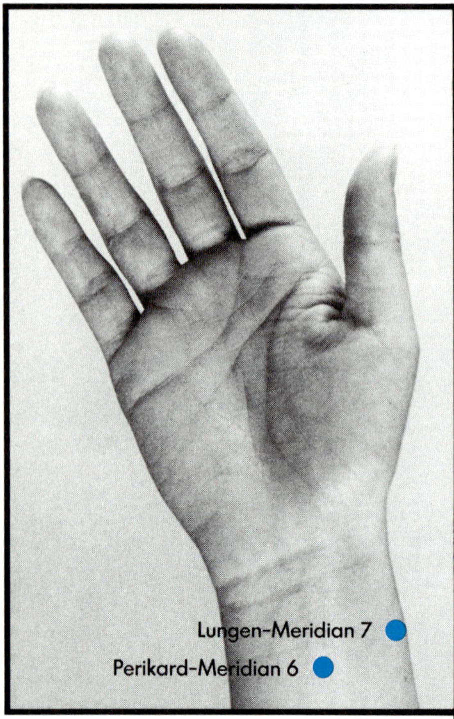

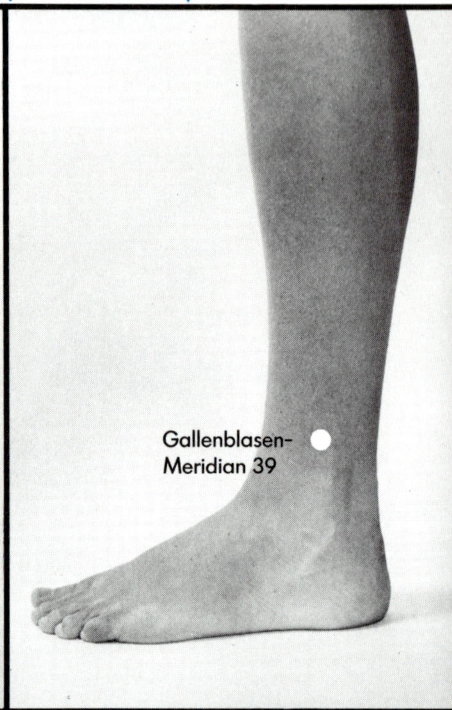

2 Cun über der ersten Querfalte des Handgelenks liegt in der Mitte der Arminnenfläche der Punkt PE 6 des Perikard-Meridians. Der siebte Punkt des Lungen-Meridians ist leicht zu finden, wenn Sie die Daumen beider Hände kreuzweise so verschränken, daß der eine Zeigefinger auf die Oberkante des anderen Handgelenks zu liegen kommt. L 7 ist der Punkt, den Sie mit der Zeigefingerspitze erreichen. Er liegt 1,5 Cun über der Biegung des Handgelenks.

3 Cun über der äußeren Knöchelspitze finden Sie den Punkt *Xuanzhong*, die «Hängende Glocke» (Gallenblasen-Meridian 39).

Der vierundvierzigste Punkt des Magen-Meridians liegt 0,5 Cun über dem zweiten Zehenzwischenraum.

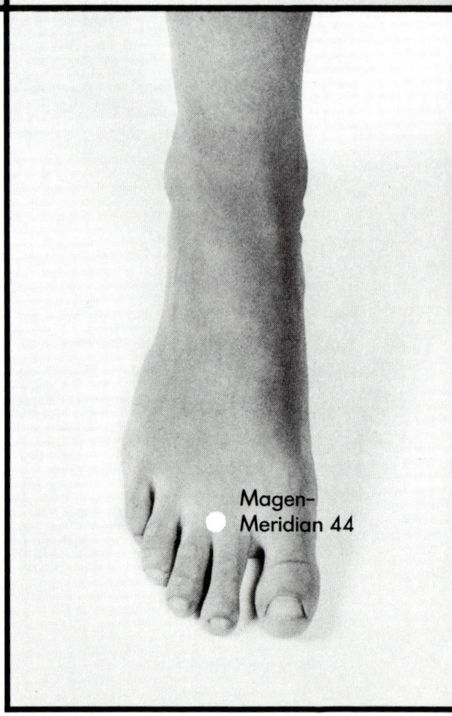

KOPFWEH (MIGRÄNE)

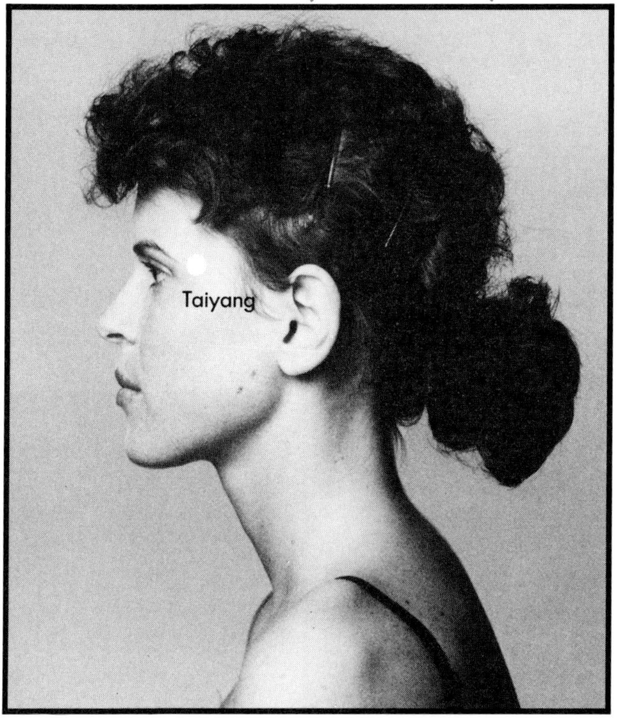

Den Spezialpunkt *Taiyang*, der zu keinem Meridian gehört, können Sie nicht verfehlen, wenn Sie von der Mitte zwischen äußerem Augenwinkel und Augenbraue 1 Cun nach außen messen.

KOPFWEH (HINTERKOPF)

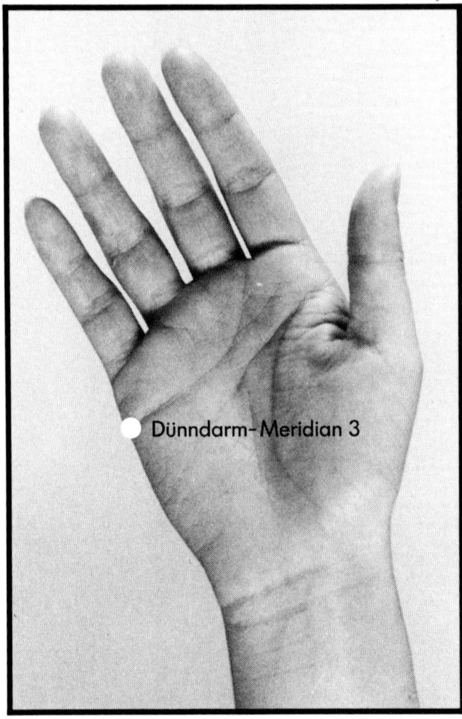

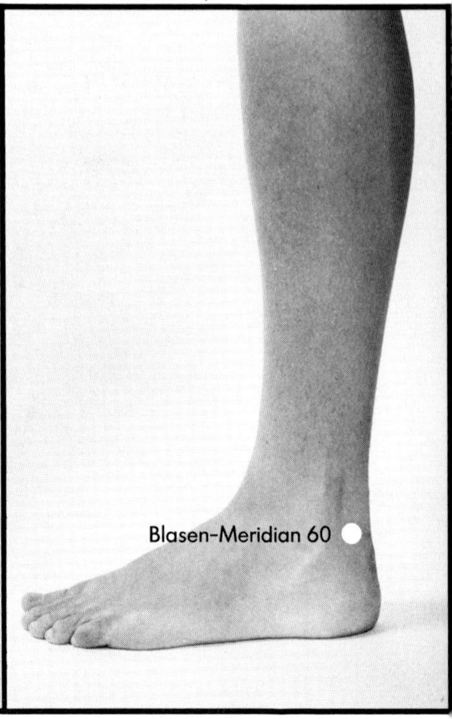

Wenn Sie Ihre Hand von der Seite des kleinen Fingers her betrachten, so können Sie die Farbgrenze zwischen der stark durchbluteten, rötlichen Handinnenfläche und der normalen Körperfarbe des Handrückens feststellen. Der Punkt DU 3 des Dünndarm-Meridians liegt genau auf dieser Grenze.

Der Punkt B 60 des Blasen-Meridians liegt in der Vertiefung zwischen dem äußeren Knöchel und der Achillessehne.

KOPFWEH (HINTERKOPF/SCHEITEL)

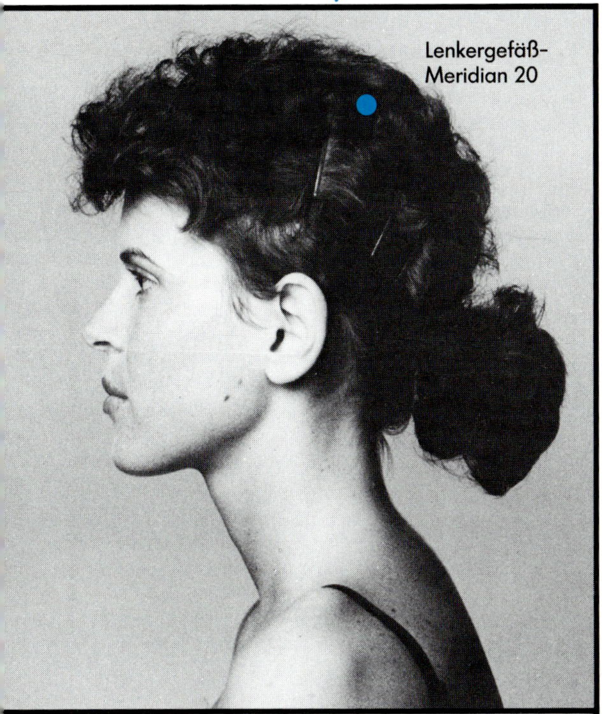

Hauptpunkt für Kopfschmerzen im Scheitelbereich ist LG 20 (Lenkergefäß-Meridian), der Punkt der «Hundert Übereinstimmungen» (*Baihui*). Sie finden ihn, wenn Sie vom Mittelpunkt zwischen den Augenbrauen 8 Cun über Stirn und Scheitel nach hinten messen.

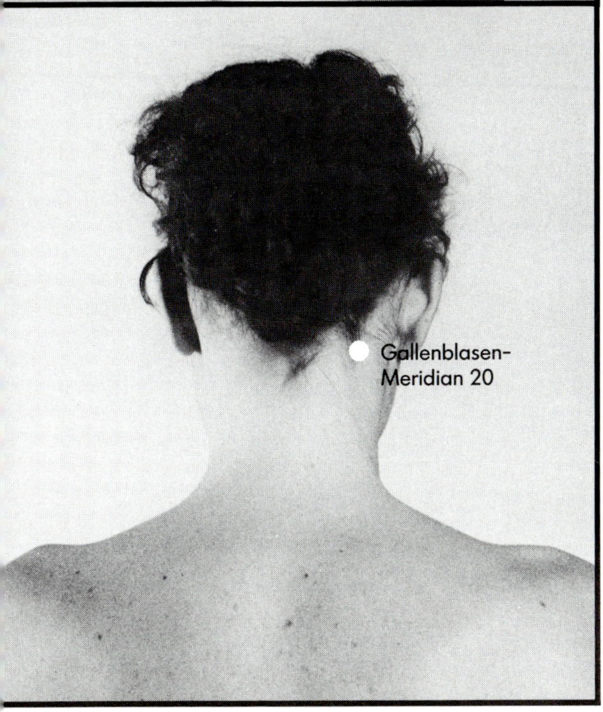

Gleich über dem Haaransatz liegt in der Vertiefung neben dem Trapezmuskel, der sich beidseits der Halswirbel vom Rücken zum Hinterkopf zieht, der «Windteich» (*Fengchi*, Gallenblasen-Meridian 20). Den Trapezmuskel können Sie leicht ertasten, indem Sie den Kopf senken und hin- und herbewegen.

KOPFWEH (SCHEITEL)

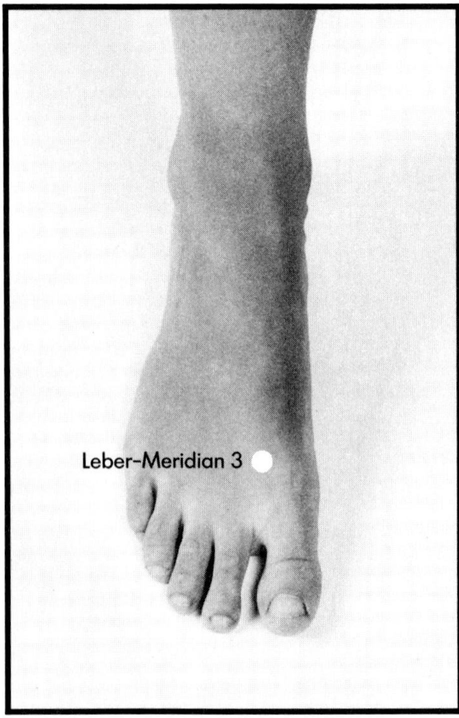

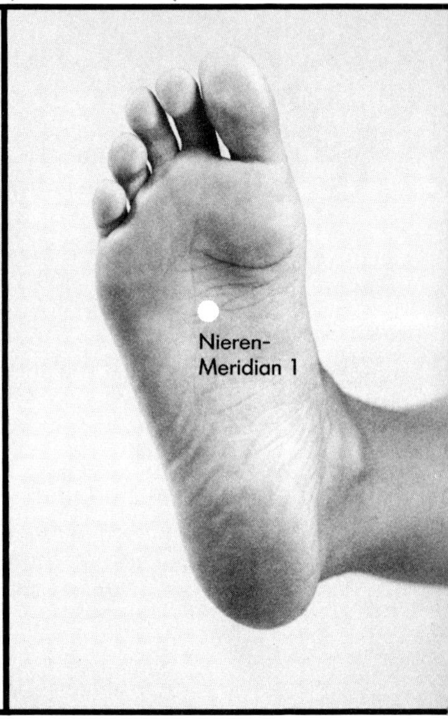

2 Cun über dem ersten Zehenzwischenraum liegt der Punkt *Taichong,* die «Höchste Flut» (Leber-Meridian 3). Daß man mit einem Punkt am Fuß Kopfschmerzen behandeln kann, mag Sie erstaunen. Es ist jedoch seit jeher bekannt, daß man mit Punkten der äußeren Extremitäten (unterhalb des Ellbogens beziehungsweise des Knies) auch Leiden entfernter Körperregionen therapieren kann.

Zwischen dem äußeren und dem mittleren Drittel der Fußsohle finden Sie die «Sprudelnde Quelle» (*Yongquan*), den ersten Punkt des Nieren-Meridians.

SCHWÄCHEZUSTÄNDE

Einer der beiden Hauptpunkte zur Behandlung von Schwächezuständen heißt «Drehpunkt des Lebens» (*Guanyuan*). Es ist der vierte Punkt des Dienergefäß-Meridians, der in den Lehrbüchern als Tonisierungspunkt für den ganzen Körper beschrieben ist. Auch der zweite Hauptpunkt ist ein solcher allgemeiner Tonisierungspunkt: der sechsunddreißigste Punkt des Magen-Meridians, mit dem sich die Soldaten des alten China auf strapaziösen Fußmärschen zu stärken pflegten.

Müdigkeit und Schwächegefühle gelten in der chinesischen Diagnostik als Leere-Symptom. Meist deuten sie auf einen niedrigen Blutdruck hin. Menschen mit einem niedrigen Blutdruck klagen oft, sie sähen «Sternchen», wenn sie sich bückten, oder es werde ihnen schwarz vor den Augen, wenn sie eine schwere Last höben. Sie fühlen sich kraftlos und blutleer, und einige werden in solchen akuten Schwächezuständen sogar ohnmächtig. Akupressur kann den Blutdruck stabilisieren und verhindern, daß er in bestimmten Situationen plötzlich absackt.

Ein eher niedriger Blutdruck ist im allgemeinen keine Gefahr für die Gesundheit. Trotzdem wollen wir etwas dagegen tun, denn ein niedriger Blutdruck ruft oft nicht nur körperliche Schwächegefühle hervor. Er kann auch den Geist schwächen: Man ist unkonzentriert, verliert schon bei einem mittellangen Zeitungsartikel leicht den Faden, wird in einer Diskussion schnell müde. Auch diese Symptome können Sie mit Akupressur beheben.

Durch eine ausgewogene, vitaminreiche Ernährung können Sie die Akupressurbehandlung wirksam unterstützen. Gewisse biologische Spezialprodukte wie Blütenpollen sind bei niedrigem Blutdruck ebenfalls eine ausgezeichnete Hilfe.

SCHWÄCHEZUSTÄNDE

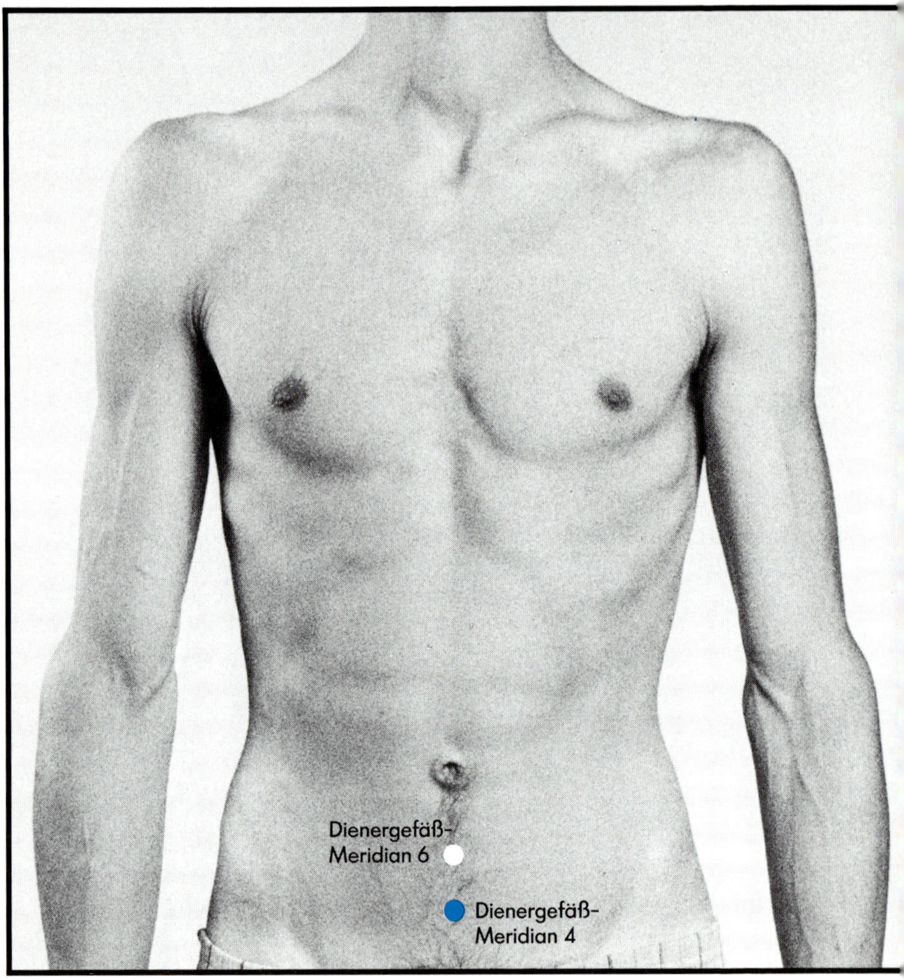

Der vierte und der sechste Punkt des Dienergefäß-Meridians liegen auf der Mittellinie des Bauches. DG 6, das «Energiemeer» (*Qihai*), finden Sie 1,5 Cun unterhalb des Nabels. Wenn Sie weitere 1,5 Cun abwärts messen, so stoßen Sie auf DG 4, den «Drehpunkt des Lebens» (*Guanyuan*).

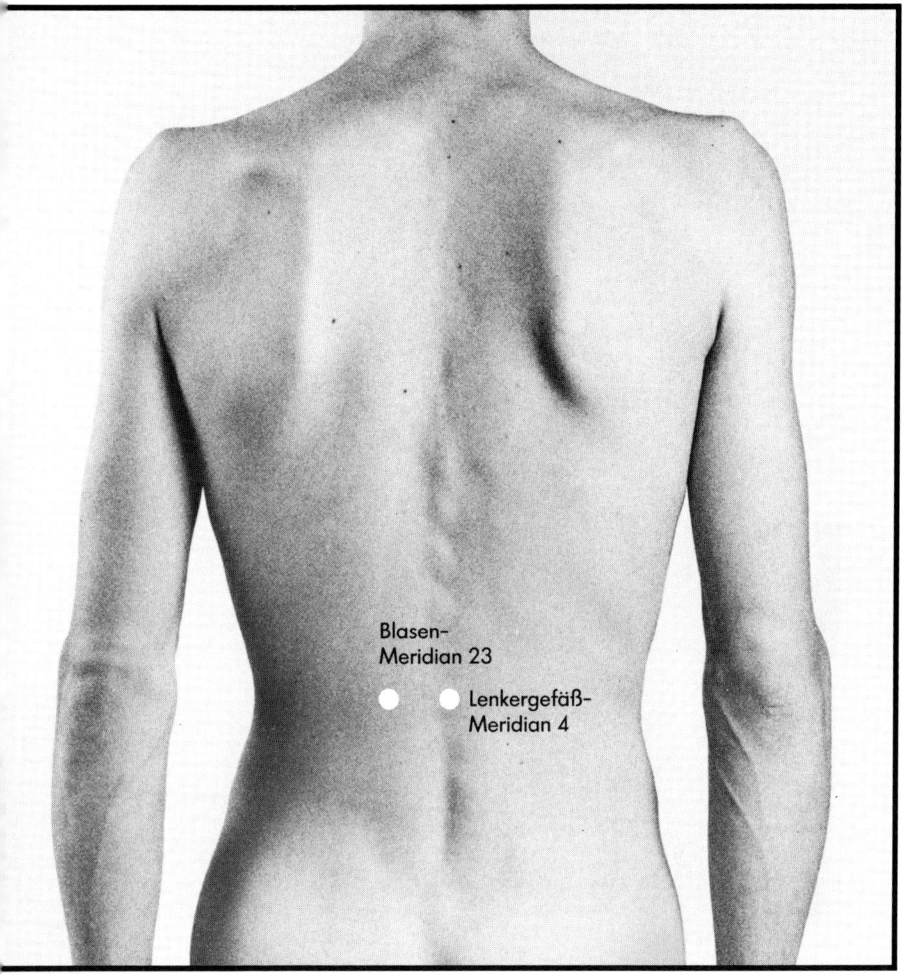

Wenn Sie in Gedanken vom Nabel einen Kreis um die Taille ziehen, so stoßen Sie auf der Rückseite zwischen dem Dornfortsatz des zweiten und dem des dritten Lendenwirbels auf *Mingmen,* das «Tor des Lebens» (Lenkergefäß-Meridian 4). Der Punkt B 23 des Blasen-Meridians liegt 1,5 Cun daneben.

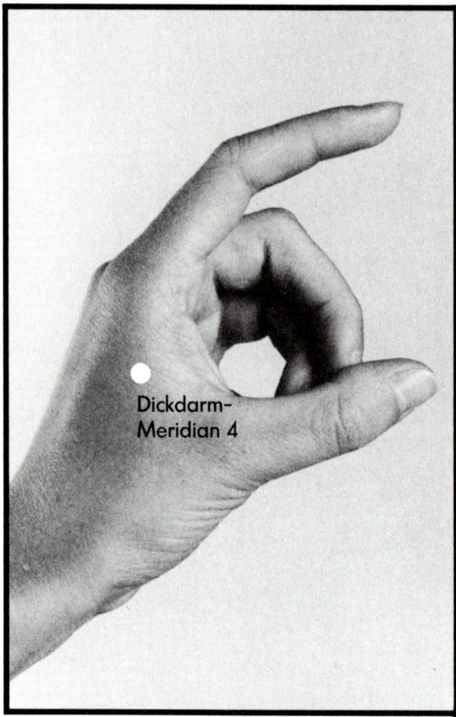

Der Punkt DI 4 des Dickdarm-Meridians heißt *Hegu*, «Geschlossenes Tal». Er gehört zu den ältesten Akupunkten überhaupt. Pressen Sie den Daumen so an die Mittelhand, daß sich neben ihm auf dem Handrücken ein Hügel bildet. Legen Sie den Finger auf die Kuppe dieses Hügels und entspannen Sie den Daumen wieder. Jetzt liegt Ihr Finger am Mittelhandknochen des Zeigefingers genau auf DI 4.

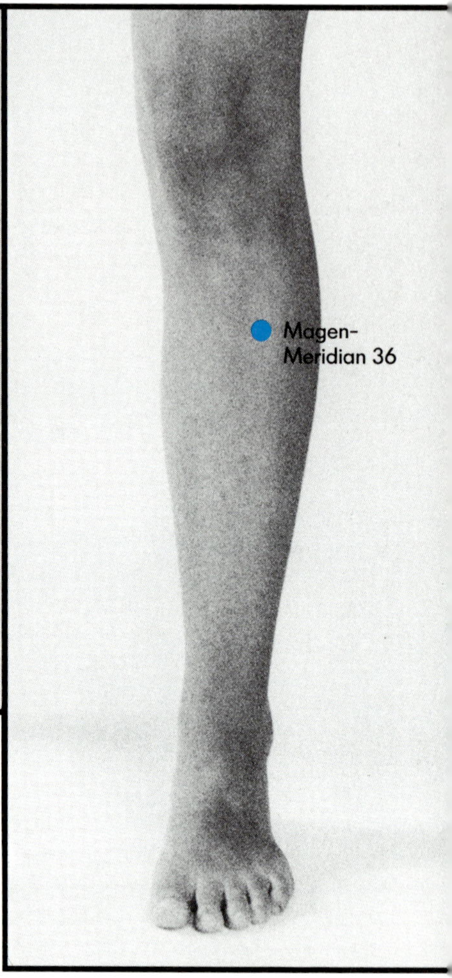

Den allgemeinen Tonisierungspunkt M 36 des Magen-Meridians können Sie nicht verfehlen, wenn Sie vom unteren Rand der Kniescheibe 3 Cun in Richtung Fuß und von dort 1 Cun nach außen messen.

SCHWINDELGEFÜHLE

Vor einiger Zeit besuchte mich ein wohlhabender Libanese in meiner Praxis und beklagte sich über häufige Schwindelanfälle. Schon zu Beginn der Untersuchung fiel mir auf, daß der Mann ziemlich nervös und fahrig war. Ich ließ ihn jedoch zunächst in aller Ruhe sein Leiden genau beschreiben und befragte ihn dann vorsichtig über seinen Beruf, seine Familienverhältnisse, seine Lebensumstände. Er sei Geschäftsmann, erzählte er, verheiratet und habe vier erwachsene Kinder, die in Paris studierten. Er selbst und seine Frau seien fast pausenlos unterwegs, geschäftliche Verpflichtungen brächten das eben mit sich, seine Frau führe nebenbei an der Elfenbeinküste einen Laden für Bürobedarfsartikel. Je länger er erzählte, um so sicherer wurde ich: Der Libanese mußte nicht gegen Schwindel, sondern gegen Nervosität behandelt werden. Das tat ich denn auch und steckte die Nadeln an den entsprechenden Punkten. Nach ein paar Tagen kam er mit strahlendem Gesicht wieder, diesmal in Begleitung seiner Gattin. Er sei überglücklich, versicherte er, denn die Schwindelanfälle seien weg. Ich behandelte ihn erneut gegen Nervosität und unterhielt mich, während die Nadeln ihre beruhigende Wirkung taten, im Nebenzimmer mit seiner Frau. Sie bestätigte meine Diagnose vollauf: Ihr Mann sei jeweils so nervös gewesen, daß sie abends vor dem Einschlafen nicht einmal lesen durfte, weil ihn sogar das Rascheln der Seiten wütend gemacht habe.

Die Schwindelanfälle des Libanesen waren offensichtlich psychisch bedingt. Das ist in der Tat sehr oft der Fall. Schwindel kann jedoch auch körperliche Ursachen haben. Besonders häufig sind Sehstörungen und Reizungen im Innenohr, dem Sitz unseres Gleichgewichtssinns.

SCHWINDELGEFÜHLE

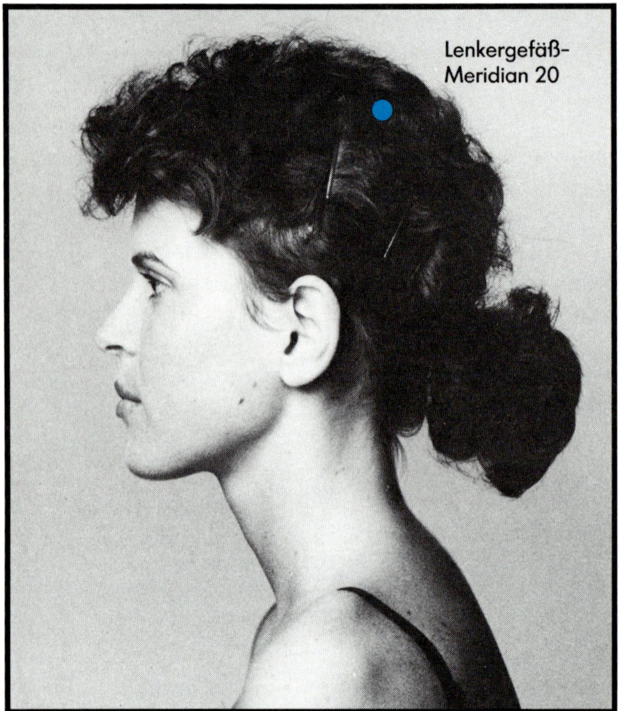

Um den *Baihui*, den Punkt der «Hundert Übereinstimmungen», zu finden (Lenkergefäß-Meridian 20), geht man folgendermaßen vor: Man sucht den Punkt, der genau zwischen den beiden Augenbrauen liegt. Auf der Mittellinie des Kopfes fährt man nun 8 Cun nach hinten — und wird den *Baihui* sofort spüren.

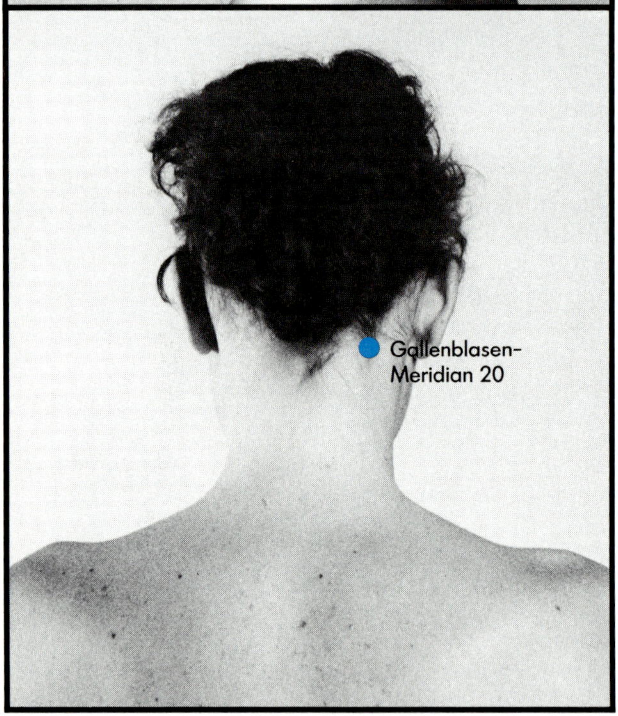

Der Punkt G 20 des Gallenblasen-Meridians liegt in der Vertiefung neben dem Trapezmuskel, der sich vom Rücken zum Hinterkopf zieht.

SCHWINDELGEFÜHLE

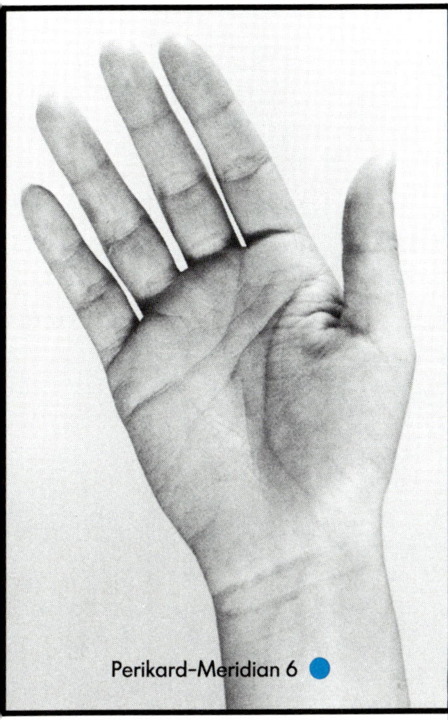

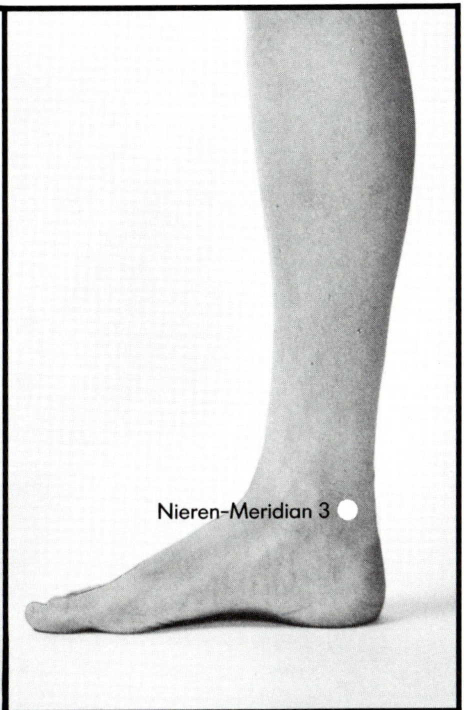

Den Punkt *Neiguan*, die «Innere Verbindung» (Perikard-Meridian 6), finden Sie 2 Cun von der ersten Querfalte des Handgelenks entfernt in der Mitte der Arminnenfläche.

In der Vertiefung zwischen Knöchel und Achillessehne finden Sie den dritten Punkt des Nieren-Meridians, wenn Sie von der Knöchelspitze genau waagrecht nach hinten fahren.

2 Cun über dem ersten Zehenzwischenraum liegt der dritte Punkt des Leber-Meridians (LE 3).

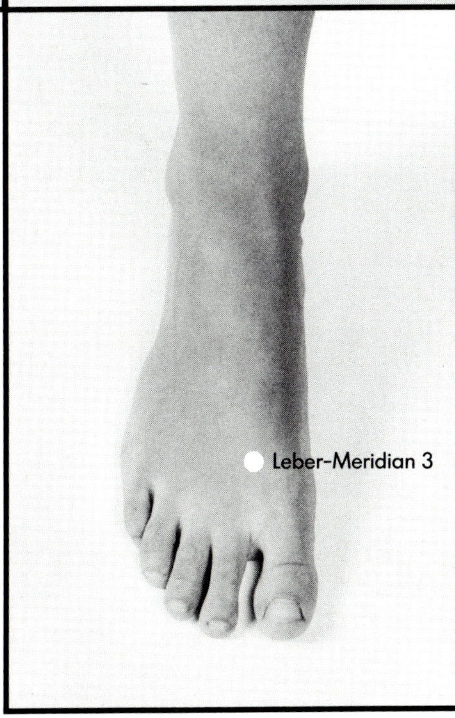

SCHWINDELGEFÜHLE

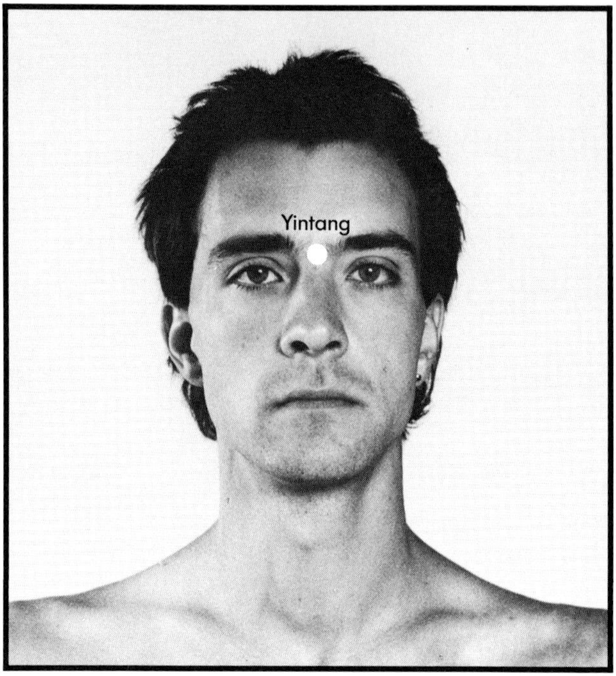

Der Spezialpunkt *Yintang* liegt zwischen den inneren Enden der Augenbrauen.

RAUCHERENTWÖHNUNG

Daß Rauchen das Risiko für viele Krankheiten massiv erhöht, ist mittlerweile eine Binsenwahrheit. Auf die Kommastelle genau haben Wissenschafter schon in den sechziger Jahren ermittelt, um wieviel größer die Wahrscheinlichkeit für einen Raucher als für einen Nichtraucher ist, dieser oder jener Krankheit zum Opfer zu fallen. Das Risiko, an Lungenkrebs zu erkranken und zu sterben, ist laut diesen Forschungsresultaten für einen Zigarettenraucher 10,8mal höher als für einen gleichaltrigen Nichtraucher. Bei Bronchitis und Emphysem ist es 6,1mal höher, bei Kehlkopfkrebs 5,4mal. Am Wissen um die gesundheitliche Gefährdung fehlt es also nicht.

Mit dem Willen, ohne den es keine Nikotinentwöhnung gibt, ist es allerdings so eine Sache: Manche wollen das Rauchen aufgeben und schaffen es tatsächlich, von einem Tag auf den andern, ohne fremde Hilfe. Andere wollen ebensosehr, aber es gelingt ihnen beim besten Willen nicht, trotz Handaufleger, Antinikotin-Kaugummi, Knopf im Ohr oder Stufentherapie mit Entwöhnungsfiltern. Ich habe zahlreiche Menschen gegen Nikotinsucht behandelt und dabei eine interessante Erfahrung gemacht: Patienten mit einem starken Yin-Anteil, die einen eher niedrigen Blutdruck haben, warme Nahrung und Getränke bevorzugen und oft kalt haben – solche Patienten bekunden meist besondere Mühe, das Rauchen aufzugeben: Sie suchen unbewußt in der Zigarette das Yang-Element Feuer und dessen aktivierende Wärme.

Die Akupressur hilft Ihnen, der Lust auf eine Zigarette zu widerstehen. Das ist insbesondere in den ersten Tagen nach dem Aufhören wichtig, wo Sie den Wunsch zu rauchen sehr oft verspüren. Akupressieren Sie in diesen Momenten, damit stärken Sie Ihren Willen. Um den seelischen Entzugssymptomen vorzubeugen, empfiehlt es sich, zusätzlich die Akupunkte gegen depressive Zustände (siehe S. 123 ff.) und Nervosität (siehe S. 115 ff.) zu massieren.

RAUCHERENTWÖHNUNG

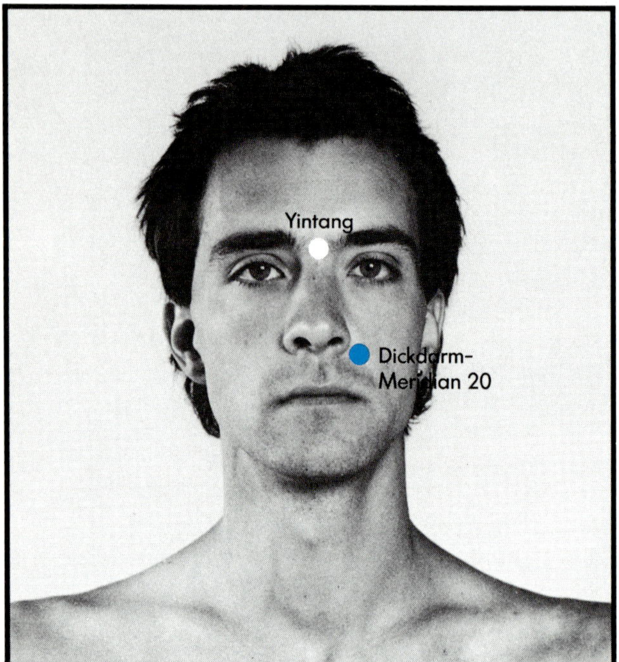

Der Spezialpunkt *Yintang*, der später als die Punkte des klassischen Meridian-Systems entdeckt wurde, liegt genau zwischen den Augenbrauen. Zwischen dem Nasenflügel und der Hautfalte, die sich von der Nase zum Mundwinkel zieht, finden Sie den «Willkommenen Duft», den Punkt DI 20 des Dickdarm-Meridians.

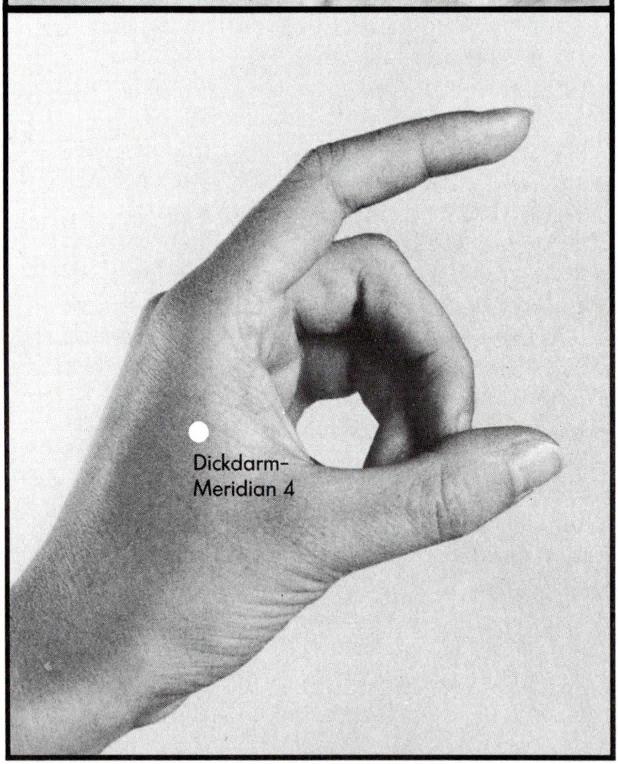

So finden Sie den Punkt 4 des Dickdarm-Meridians: Pressen Sie den Daumen seitlich an die Mittelhand, so daß sich neben ihm auf dem Handrücken ein Hügel bildet. Legen Sie den Finger, mit dem Sie akupressieren, auf die Kuppe dieses Hügels und entspannen Sie die Hand wieder. Nun liegt Ihr Finger am Mittelhandknochen des Zeigefingers auf dem gesuchten Punkt.

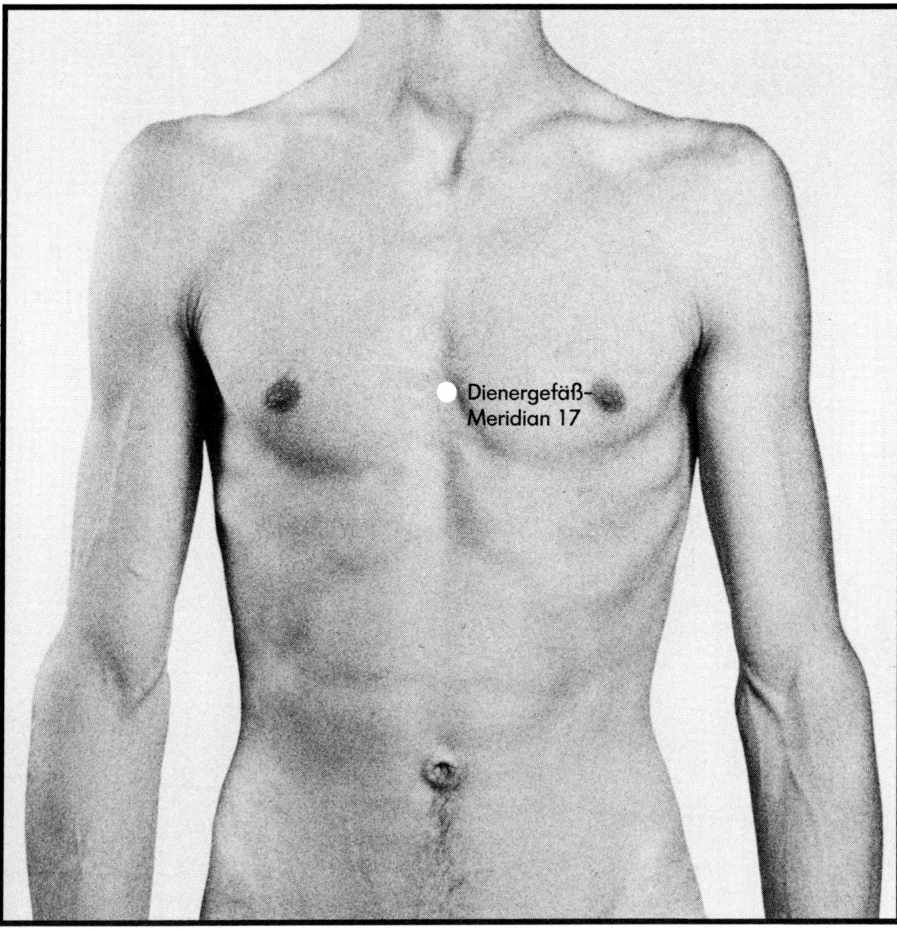

In der Mitte zwischen den Brustwarzen liegt der siebzehnte Punkt des Dienergefäß-Meridians (DG 17). Diesen Punkt lokalisieren Sie am besten in Rückenlage, da Ihre Brustwarzen dann auf der anatomisch korrekten Höhe des vierten Rippenzwischenraums liegen.

SCHMERZEN

«Die Medizin und die Pharmazeutik der chinesischen Tradition sind ein reiches Erbe. Wir müssen sie verstärkt erforschen und auf ein hohes Niveau weiterentwickeln.» Der dies forderte, war keine geringerer als Chinas ehemaliger Präsident Mao. Bereits in den späten fünfziger Jahren konnten die chinesischen Mediziner spektakuläre und bald weltweit beachtete Resultate vorweisen. Auf der Basis des jahrtausendealten Wissens um die schmerzlindernde Wirkung der Akupunkte entwickelten sie die Anästhesie durch Akupunktur. Zwanzig Jahre später konnte man bereits auf über hundert erfolgreiche Operationen am offenen Herzen zurückblicken, die die Patienten bei vollem Bewußtsein und ohne die Nachwirkungen langdauernder Narkosen überstanden hatten. Die Vorteile der Anästhesie durch Akupunktur liegen auf der Hand: Die Risiken und Nebenwirkungen narkotisierender Medikamente fallen weg, der Patient ist bei Bewußtsein und kann selber zum Gelingen der Operation beitragen, und er wird sich schneller erholen, weil seine physiologischen Funktionen während der Operation kaum eingeschränkt werden.

Mit diesem Exkurs möchte ich die schmerzstillende Wirkung der Akupunkte unterstreichen und Sie ermuntern, auch in weniger extremen Situationen davon Gebrauch zu machen. Nirgends hat nämlich die chinesische Medizin anerkanntermaßen mehr Erfolg als in der Schmerzbekämpfung.

Auch die Akupressur als «weiche Variante» der Akupunktur kann Schmerzen erfolgreich lindern, ganz gleich, ob eine Arthrose, eine Verletzung oder ein eingeklemmter Nerv die Ursache ist. Wenn Ihre Schmerzen arthritisch sind, so können Sie die Arthritis-Punkte mit den lokalen Punkten kombinieren. Achten Sie jedoch darauf, daß Sie die lokalen Punkte nicht am entzündeten Gelenk, sondern am entsprechenden Gelenk der gegenüberliegenden Körperseite massieren.

SCHULTERSCHMERZEN

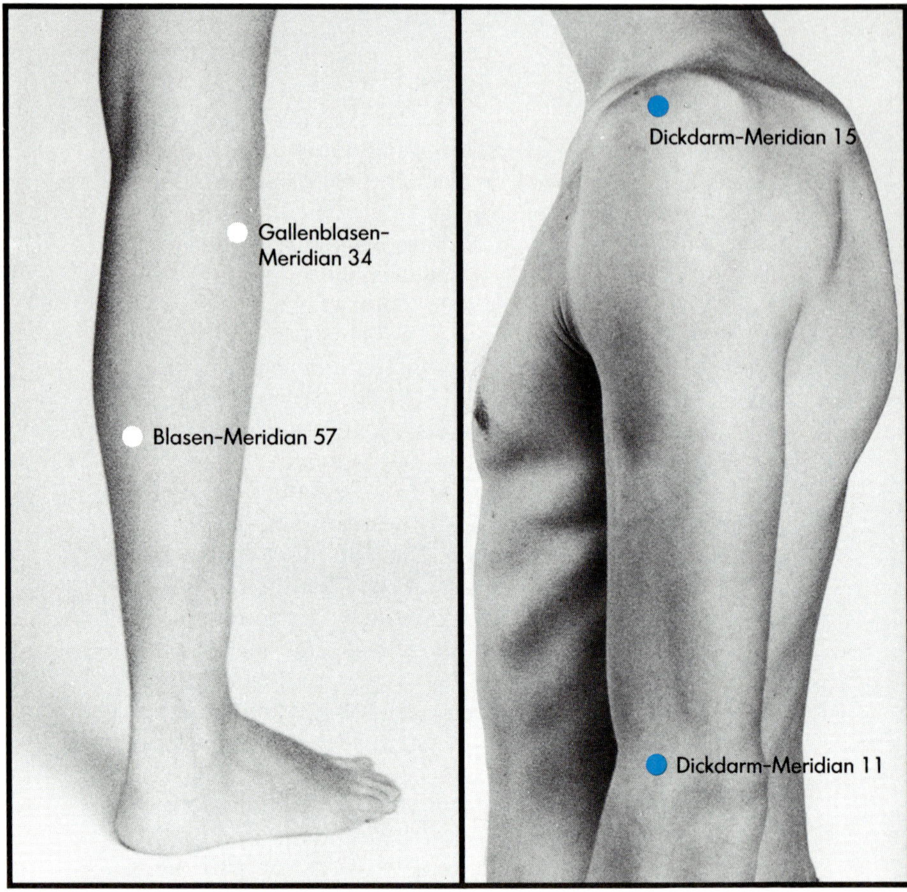

Die «Quelle am Yang-Hügel» (*Yanglingquan*), das heißt der Punkt G 34 des Gallenblasen-Meridians, liegt in der Vertiefung zwischen Waden- und Schienbein 2 Cun unter dem Knie. Wenn Sie den Fuß strecken, so bildet sich unter dem Wadenmuskel eine Vertiefung in der Form eines umgekehrten V. Der Punkt 57 des Blasen-Meridians liegt in der Spitze dieses V.

Bei Schulterschmerzen wird auch der Punkt DI 4 akupressiert (siehe nächste Seite).

Der fünfzehnte Punkt des Dickdarm-Meridians (DI 15) wird sowohl bei Schulter- als auch bei Armschmerzen akupressiert. Sie finden diesen Punkt, indem Sie den Arm anheben, so daß sich zwischen dem äußeren Ende des Schlüsselbeins und dem Oberarmknochen eine deutlich spürbare Vertiefung bildet. Der Punkt liegt in dieser Vertiefung. — Wenn Sie den Arm stark anwinkeln, so stoßen Sie am äußeren Ende der Ellbogen-Beugefalte auf den «Teich an der Biegung» (*Quchi*), den elften Punkt des gleichen Meridians.

ARMSCHMERZEN

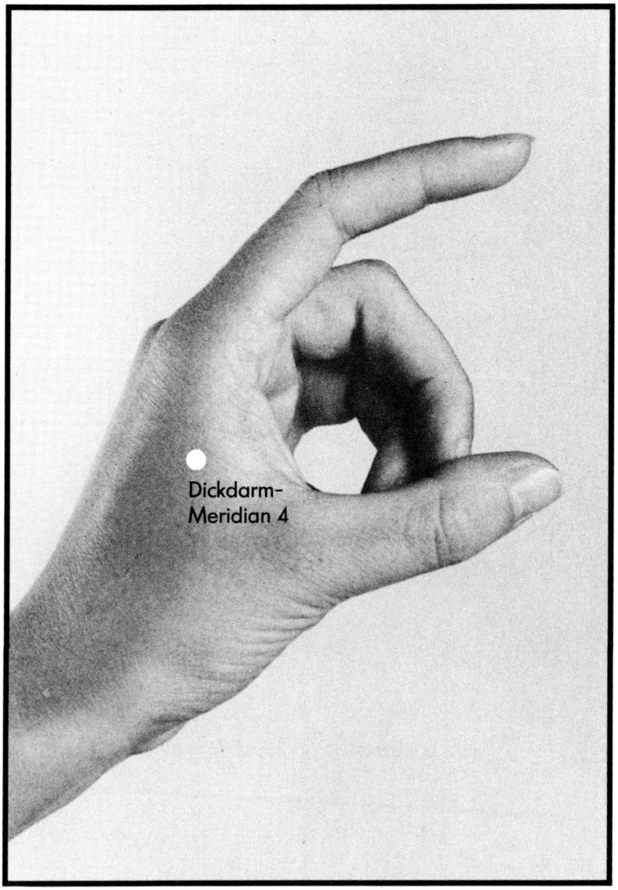

Einer der ältesten und vielseitigsten Punkte der chinesischen Medizin ist der Punkt DI 4 (Dickdarm-Meridian). Das «Geschlossene Tal» (*Hegu*) liegt am Zeigefinger-Mittelhandknochen. Pressen Sie den Daumen an die Mittelhand, so daß sich neben ihm auf dem Handrücken ein Hügel bildet. Legen Sie den Finger auf die Kuppe dieses Hügels und entspannen Sie die Hand wieder. Jetzt liegt Ihr Finger auf dem Punkt. Auch dieser Punkt wird bei Schulterschmerzen akupressiert.

HÜFTSCHMERZEN

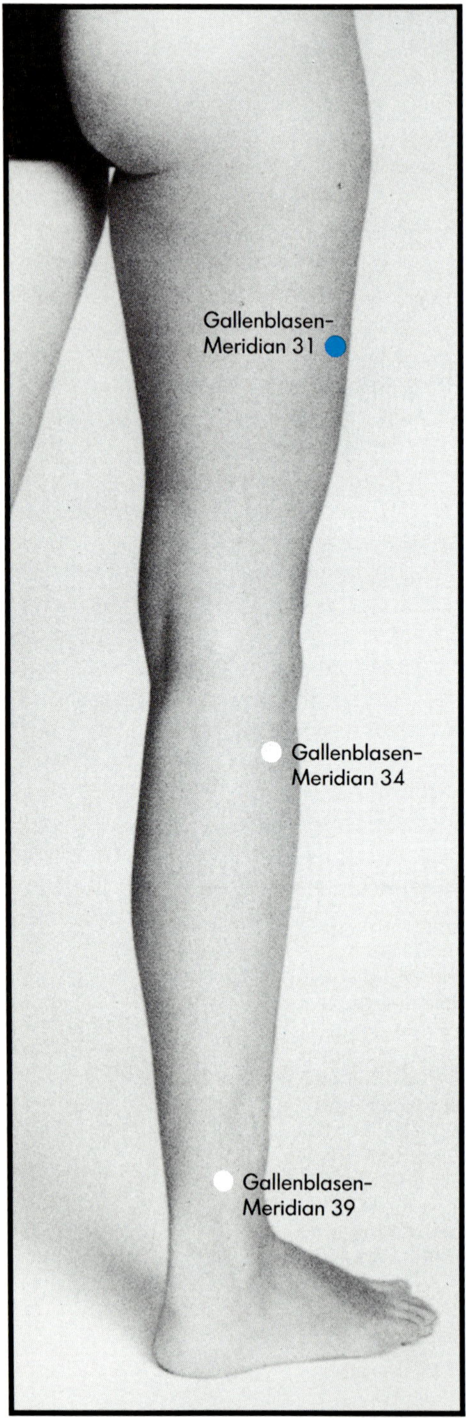

Um den Punkt G 31 zu finden, lassen Sie den Arm entspannt seitlich herunterhängen. Der gesuchte Punkt liegt an der Stelle, die Sie mit dem Mittelfinger erreichen. Den vierunddreißigsten Punkt des Gallenblasen-Meridians (G 34) finden Sie an der unteren vorderen Begrenzung des Wadenbeinkopfes. 3 Cun über der äußeren Knöchelspitze stoßen Sie hinter dem Wadenbein auf den Punkt G 39, die «Hängende Glocke» (*Xuanzhong*).

Der Punkt G 30 (Gallenblasen-Meridian) heißt *Huantiao*, «Springender Kreis». Sie finden ihn am oberen Ende des Oberschenkelhalses. Am leichtesten lokalisieren Sie ihn so: Legen Sie sich auf die Seite, strecken Sie das untere Bein und winkeln Sie das obere an. Jetzt fühlen Sie deutlich die obere Verdickung des Oberschenkelknochens, den sogenannten Großen Trochanter. Teilen Sie den Abstand zwischen Steißbein und Großem Trochanter in drei Teile. Der Punkt G 30 liegt zwischen dem mittleren und dem äußeren Drittel dieser Strecke.

HÜFTSCHMERZEN

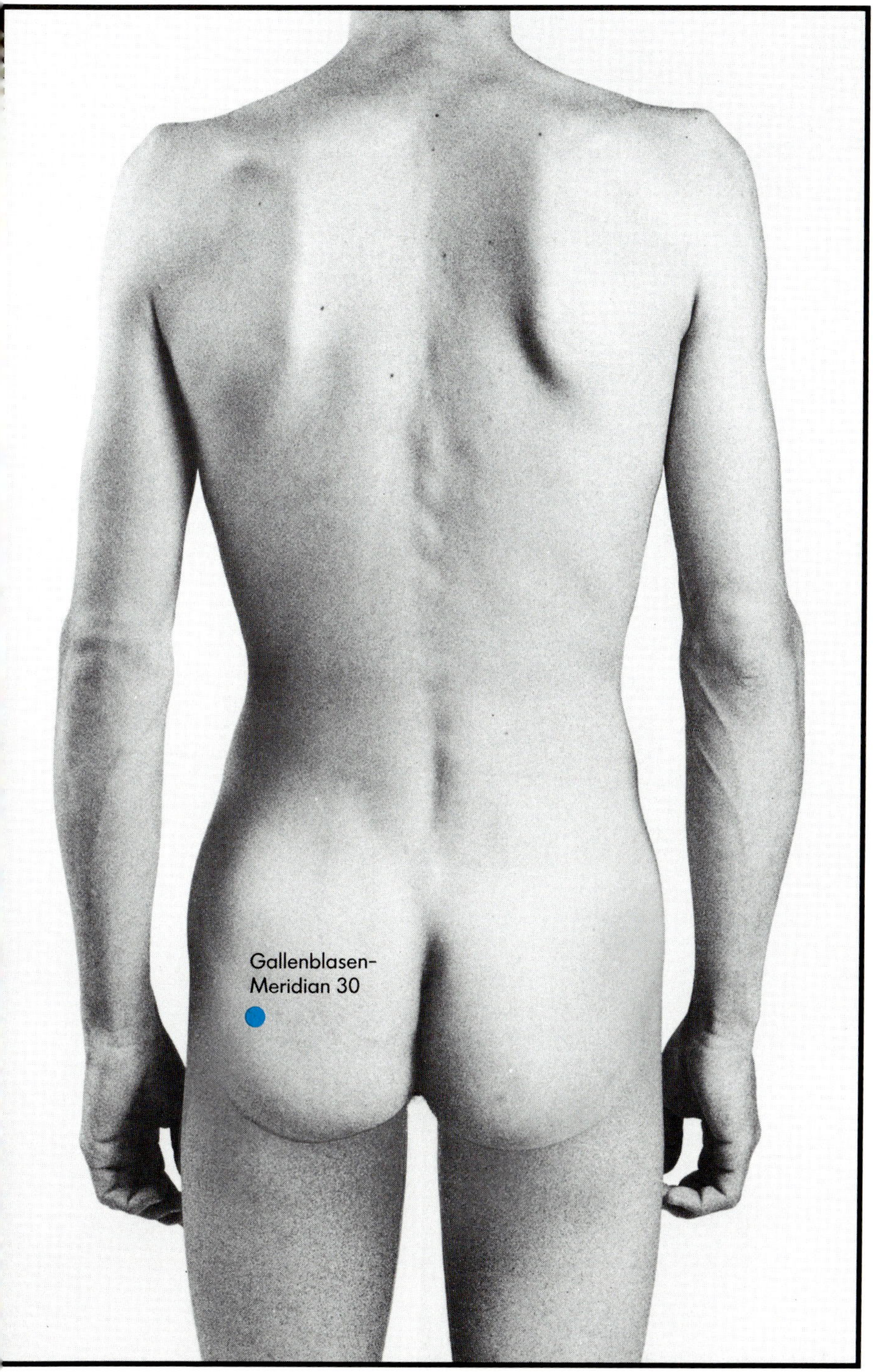

ISCHIAS

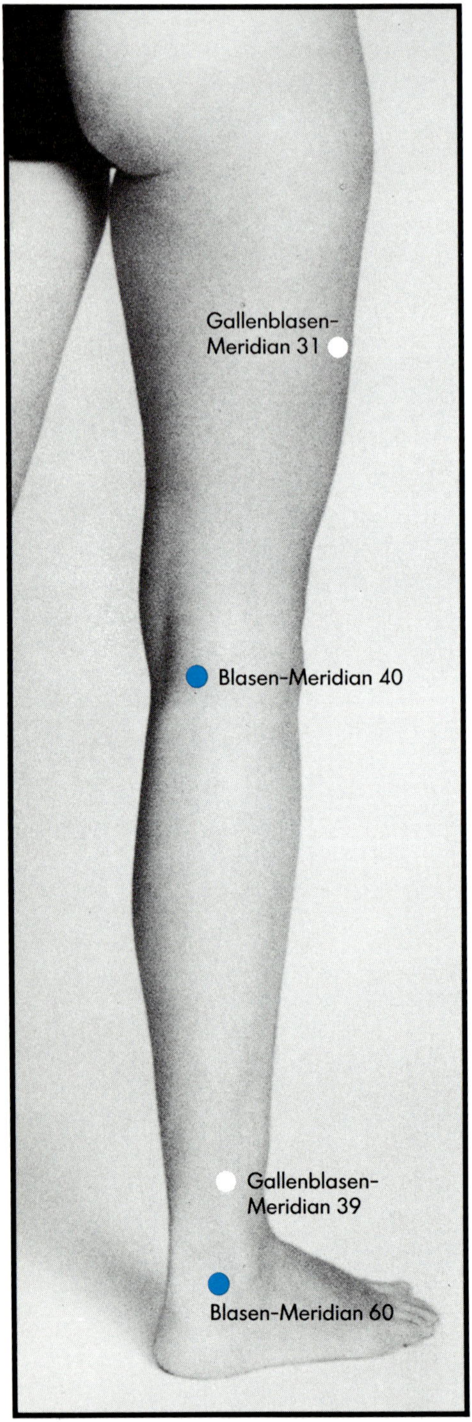

Stehen Sie aufrecht und lassen Sie die Arme seitlich herunterhängen. Mit der Spitze des Mittelfingers erreichen Sie genau den Punkt 31 des Gallenblasen-Meridians. Der Punkt B 40 des Blasen-Meridians liegt in der Mitte der Beugefalte des Knies. 3 Cun über der Knöchelspitze finden Sie hinter dem Wadenbein den neununddreißigsten Punkt des Gallenblasen-Meridians (G 39). Und wenn Sie von der Spitze des Knöchels waagrecht nach hinten fahren, so stoßen Sie vor der Achillessehne auf B 60, den Punkt *Kunlun*, der nach dem gleichnamigen chinesischen Gebirge benannt ist.

Zwischen dem mittleren und dem äußeren Drittel des Abstands vom Steißbein zum Großen Trochanter, der oberen Verdickung des Oberschenkelknochens, liegt am Rand des Schenkelhalses der Punkt G 30. Den Großen Trochanter spüren Sie am besten im Liegen. Er ist als Höcker deutlich fühlbar, wenn Sie auf der Seite liegen und das obere Bein anwinkeln, während Sie das untere gestreckt lassen.

ISCHIAS

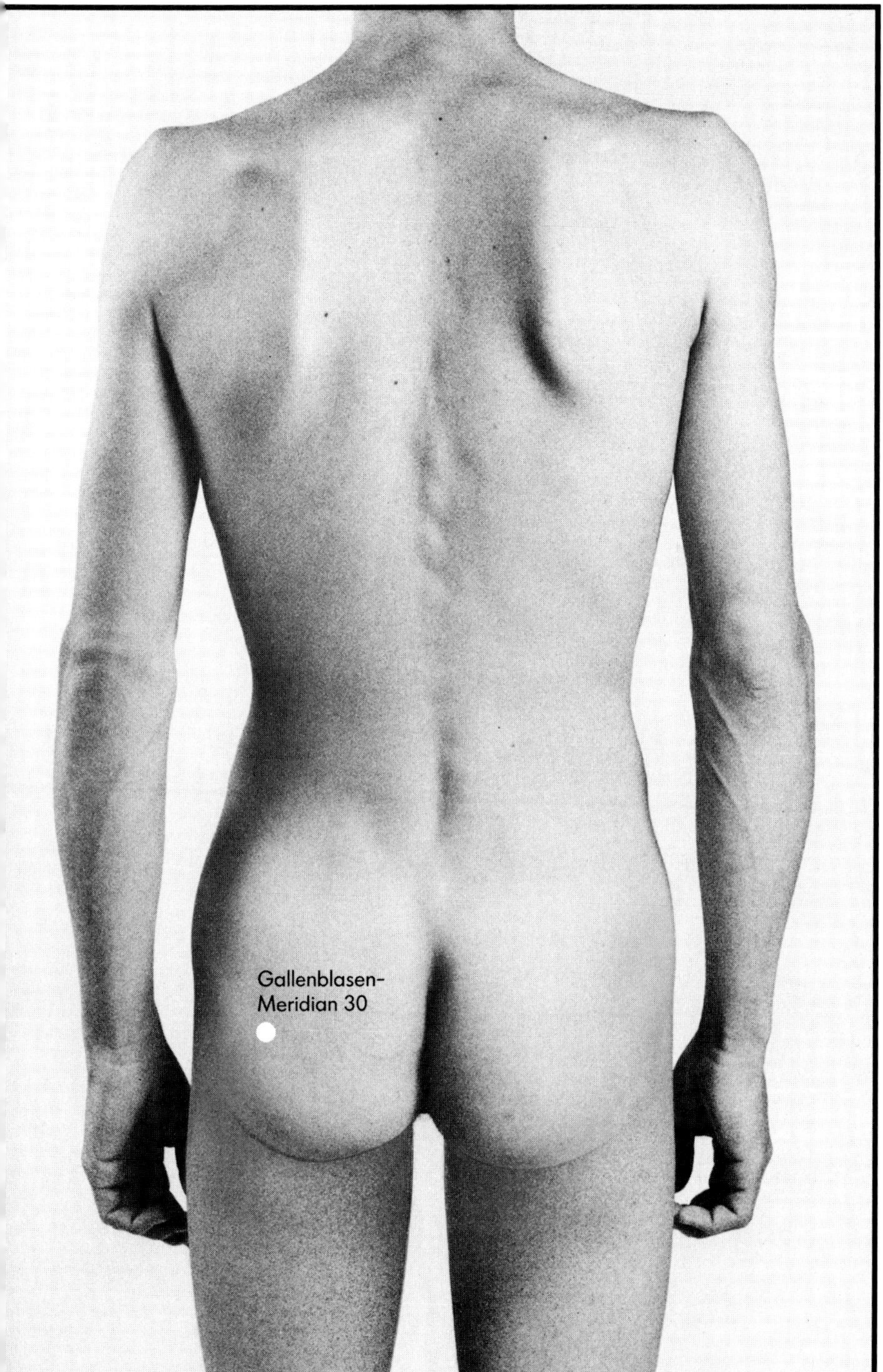

KNIESCHMERZEN

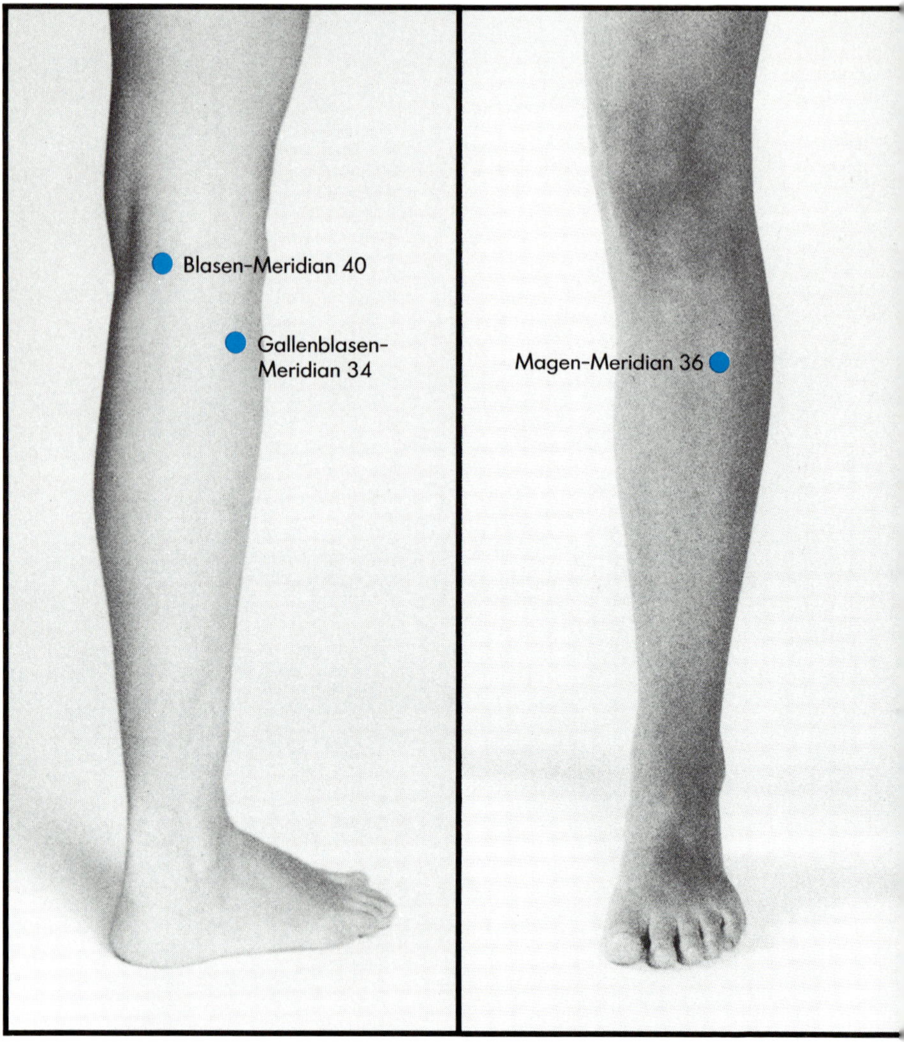

In der Mitte der Beugefalte des Knies liegt der Punkt 40 des Blasen-Meridians. Den Punkt G 34 (Gallenblasen-Meridian), die «Quelle am Yang-Hügel» (*Yanglingquan*), finden Sie in einer Vertiefung am vorderen unteren Rand des Wadenbeinkopfes.

Wenn Sie vom unteren Ende der Kniescheibe 3 Cun fußwärts und von dort 1 Cun nach außen messen, so stoßen Sie auf den Punkt M 36 des Magen-Meridians. Als allgemeiner Tonisierungspunkt wird er überaus geschätzt und kommt deshalb in verschiedenen Therapien zum Einsatz.

FUSSGELENKSCHMERZEN

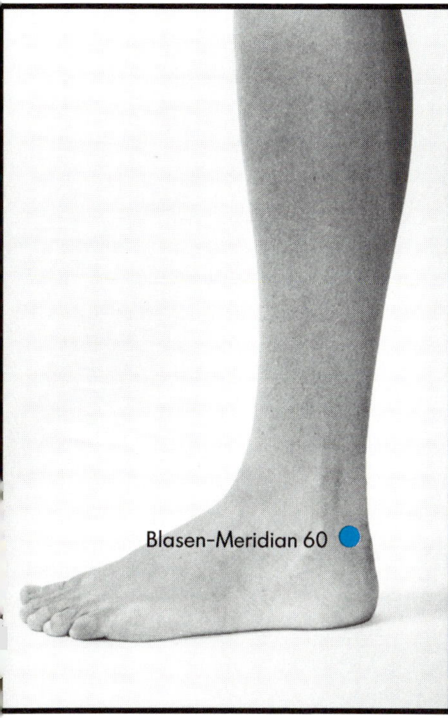

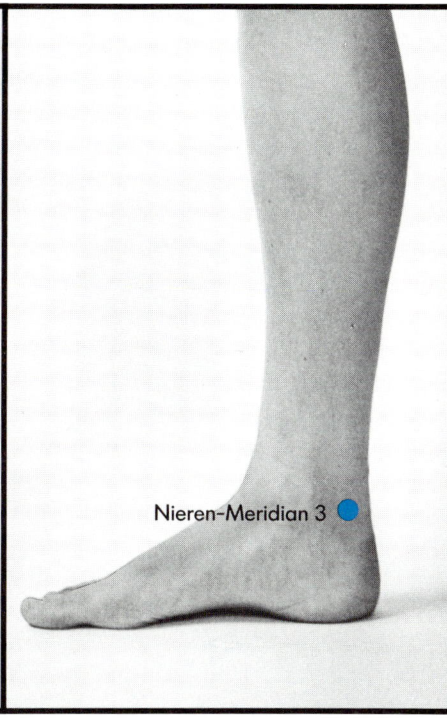

Der Punkt *Kunlun* (Blasen-Meridian 60) befindet sich in der Vertiefung zwischen äußerer Knöchelspitze und Achillessehne.

Den Punkt N 3 des Nieren-Meridians finden Sie zwischen der inneren Knöchelspitze und der Achillessehne. Fahren Sie vom Knöchel waagrecht nach hinten, damit Sie nicht irrtümlich den Punkt N 4 akupressieren, der nur eine halbe Daumenbreite unter unserem Punkt liegt.

GENICKSCHMERZEN

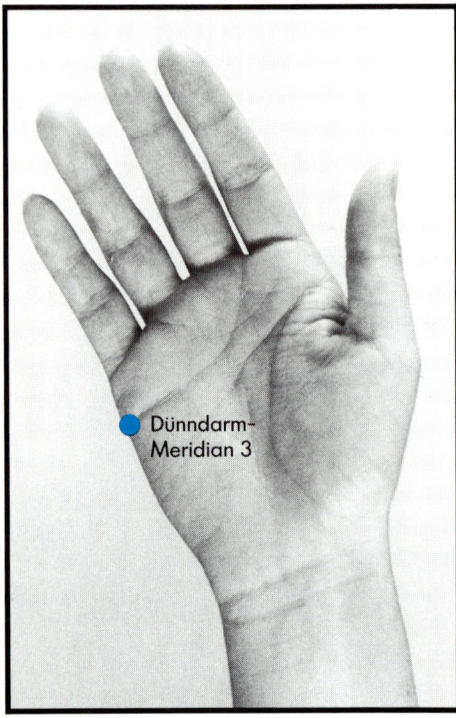

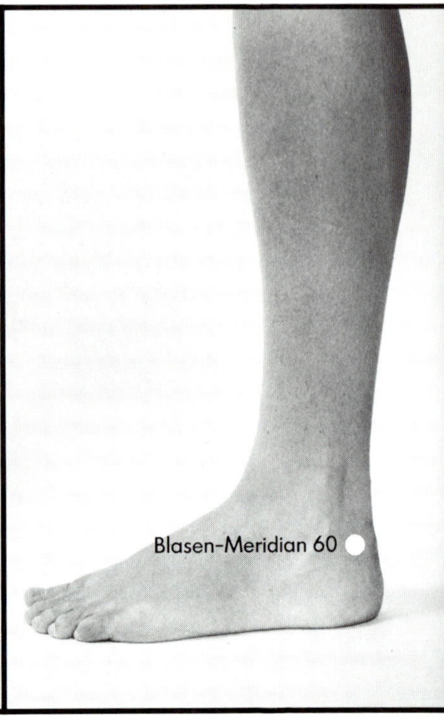

Den dritten Punkt des Dünndarm-Meridians (DU 3) lokalisieren Sie am besten, indem Sie die Faust ballen. Er liegt am Ende der Querfalte, die von der Handinnenfläche zur Handkante führt.

Der Punkt B 60 des Blasen-Meridians liegt in der Vertiefung zwischen der Spitze des Knöchels und der Achillessehne.

GENICKSCHMERZEN

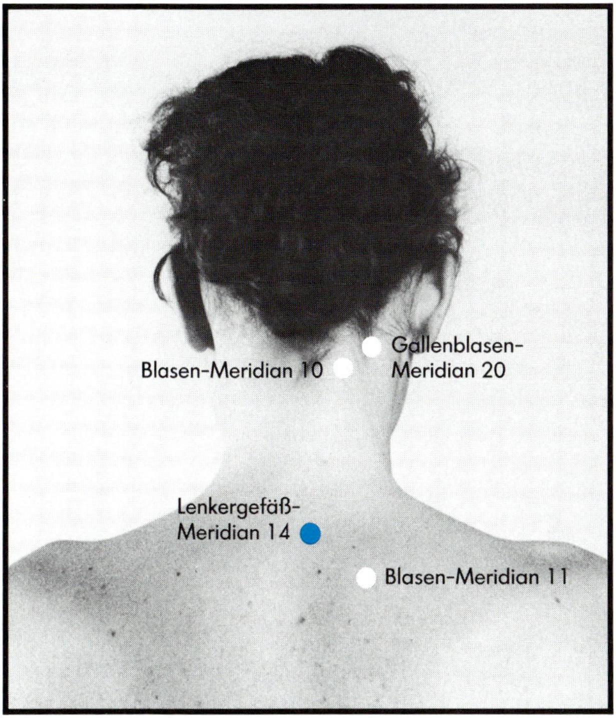

In der Vertiefung neben dem Trapezmuskel finden Sie über dem Haaransatz den Punkt Gallenblasen-Meridian 20. An der Außenseite des gleichen Muskels liegt schräg unterhalb von G 20 der Punkt B 10 des Blasen-Meridians. In der Vertiefung unter dem siebten Halswirbel (der deutlich hervortritt, wenn Sie den Kopf neigen) stoßen Sie auf den Punkt Lenkergefäß-Meridian 14 und 1,5 Cun neben dem Dornfortsatz des nächstunteren Wirbels auf den Punkt Blasen-Meridian 11.

RÜCKENSCHMERZEN

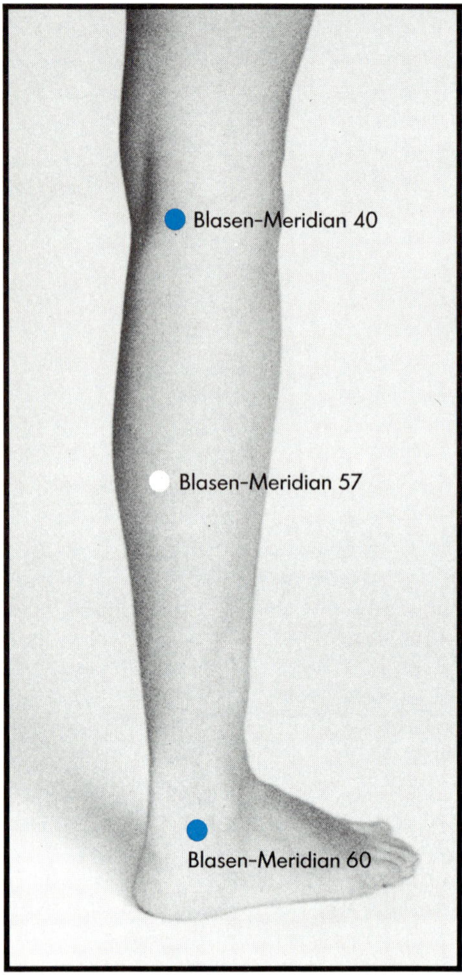

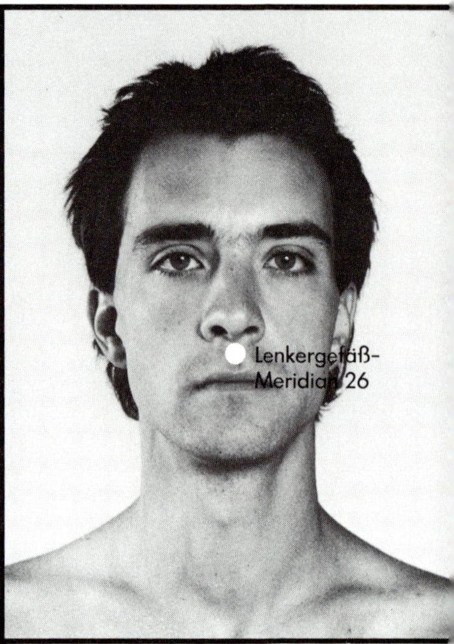

Teilen Sie das Grübchen zwischen Oberlippe und Nase in drei Abschnitte. Der Punkt Lenkergefäß-Meridian 26 liegt am oberen Ende des mittleren Abschnitts.

Der Punkt B 40 des Blasen-Meridians liegt in der Mitte der Beugefalte des Knies. Den Punkt B 57 finden Sie am leichtesten, wenn Sie den Fuß strecken, so daß sich unterhalb des Wadenmuskels eine Vertiefung in der Form eines umgekehrten V bildet. Der Punkt liegt in der Spitze dieses V. Und B 60 schließlich, der Punkt *Kunlun*, liegt zwischen der äußeren Knöchelspitze und der Achillessehne.

RÜCKENSCHMERZEN

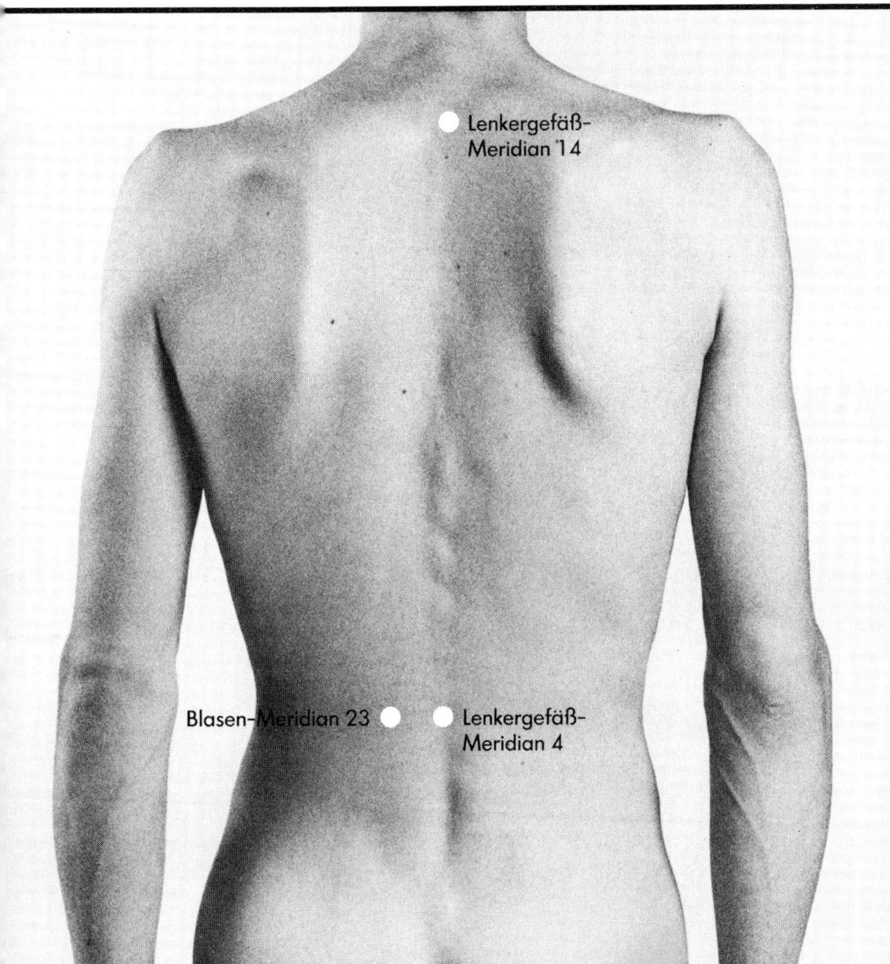

Den Punkt Lenkergefäß-Meridian 14 finden Sie in der Vertiefung unter dem Dornfortsatz des siebten Halswirbels. Der Punkt *Mingmen*, das «Lebenstor» (LG 4), liegt zwischen den Dornfortsätzen des zweiten und dritten Lendenwirbels. Auf den dritten Lendenwirbel stoßen Sie, wenn Sie vom Bauchnabel weg einen Kreis um Ihre Taille ziehen. 1,5 Cun neben LG 4 liegt der Punkt B 23 des Blasen-Meridians.

BRUSTSCHMERZEN

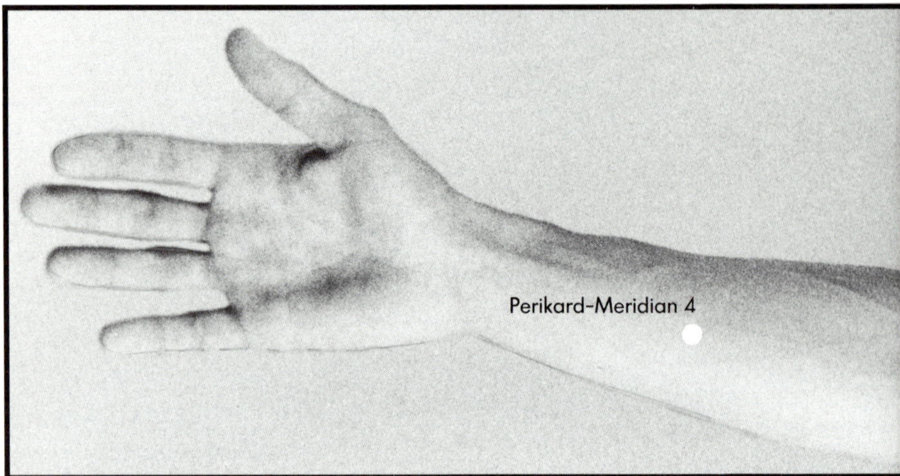

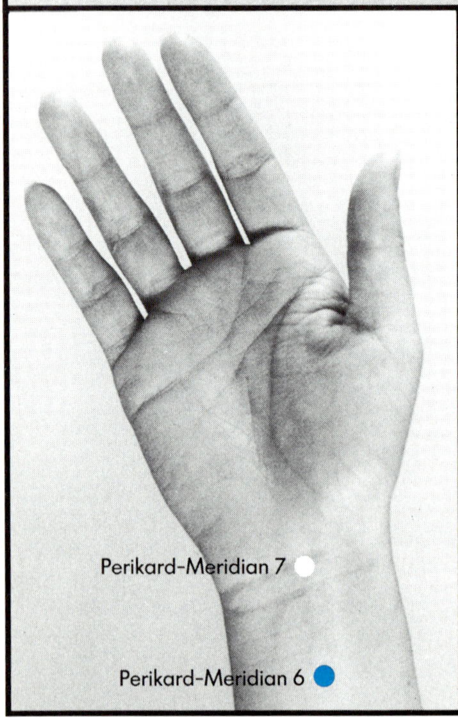

Der «Große Hügel» *Daling* (Perikard-Meridian 7) liegt in der Mitte der ersten Beugefalte des Handgelenks. 2 Cun armaufwärts finden Sie die «Innere Verbindung» PE 6 (*Neiguan*).

Wenn Sie von der Mitte der Handgelenkbeugefalte bei den gleichen Sehnen, zwischen denen Sie auch PE 7 und PE 6 lokalisieren, insgesamt 5 Cun armaufwärts messen, so stoßen Sie auf den vierten Punkt des Perikard-Meridians (PE 4).

Den fünfzehnten Punkt des Blasen-Meridians (B 15) werden Sie vielleicht nicht ohne fremde Hilfe auffinden und akupressieren können. Erleichtern Sie Ihrem Partner das Abtasten und Zählen der Wirbel, indem Sie den Rücken krümmen. B 15 liegt 1,5 Cun neben dem fünften Brustwirbel.

Den zwölften und den siebzehnten Punkt des Dienergefäß-Meridians sowie den vierzehnten Punkt des Leber-Meridians lokalisieren Sie am leichtesten im Liegen, da Ihr Oberkörper dann gestreckt und gleichzeitig entspannt ist, so daß Sie Brustbein und Rippen problemlos ertasten können. DG 17 liegt genau zwischen den Brustwarzen auf dem Brustbein. DG 12 liegt auf halber Strecke zwischen Nabel und unterem Fortsatz des Brustbeins. Senkrecht unter der Brustwarze finden Sie in der Vertiefung vor der Verbindung zwischen sechster und siebter Rippe den Punkt LE 14.

BRUSTSCHMERZEN

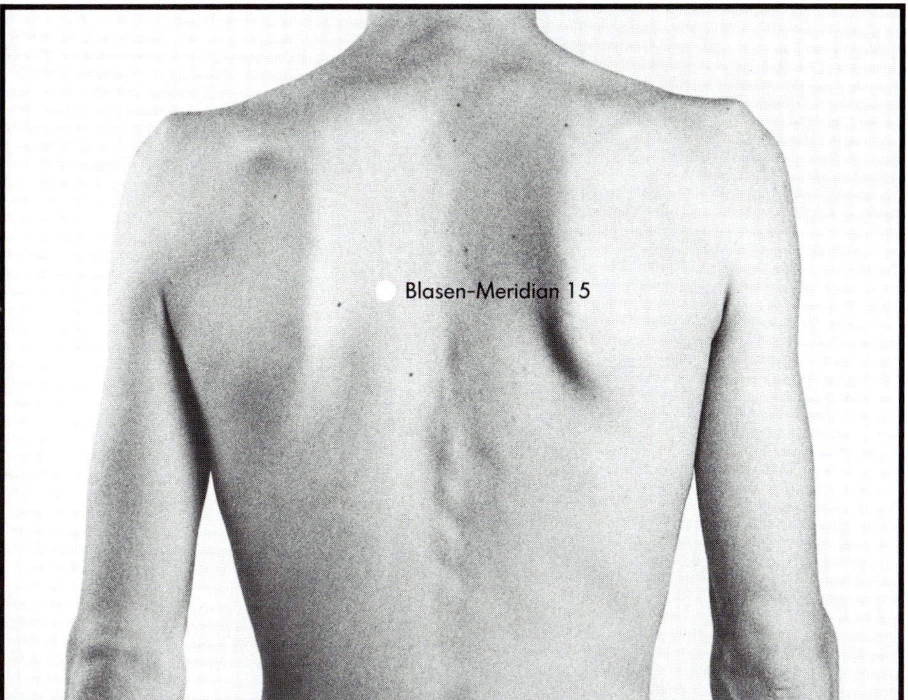

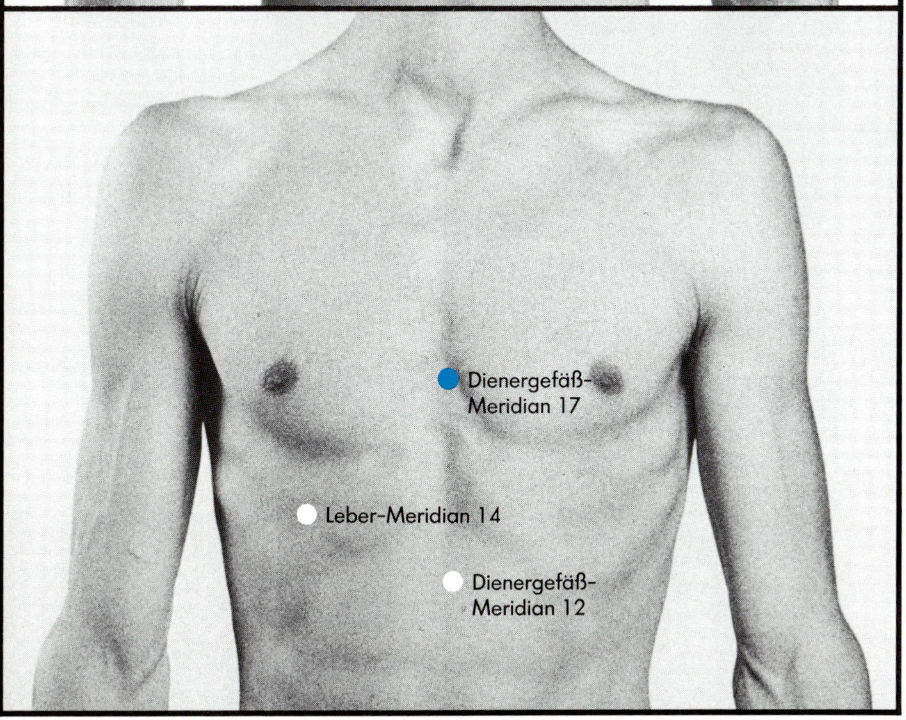

RIPPENSCHMERZEN

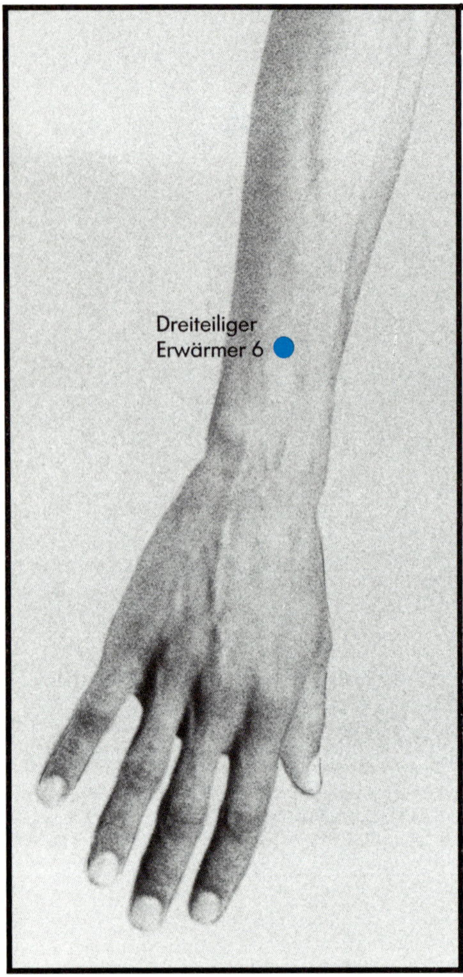

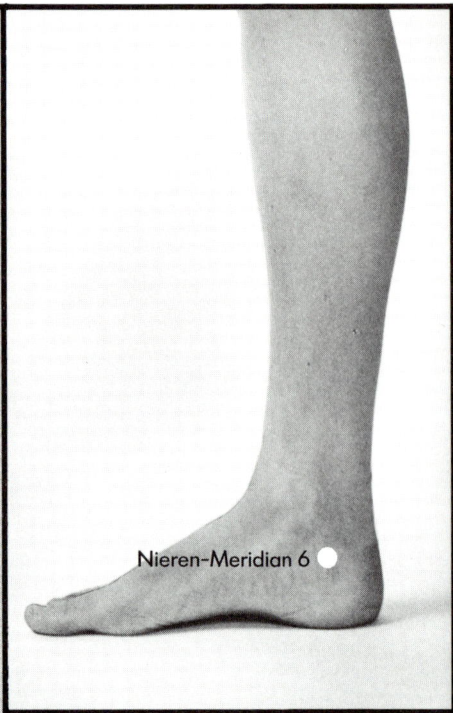

Den Punkt *Zhaohai,* «Strahlendes Meer» (Nieren-Meridian 6), finden Sie eine Daumenbreite unter der Spitze des inneren Knöchels.

3 Cun vom Handgelenk entfernt liegt in der Vertiefung zwischen Elle und Speiche der Punkt 3E 6 des «Dreiteiligen Erwärmers». Am besten spüren Sie diese Vertiefung, wenn Sie Ihren Arm so halten, als würden Sie ihn nach einer Verletzung in einer Schlinge tragen. Dann liegen nämlich Elle und Speiche parallel zueinander, der Abstand zwischen diesen beiden Unterarmknochen ist damit größer als in jeder anderen Position.

RIPPENSCHMERZEN

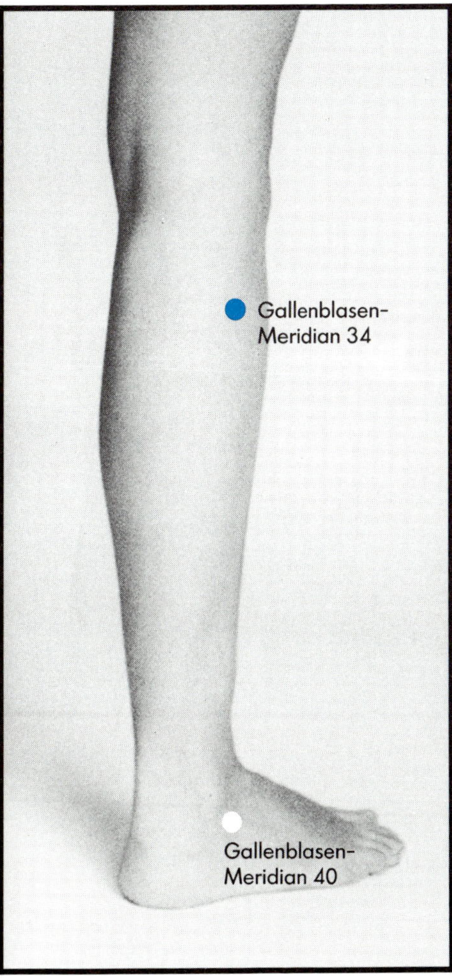

Den Punkt G 34 des Gallenblasen-Meridians finden Sie am unteren vorderen Rand des Wadenbeinkopfes. *Qiuxu*, den «Großen Wall» (G 40), suchen Sie in der Vertiefung schräg unterhalb des Knöchels.

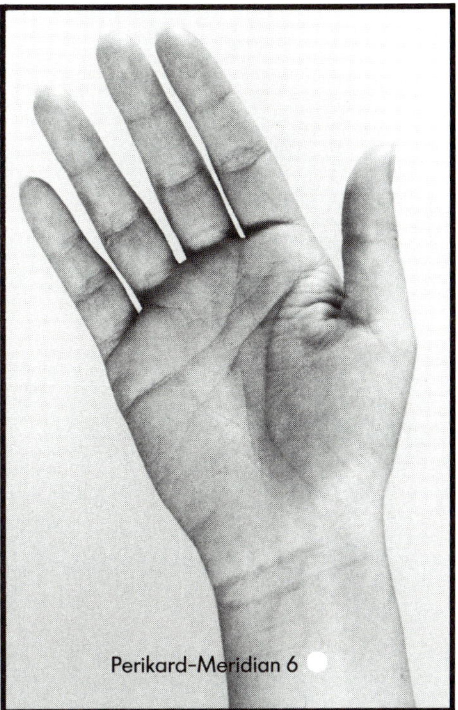

2 Cun über der Mitte der ersten Beugefalte des Handgelenks liegt die «Innere Verbindung» (*Neiguan*), der Punkt PE 6 des Perikard-Meridians.

WADENSCHMERZEN, KRÄMPFE

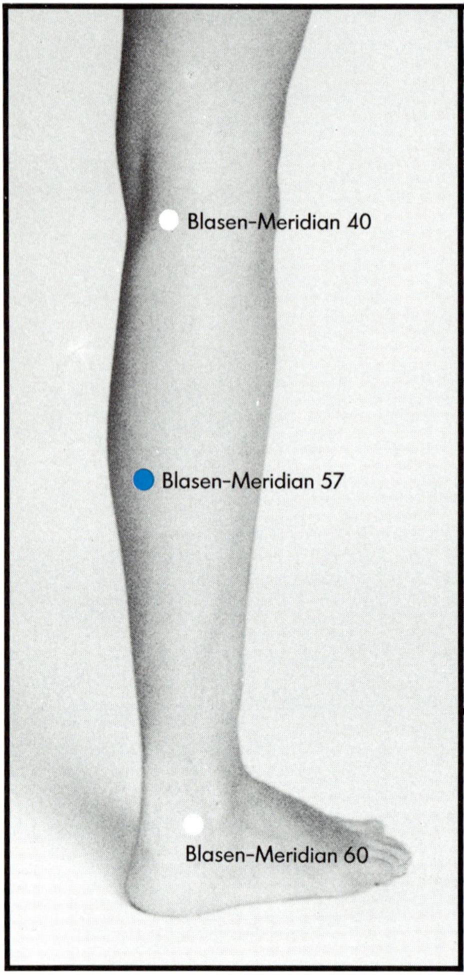

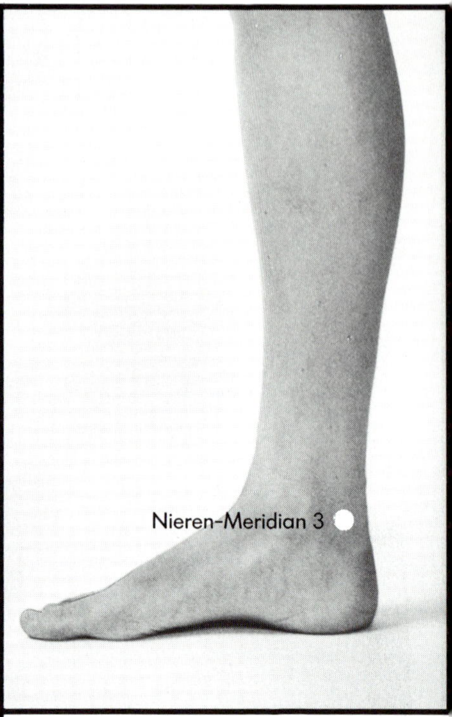

Fahren Sie von der Spitze des inneren Knöchels waagrecht nach hinten in die Vertiefung vor der Achillessehne. Dort stoßen Sie auf N 3 (Nieren-Meridian), den Punkt *Taixi* («Großer Strom»).

In der Kniekehle, in der Mitte der Beugefalte, befindet sich der Punkt Blasen-Meridian 40. Den Punkt B 57 finden Sie so: Strecken Sie den Fuß, so daß sich unter dem Wadenmuskel eine Vertiefung in der Form eines umgekehrten V bildet; der Punkt liegt in der Spitze dieses V. Der sechzigste Punkt des Blasen-Meridians (B 60) liegt in der Senke zwischen der Spitze des äußeren Knöchels und der Achillessehne.

ARTHRITIS

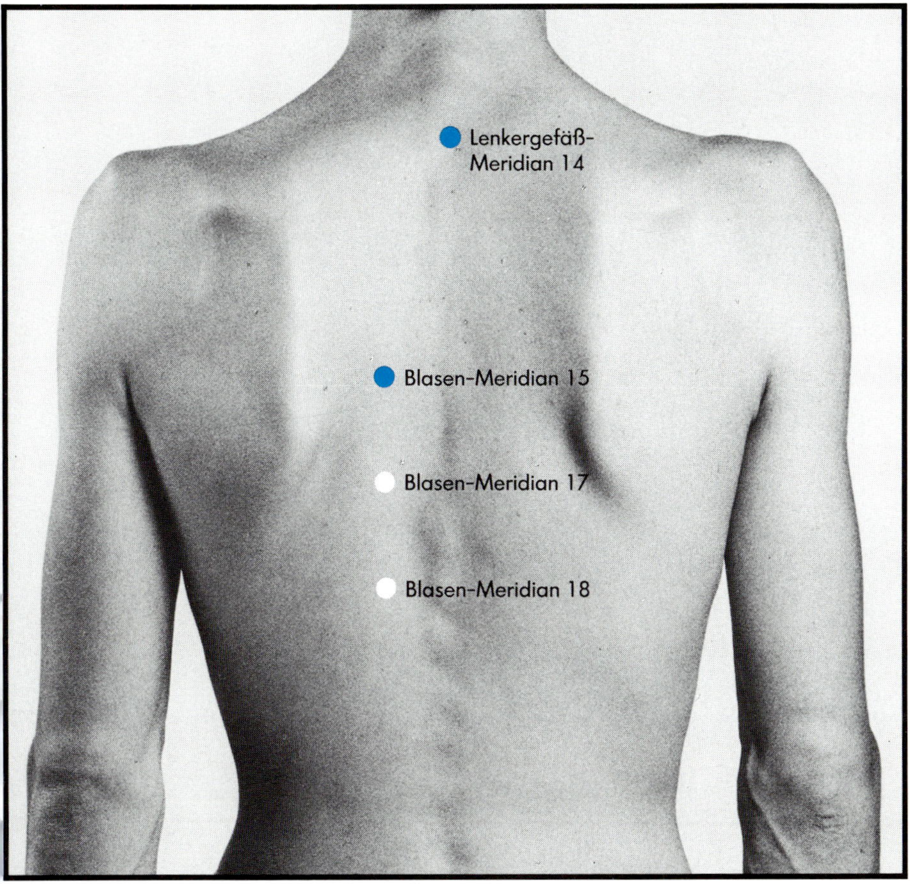

In der Vertiefung zwischen dem siebten, bei gesenktem Kopf stark hervorstehenden Halswirbel und dem ersten Brustwirbel finden Sie den Punkt LG 14 des Lenkergefäß-Meridians. B 15, B 17 und B 18 können Sie vielleicht nicht ohne fremde Hilfe lokalisieren und akupressieren. Erleichtern Sie jedoch Ihrem Partner das Abzählen der Wirbel, indem Sie den Rücken krümmen. Alle drei Punkte des Blasen-Meridians liegen 1,5 Cun neben der Mittellinie: B 15 neben dem Dornfortsatz des fünften Brustwirbels, B 17 neben dem Dornfortsatz des siebten Brustwirbels und B 18 neben dem Dornfortsatz des neunten Brustwirbels.

ARTHRITIS

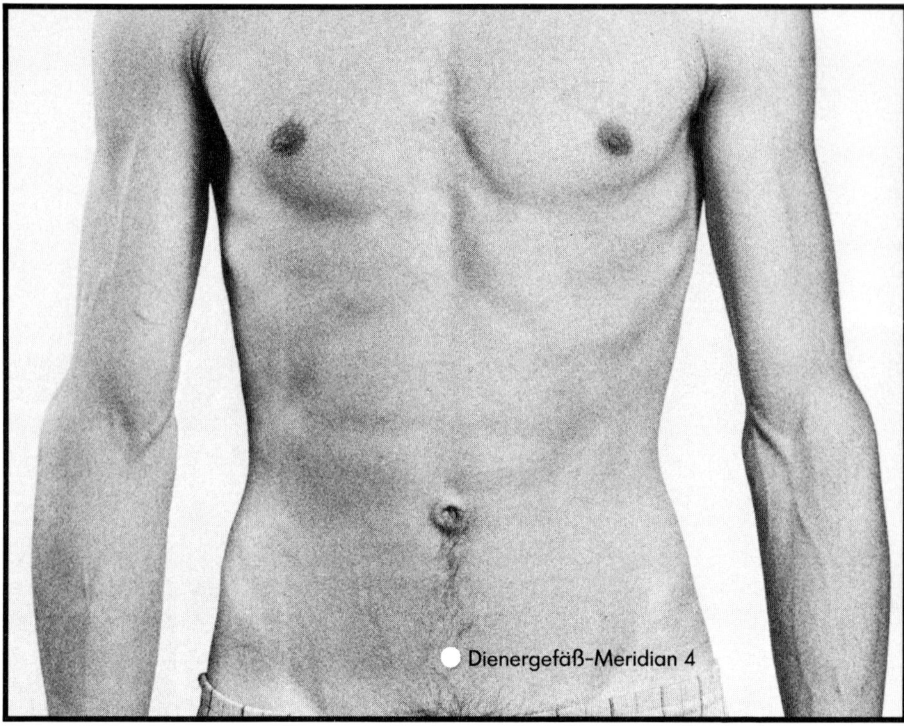

Den «Drehpunkt des Lebens» (*Guanyuan*, DG 4) finden Sie 3 Cun unterhalb des Bauchnabels. Dieser Punkt des Dienergefäß-Meridians gilt als allgemeiner Tonisierungspunkt für den ganzen Körper.

VERDAUUNG

So hoch man die ärztliche Heilkunst, sei es nun die westliche oder die östliche, auch immer schätzen mag: Die Medizin, die wir uns mit der Nahrung täglich selber geben können, ist von unendlich höherem Wert. Einseitige oder mangelhafte Ernährung wie in den Ländern der dritten Welt öffnet Krankheitskeimen Tür und Tor.

Auch in den reichen westlichen Ländern steht es freilich mit der Ernährung und deshalb auch mit der Verdauung nicht immer zum besten. Doch während in der dritten Welt existentielle Not zu Hunger führt, bewirken hier Überfluß und nahezu uneingeschränkte Konsummöglichkeiten oft genau das Gegenteil: gesundheitliche Probleme durch Überernährung, in der allerdings die Qualität bei weitem nicht der Quantität entspricht. Man ißt zuviel Zucker, Fett, Salz, Eiweiß, aber zuwenig Ballaststoffe, die den Darm reinigen und aktivieren. Viele Krankheiten der Verdauungsorgane, des Herzens und des Kreislaufs könnten durch eine ausgewogene und möglichst vielfältige Ernährung verhindert werden. Erst wenn es kein Zuviel und kein Zuwenig mehr gibt, wird ein Energiegleichgewicht überhaupt möglich. Die chinesische Vorstellung von ausgewogener Ernährung geht vom gleichen Grundgedanken aus wie der reformatorische Arzt und Philosoph Paracelsus, der im 16. Jahrhundert schrieb: «In allen Dingen ist ein Gift, und es gibt nichts ohne ein Gift. Es hängt allein von der Dosis ab, ob ein Gift ein Gift ist oder nicht.»

Durch die Verdauung führen Sie Ihrem Körper Nahrungsenergie zu, den dritten Bestandteil der Lebenskraft neben kosmischer Energie aus der Luft und Erbenergie, die Sie von Ihren Eltern erhalten haben. Eine gute Verdauung hängt jedoch nicht nur von der Nahrungsbeschaffenheit ab, sondern auch von Ihrer psychischen Verfassung. Denken Sie deshalb nie während des Essens an Ihre Arbeit. Und auch nach dem Essen erst, wenn Sie eine Verdauungspause eingelegt haben.

MAGENVERSTIMMUNG

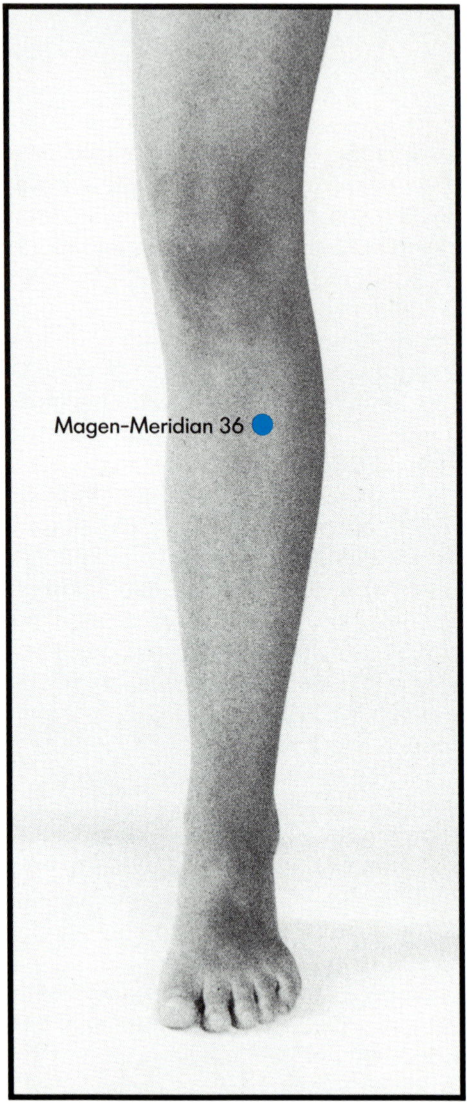

Messen Sie vom unteren Rand der Kniescheibe 3 Cun fußwärts und von dort 1 Cun nach außen. So finden Sie den allgemeinen Tonisierungspunkt M 36 des Magen-Meridians.

MAGENVERSTIMMUNG

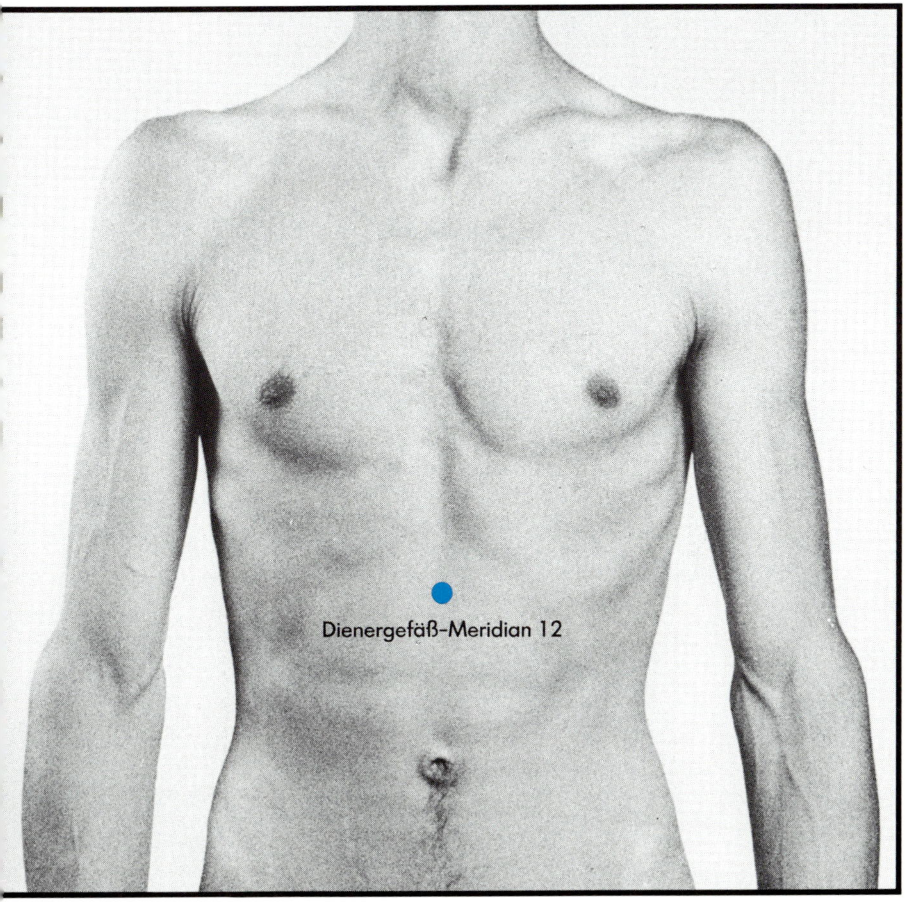

In der Mitte zwischen dem unteren Fortsatz des Brustbeins und dem Nabel befindet sich der Punkt DG 12 des Dienergefäß-Meridians: *Zhongwan*, die «Magenmitte».

BAUCHSCHMERZEN (VERDAUUNG)

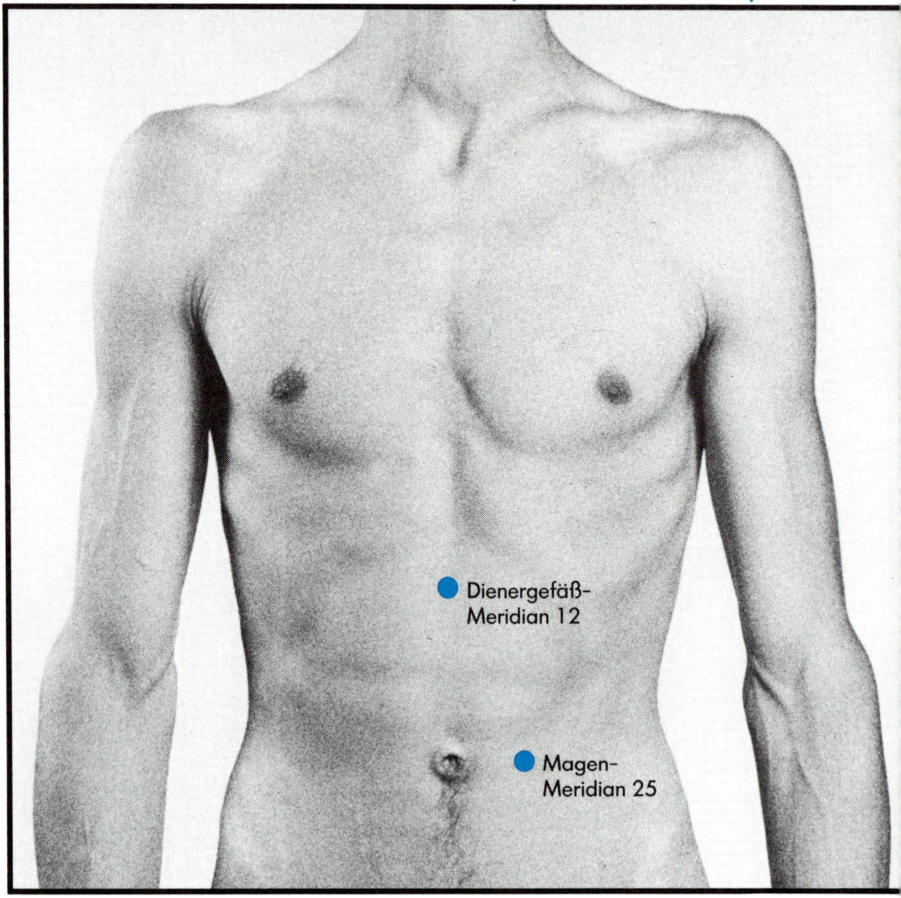

Lokalisieren Sie den Punkt DG 12 des Dienergefäß-Meridians in Rückenlage, da Ihr Oberkörper dann gestreckt ist und somit ein genaues Abmessen erlaubt. DG 12 liegt auf halber Strecke zwischen Brustbeinfortsatz und Nabel. 2 Cun seitlich des Nabels finden Sie den «Drehpunkt des Himmels» (*Tianshu*, Magen-Meridian 25).

BLÄHUNGEN

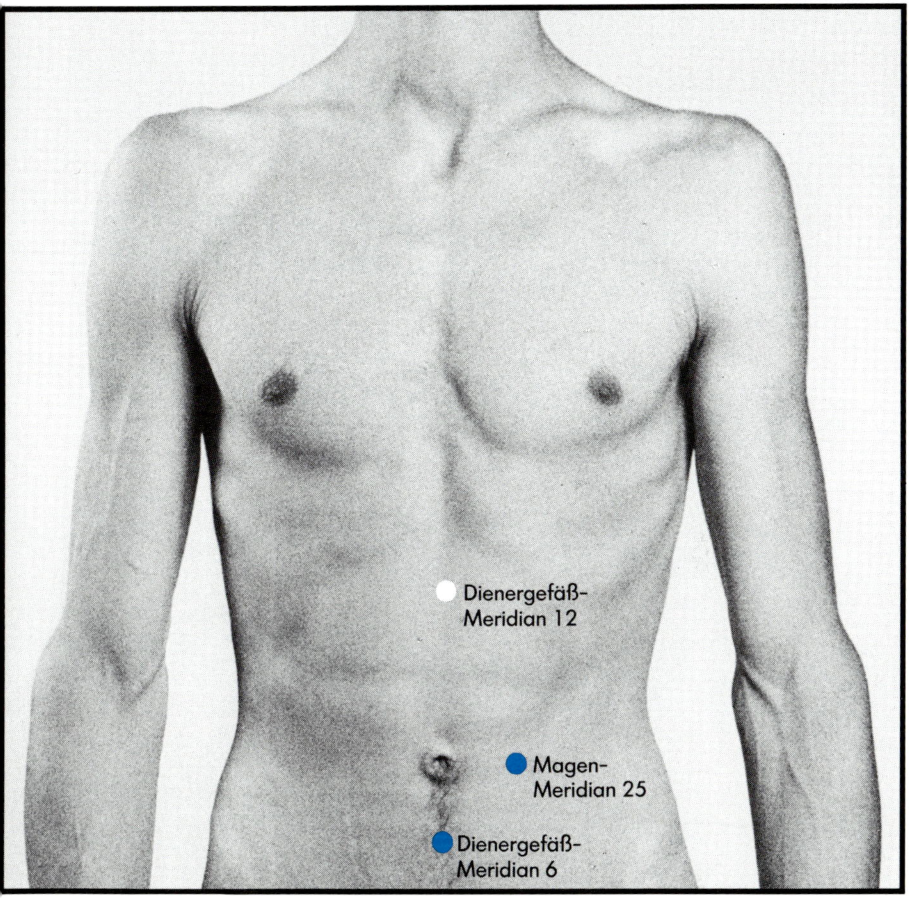

Der Punkt *Zhongwan* («Magenmitte», Dienergefäß-Meridian 12) liegt auf halber Strecke zwischen Brustbeinfortsatz und Nabel. 2 Cun seitlich des Nabels liegt der Punkt Magen-Meridian 25, der «Drehpunkt des Himmels» (*Tianshu*). Und wenn Sie vom Nabel 1,5 Cun nach unten fahren, so stoßen Sie auf das «Energiemeer» (*Qihai*, Dienergefäß-Meridian 6). Lokalisieren Sie diese Punkte in Rückenlage, da der Oberkörper für ein genaues Messen gestreckt sein sollte.

BLÄHUNGEN

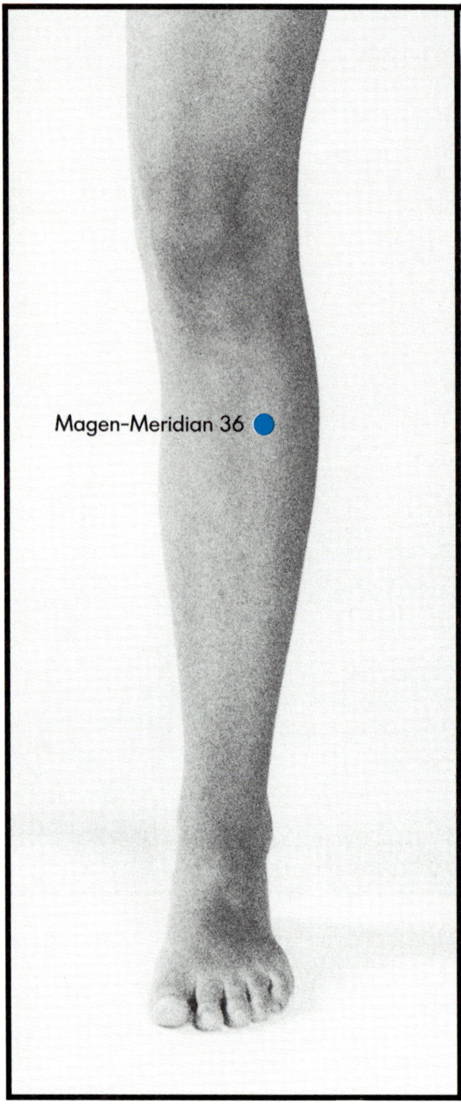

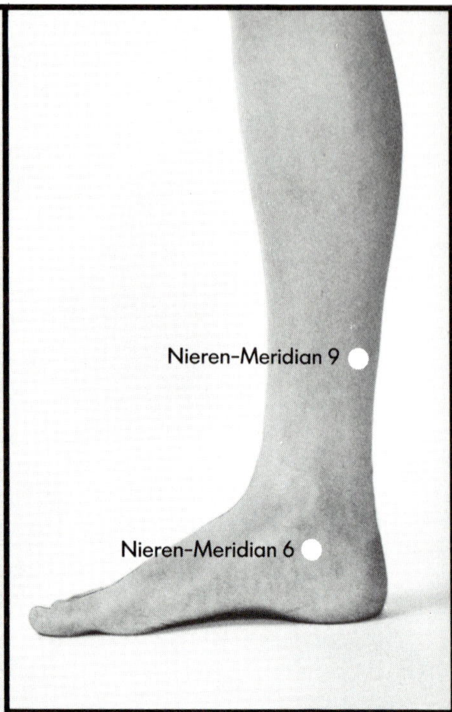

Die Punkte 9 und 6 des Nieren-Meridians befinden sich an der Innenseite des Beins. Das «Gästehaus» (*Zhubin*, N 9) finden Sie so: Stellen Sie sich zwischen der Spitze des Knöchels und der Achillessehne eine waagrechte Verbindungslinie vor. Messen Sie von dort 5 Cun nach oben. Jetzt liegt Ihr Finger 1 Cun hinter dem Wadenbein auf dem Punkt N 9. Eine Daumenbreite unterhalb der Knöchelspitze finden Sie eine Vertiefung; hier liegt das «Strahlende Meer» (*Zhaohai*, N 6).

Messen Sie vom unteren Rand der Kniescheibe 3 Cun fußwärts und von dort 1 Cun nach außen. So finden Sie den allgemeinen Tonisierungspunkt M 36 des Magen-Meridians.

DURCHFALL

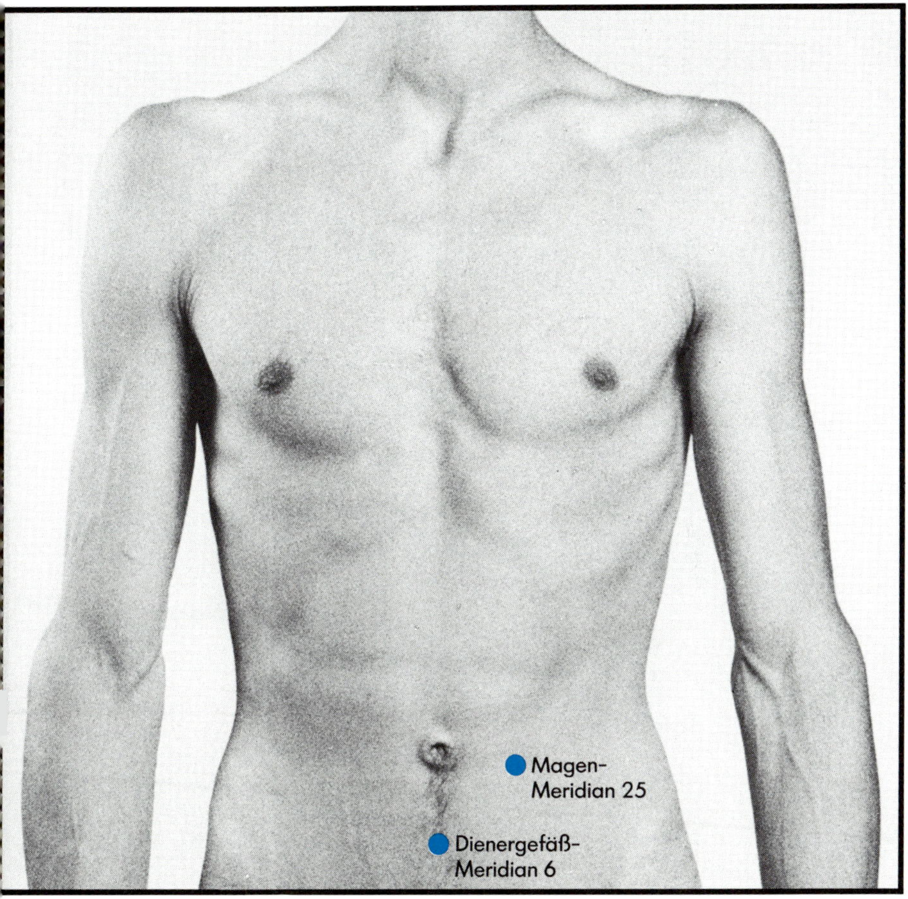

2 Cun neben dem Nabel liegt der Punkt Magen-Meridian 25, der «Drehpunkt des Himmels» (*Tianshu*). Das «Energiemeer» (*Qihai*, Dienergefäß-Meridian 6) finden Sie 1,5 Cun unterhalb des Nabels.

DURCHFALL/VERSTOPFUNG

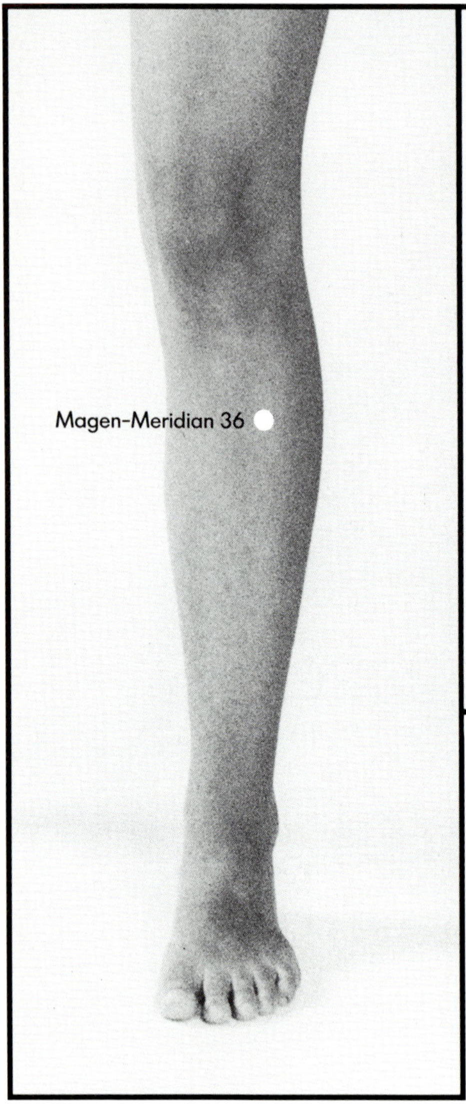

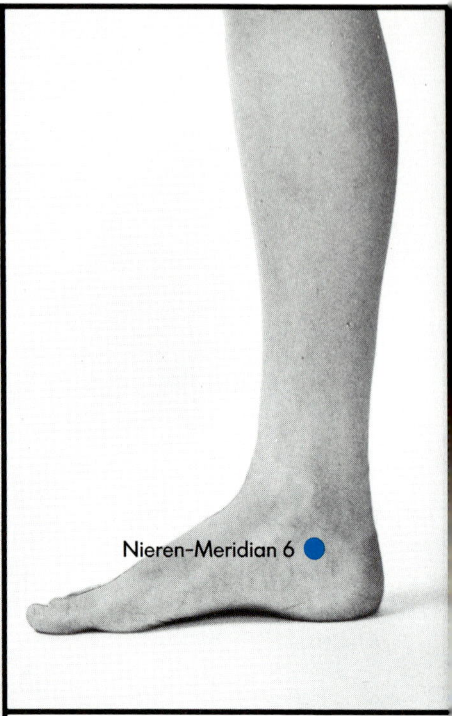

VERSTOPFUNG

Der Punkt *Zhaohai* («Strahlendes Meer», Nieren-Meridian 6) liegt in einer Vertiefung 1 Cun unter der Spitze des Knöchels.

DURCHFALL

Den Punkt M 36 des Magen-Meridians lokalisieren Sie, indem Sie vom unteren Rand der Kniescheibe 3 Cun abwärts und von dort 1 Cun nach außen messen.

VERSTOPFUNG

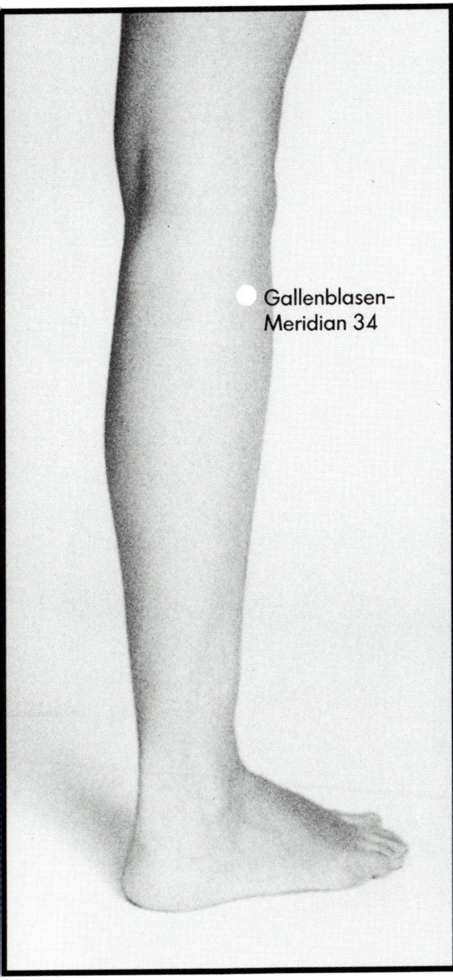

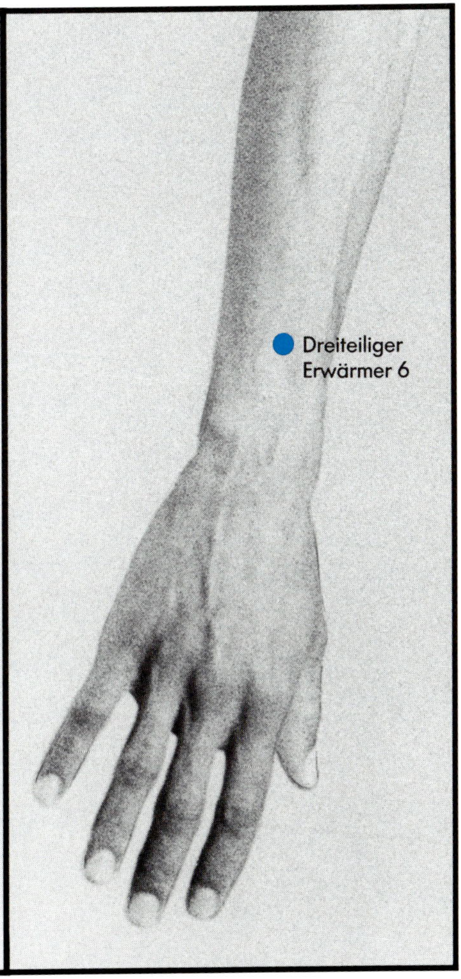

In einer Vertiefung am unteren vorderen Rand des Wadenbeinkopfes finden Sie den Punkt G 34 des Gallenblasen-Meridians, die «Quelle am Yang-Hügel» (*Yanglingquan*).

3 Cun über dem Handgelenk finden Sie in der Vertiefung zwischen Elle und Speiche den Punkt 3E 6 des «Dreiteiligen Erwärmers», eines Yang-Meridians der Hand. Damit Sie diese Vertiefung deutlich spüren, müssen Elle und Speiche parallel zueinander liegen, so daß der Abstand zwischen den beiden Unterarmknochen am größten ist. Diese Position erreichen Sie, wenn Sie den Arm so halten, als würden Sie ihn nach einer Verletzung in einer Schlinge tragen.

VERSTOPFUNG

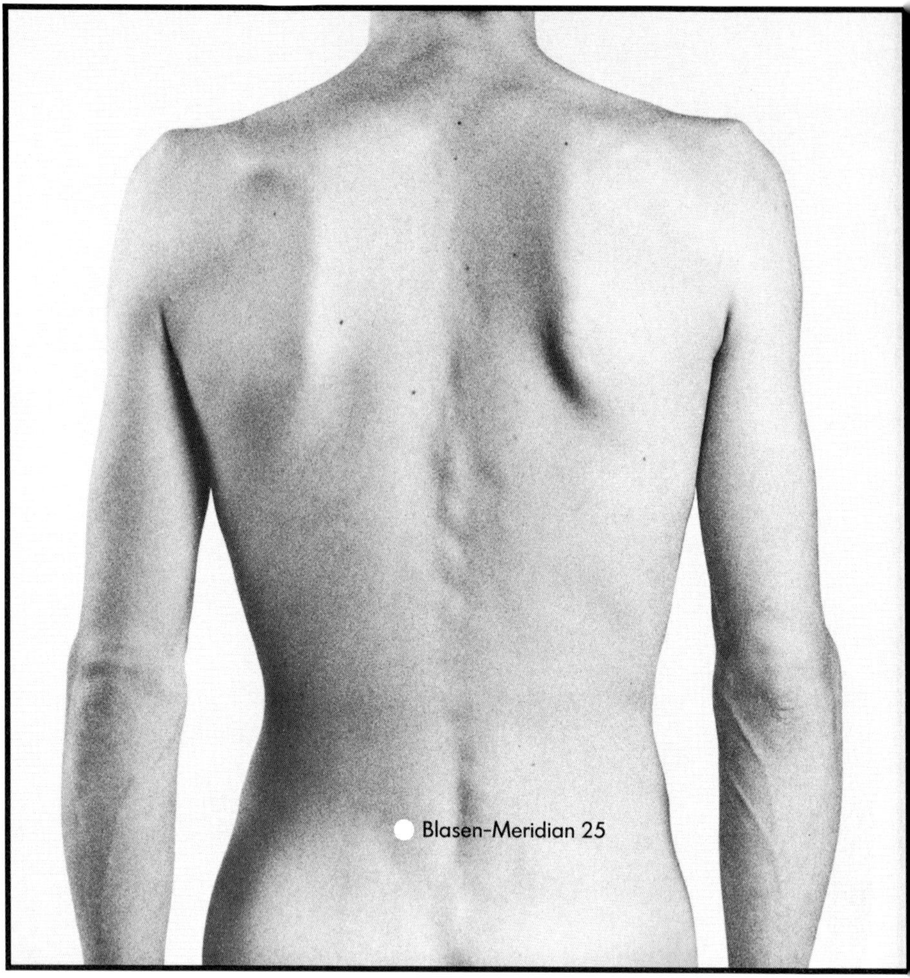

1,5 Cun neben dem Dornfortsatz des vierten Lendenwirbels finden Sie den Punkt B 25 des Blasen-Meridians. Er liegt auf der Höhe der Oberkante des Beckenknochens.

VERSTOPFUNG

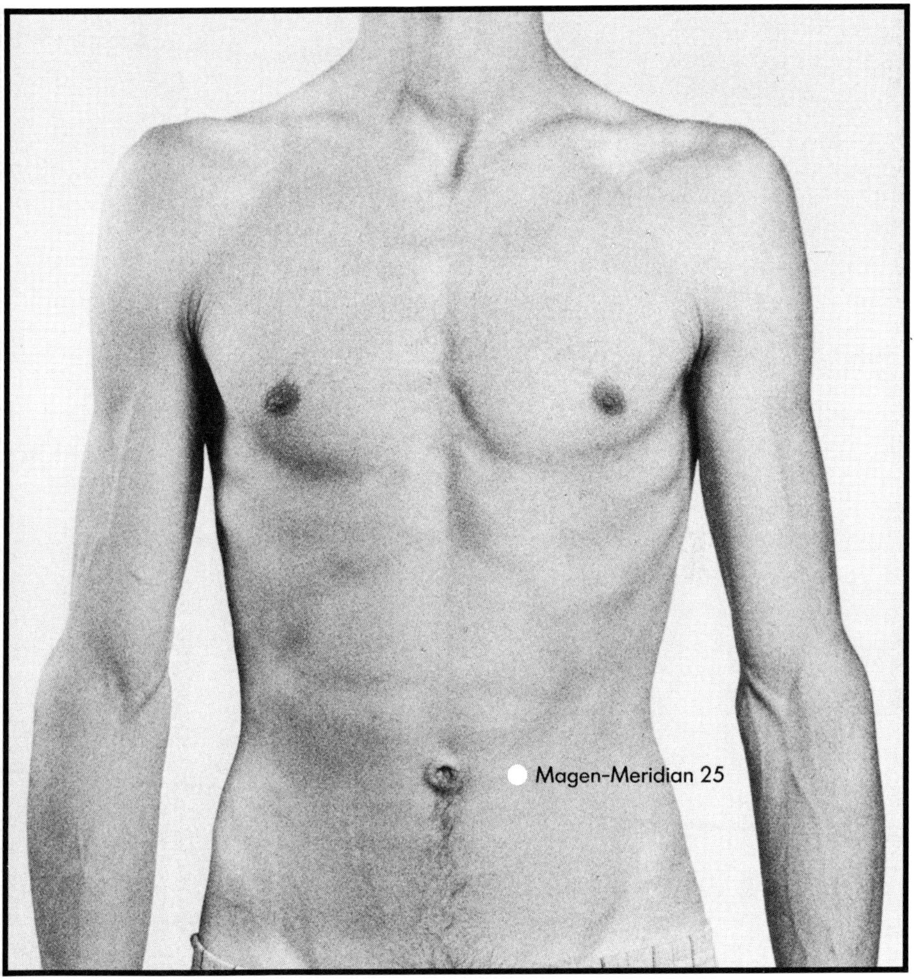

Messen Sie vom Nabel 2 Cun zur Seite hin. So kommen Sie zum «Drehpunkt des Himmels» (*Tianshu*), dem Punkt M 25 des Magen-Meridians.

ERBRECHEN

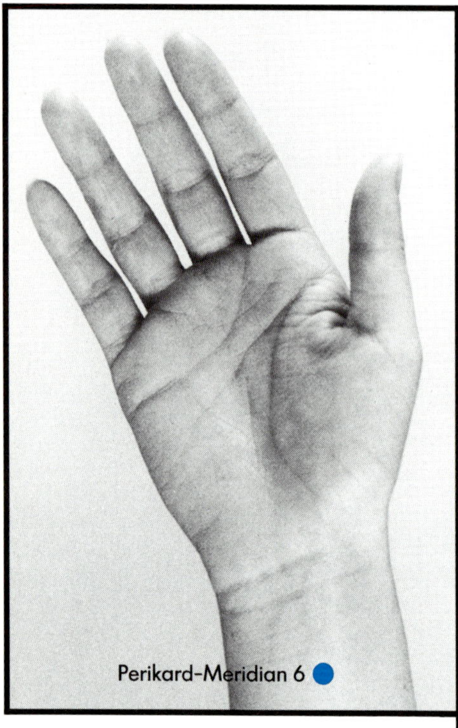

Der Punkt PE 6 des Perikard-Meridians liegt 2 Cun über der ersten Beugefalte des Handgelenks, in der Mitte der Arminnenfläche.

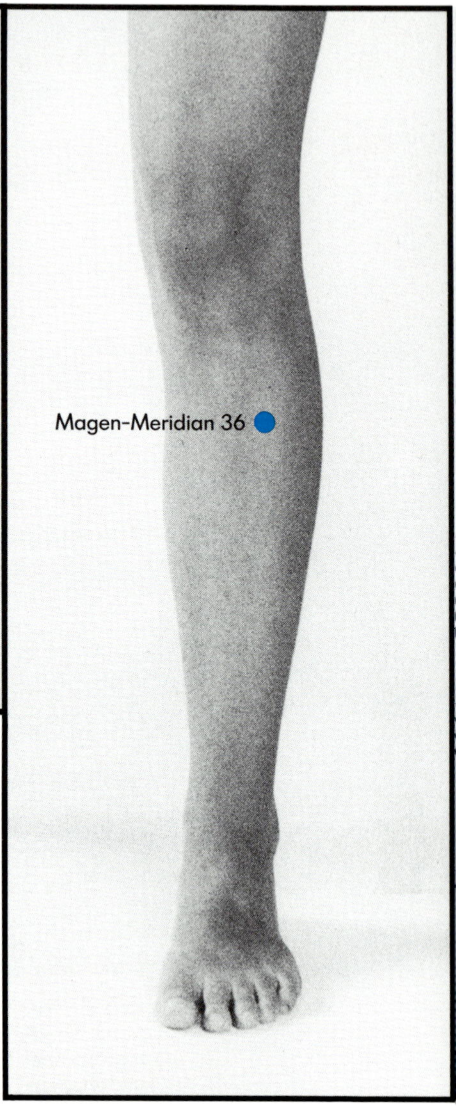

Den Tonisierungspunkt M 36 des Magen-Meridians finden Sie, indem Sie vom unteren Rand der Kniescheibe 3 Cun abwärts und von dort 1 Cun nach außen messen.

ERBRECHEN

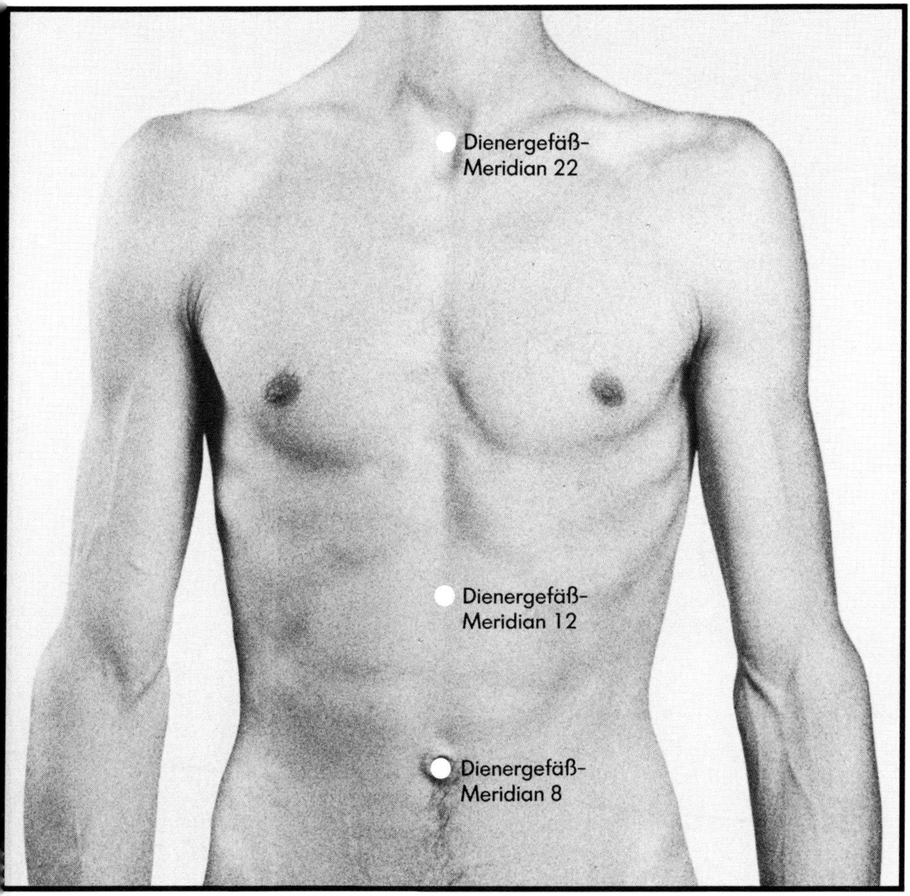

Den Punkt DG 22 des Dienergefäß-Meridians lokalisieren Sie in der Grube über dem Brustbein, eine halbe Daumenbreite über dessen oberem Ende (beim Halsansatz). Der zwölfte Punkt des gleichen Meridians (DG 12) liegt auf halber Strecke zwischen dem unteren Fortsatz des Brustbeins und dem Nabel. Im Nabel selbst liegt DG 8, der «Palast des Geistes» (*Shenque*). Akupunktur ist hier strikt verboten. Vermeiden Sie direkten Druck und massieren Sie die Gegend mit der flachen Hand.

ERBRECHEN

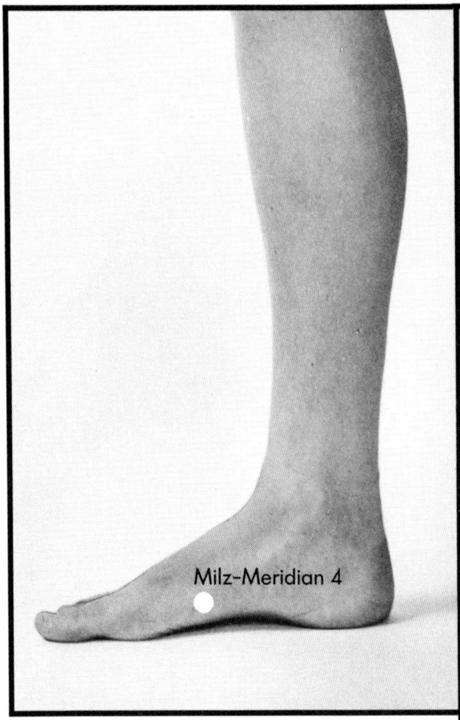

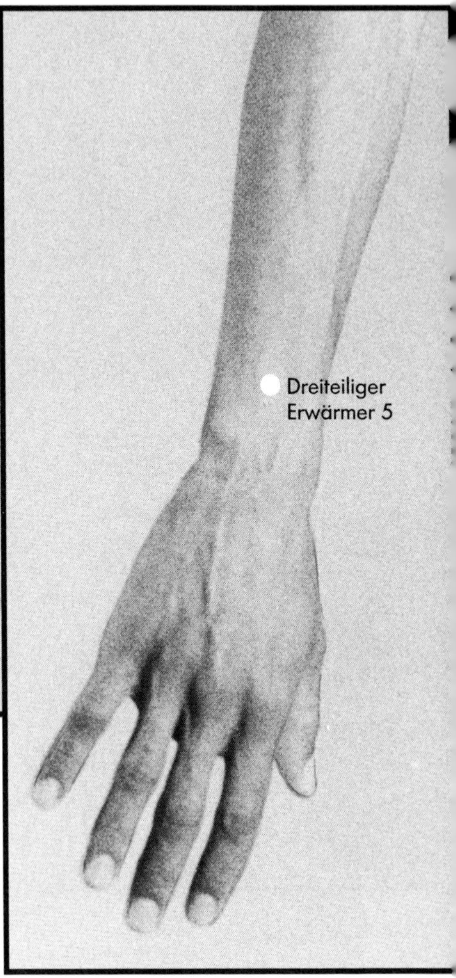

Wenn Sie Ihren Fuß von der Innenseite betrachten, so stellen Sie eine Farbgrenze zwischen der stark durchbluteten rötlichen Fußsohle und der normalen Körperfarbe des Fußrückens fest. Genau auf dieser Grenze liegt der Punkt MI 4 des Milz-Meridians, und zwar in einer Vertiefung gleich an der Wurzel des Mittelfußknochens der großen Zehe.

2 Cun über dem Handgelenk finden Sie zwischen Elle und Speiche den Punkt 3E 5 des «Dreiteiligen Erwärmers», die «Äußere Verbindung» (*Waiguan*).

ATEMWEGE

Während wir über die Nahrung und die Arbeit unserer Verdauungsorgane Energie aus der Erde aufnehmen, stehen wir über die Atemwege mit dem Kosmos in Verbindung und beziehen mit der Luft auch kosmische Energie. Damit Klimafaktoren wie Wind oder Kälte kein allzu leichtes Spiel mit uns haben, sind wir mit einem vorzüglichen Filtersystem ausgestattet: mit einer Nase. Sie reguliert die Temperatur der eintretenden Luft und hält Staub und Krankheitskeime vom Rachen und vom Hals fern. Sie ist es folglich auch, die von einer Erkältung meist zuerst angegriffen wird. Trotzdem sollten wir selbst bei einer Erkältung alles tun, um durch die Nase zu atmen. Mit anderen Worten: Wir müssen unbedingt verhindern, daß die Nase vollständig verstopft wird. Denn kaum beginnen wir durch den Mund zu atmen, geht's erst richtig los mit den bekannten schmerzhaften Erkältungssymptomen.
Wenn wir also rechtzeitig die Punkte zur Befreiung dieses Atemweges akupressieren, so wirken wir heilend und vorbeugend in einem. Wir beheben das unangenehme Symptom der angeschwollenen Schleimhäute und schützen gleichzeitig Rachen und Hals vor einer Ansteckung durch neue Krankheitskeime, aber auch vor Krankheiten durch Kälte, Wind und Trockenheit. Das chinesische Wort «Meide den Wind wie einen Pfeil» gilt für die Atemwege fast buchstäblich, wenn man bedenkt, wie wenig Zugluft bereits zu einem Kratzen im Hals führen kann.
Manche Menschen haben dauernd eine leicht verstopfte Nase, ohne erkältet zu sein und oft ohne es überhaupt zu wissen. Die Ursache kann eine chronische, mehr oder weniger schwere Sinusitis sein. Oft klagen die Betroffenen über einen eingeschränkten Geruchssinn und über einen schweren Kopf mit quälendem Druckgefühl. Hier ist die Akupressur besonders rasch und spürbar wirksam, denn meist beginnt die Nase schon während der Massage der ersten Akupunkte zu «laufen», wird frei und lindert dadurch das Druckempfinden im Kopf.

VERSTOPFTE NASE/ERKÄLTUNG

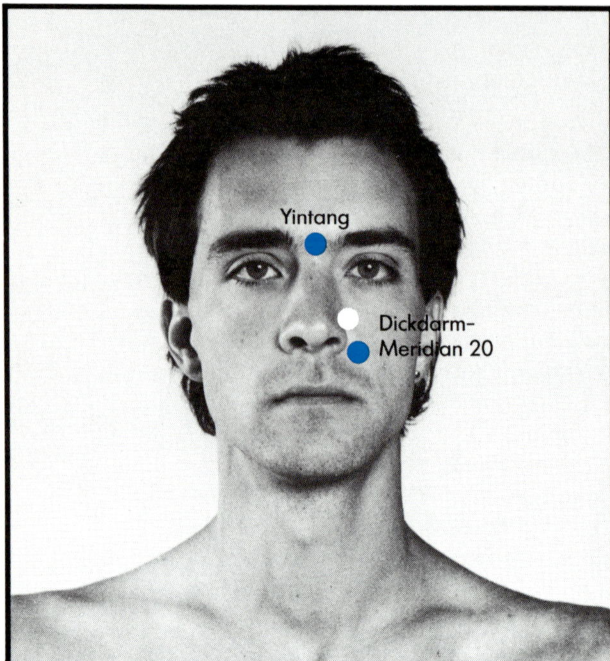

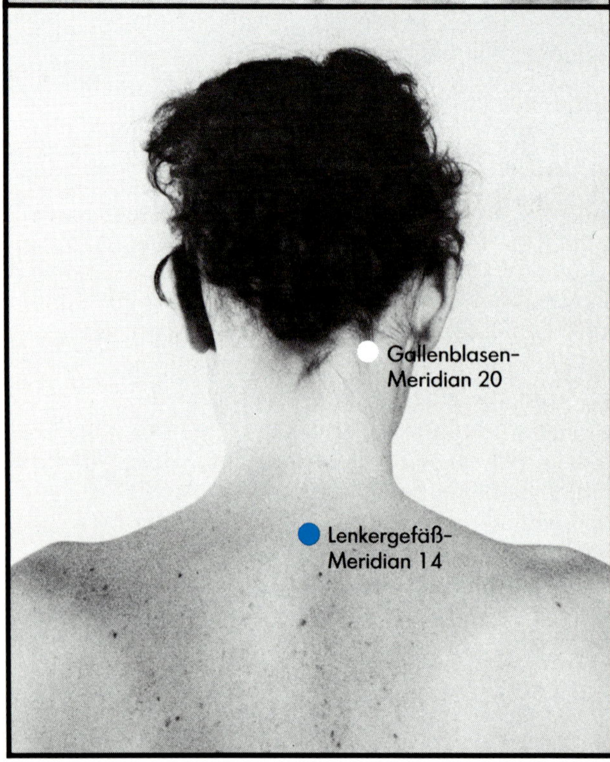

VERSTOPFTE NASE

Der Spezialpunkt *Yintang*, der zu keinem Meridian gehört, liegt genau in der Mitte zwischen den Augenbrauen. Zwischen dem Nasenflügel und der Hautfalte, die sich schräg nach unten zum Mundwinkel zieht, finden Sie den Punkt DI 20 des Dickdarm-Meridians. Auf den oberen DI 20 stoßen Sie, wenn Sie dem Nasenflügel bis zum oberen Ende der genannten Hautfalte entlangfahren.

DI 4, der sowohl bei Erkältung als auch bei verstopfter Nase akupressiert wird, finden Sie am Mittelhandknochen des Zeigefingers.

ERKÄLTUNG

Den Punkt Gallenblasen-Meridian 20 finden Sie in der Vertiefung zwischen dem Muskel, der vom vorderen Ende des Schlüsselbeins hinters Ohr läuft, und jenem, der sich von der ganzen Schulterbreite zum Hinterkopf zieht. Diese Muskeln können Sie am besten fühlen, wenn Sie den Kopf senken und hin- und herbewegen. Der Punkt Lenkergefäß-Meridian 14 liegt in der Vertiefung unterhalb des siebten Halswirbels. Dieser Wirbel ist leicht zu finden: Wenn Sie den Kopf senken, so tritt sein Dornfortsatz deutlicher hervor als alle andern.

ERKÄLTUNG

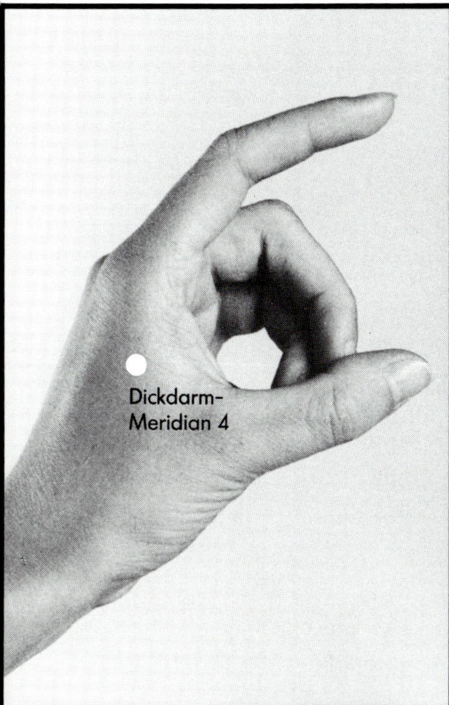

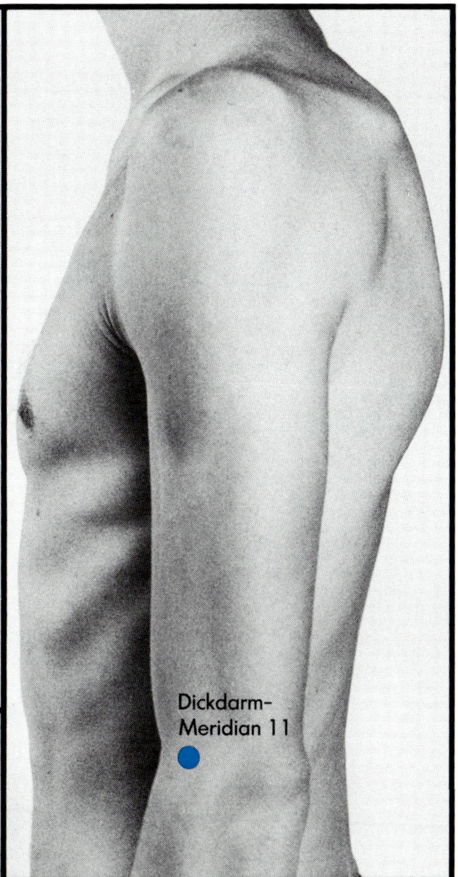

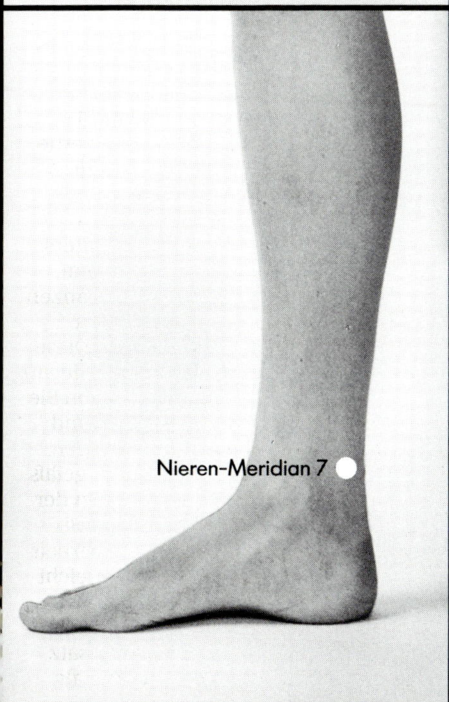

Den «Teich an der Biegung», *Quchi* (Dickdarm-Meridian 11), lokalisieren Sie bei gebeugtem Arm. Der Punkt liegt zwischen dem äußeren Ende der Beugefalte und dem Gelenkkopf des Oberarmknochens.

Fahren Sie von der Spitze des Knöchels waagrecht nach hinten in die Vertiefung vor der Achillessehne und messen Sie von dort 2 Cun senkrecht nach oben. So können Sie den Punkt N 7 des Nieren-Meridians, den «Wiederkehrenden Strom» (*Fuliu*), nicht verfehlen.

HEISERKEIT

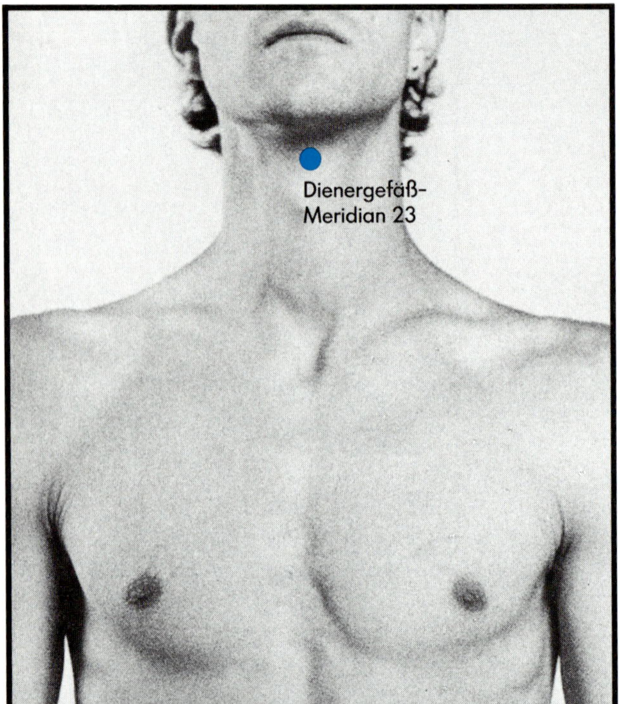

Der Punkt DG 23 des Dienergefäß-Meridians liegt auf halber Höhe zwischen der Spitze des Adamsapfels und dem unteren Rand des Unterkiefers.

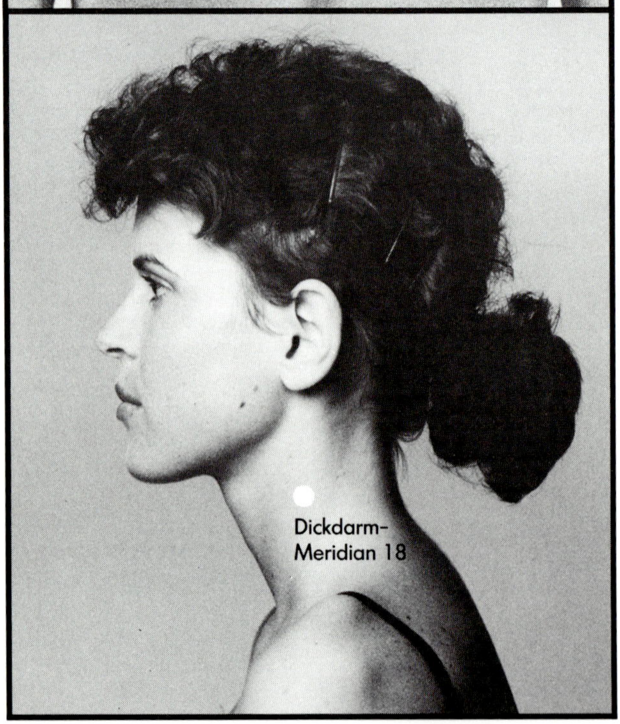

Wenn Sie vom Adamsapfel 3 Cun waagrecht nach hinten messen, so stoßen Sie auf den Punkt DI 18 des Dickdarm-Meridians.

HEISERKEIT

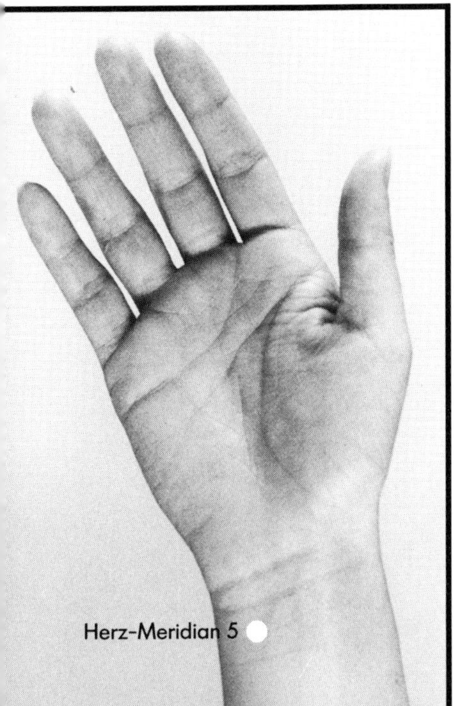

Der Punkt Herz-Meridian 5, die «Innere Verständigung» (*Tongli*), liegt auf der Außenseite des Bandes, das die Elle mit dem Handgelenk verbindet, und zwar 1 Cun über der Beugefalte.

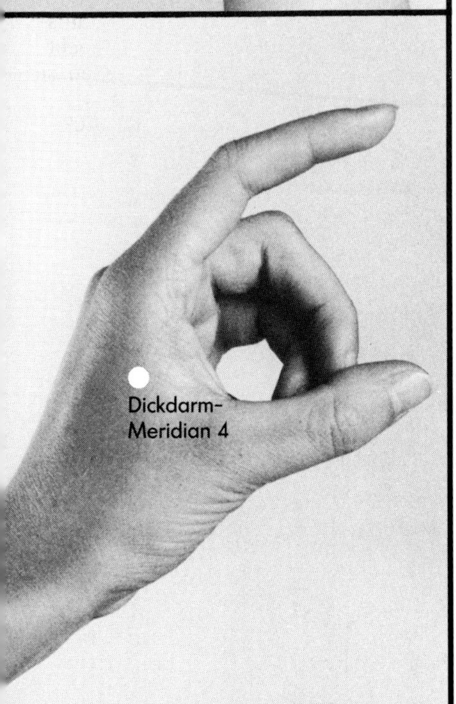

Den Punkt DI 4 finden Sie so: Strecken Sie die Hand aus und pressen Sie den Daumen an die Mittelhand, so daß sich neben ihm auf dem Handrücken ein Hügel bildet. Legen Sie den Finger auf die Kuppe dieses Hügels und entspannen Sie die Hand wieder. Jetzt liegt Ihr Finger am Mittelhandknochen des Zeigefingers auf dem gesuchten Punkt des Dickdarm-Meridians.

HUSTEN

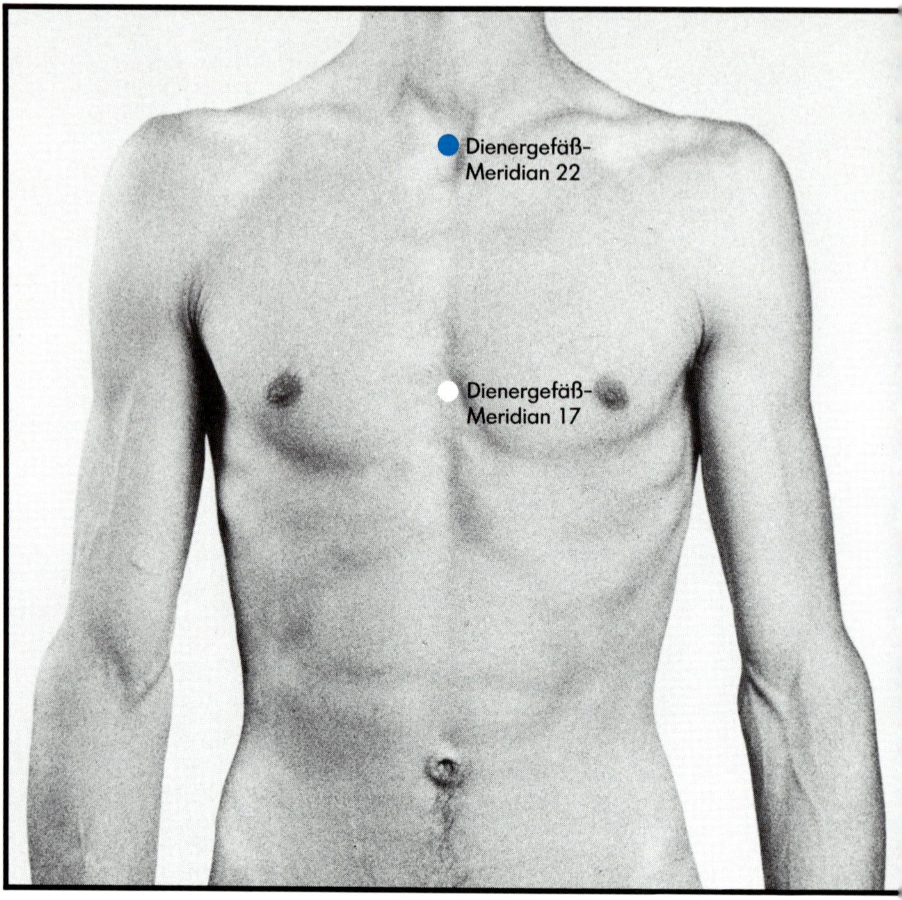

Eine halbe Daumenbreite über dem Brustbein finden Sie in der Drosselgrube den Punkt DG 22 des Dienergefäß-Meridians. Den Punkt DG 17 lokalisieren Sie in Rückenlage, da dann die Brustwarzen auf der anatomisch korrekten Höhe des vierten Rippenzwischenraums sind; DG 17 liegt genau in der Mitte der Verbindungslinie zwischen den Brustwarzen.

HUSTEN

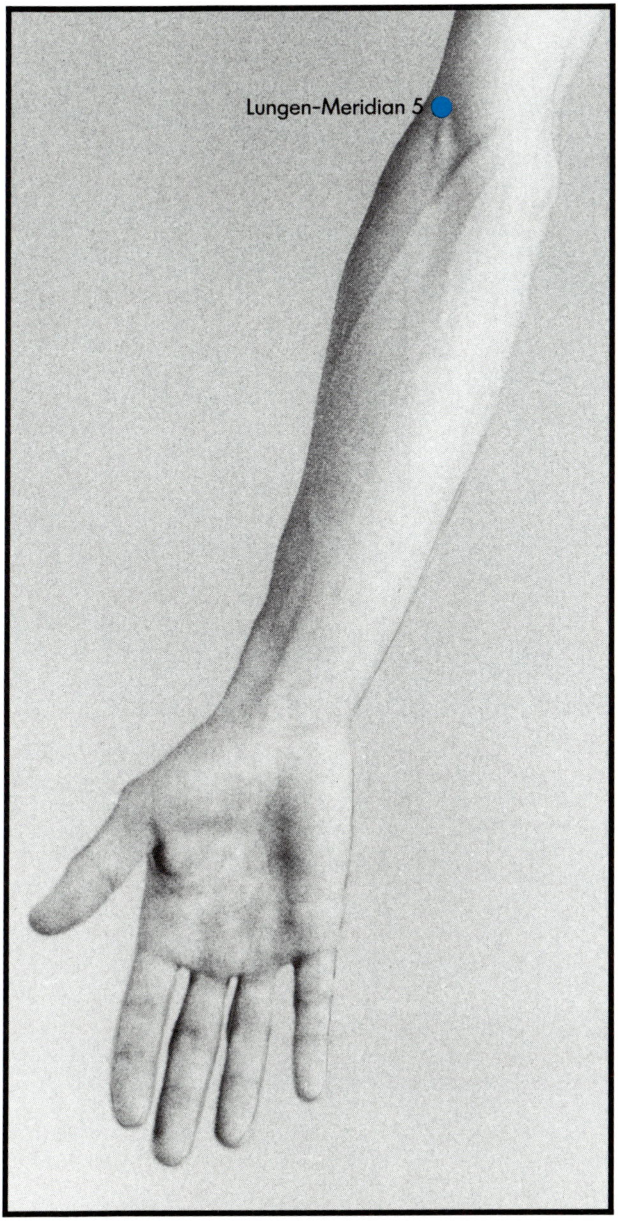

Den Punkt L 5 des Lungen-Meridians finden Sie neben der Bizepssehne in der Beugefalte des Ellbogens. Am genausten können Sie diesen Punkt lokalisieren, wenn Sie den Arm leicht gebeugt halten.

HUSTEN

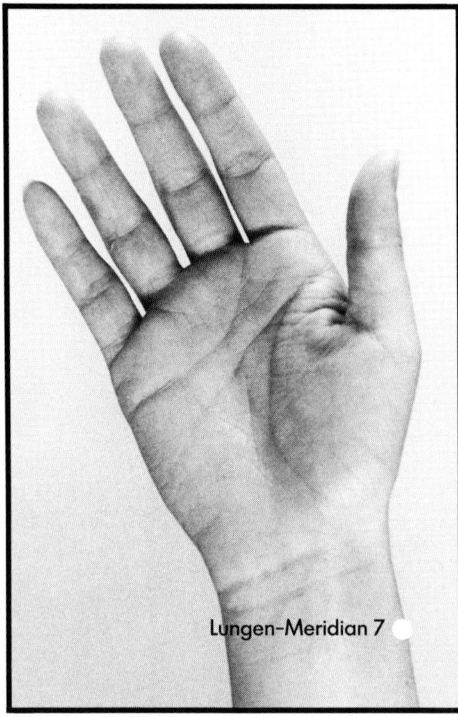

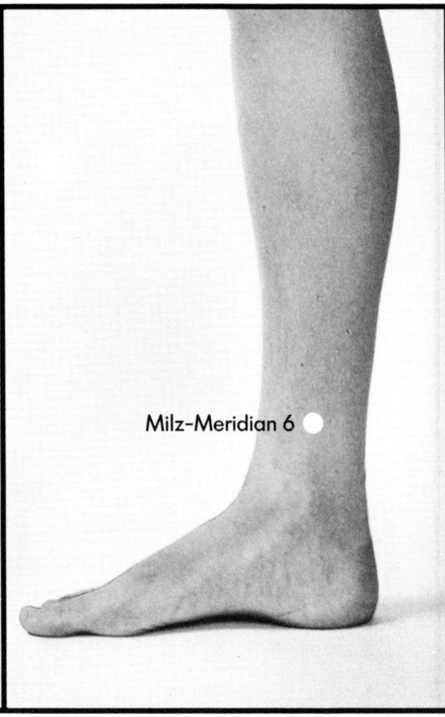

Den siebten Punkt des Lungen-Meridians (L 7) bestimmen Sie so: Fassen Sie mit der einen Hand die andere über Kreuz zwischen Daumen und Zeigefinger, und zwar so, daß der Zeigefinger der einen Hand auf die Oberkante des anderen Handgelenks zu liegen kommt. Der gesuchte Punkt liegt an der Stelle, die Sie mit der Spitze Ihres Zeigefingers erreichen — 1,5 Cun über der Beugefalte in einer Vertiefung am oberen Rand des Gelenkknotens der Speiche.

Messen Sie von der Spitze des inneren Knöchels 3 Cun nach oben. Dort stoßen Sie an der Rückseite des Schienbeins auf den Punkt MI 6 des Milz-Meridians.

HUSTEN

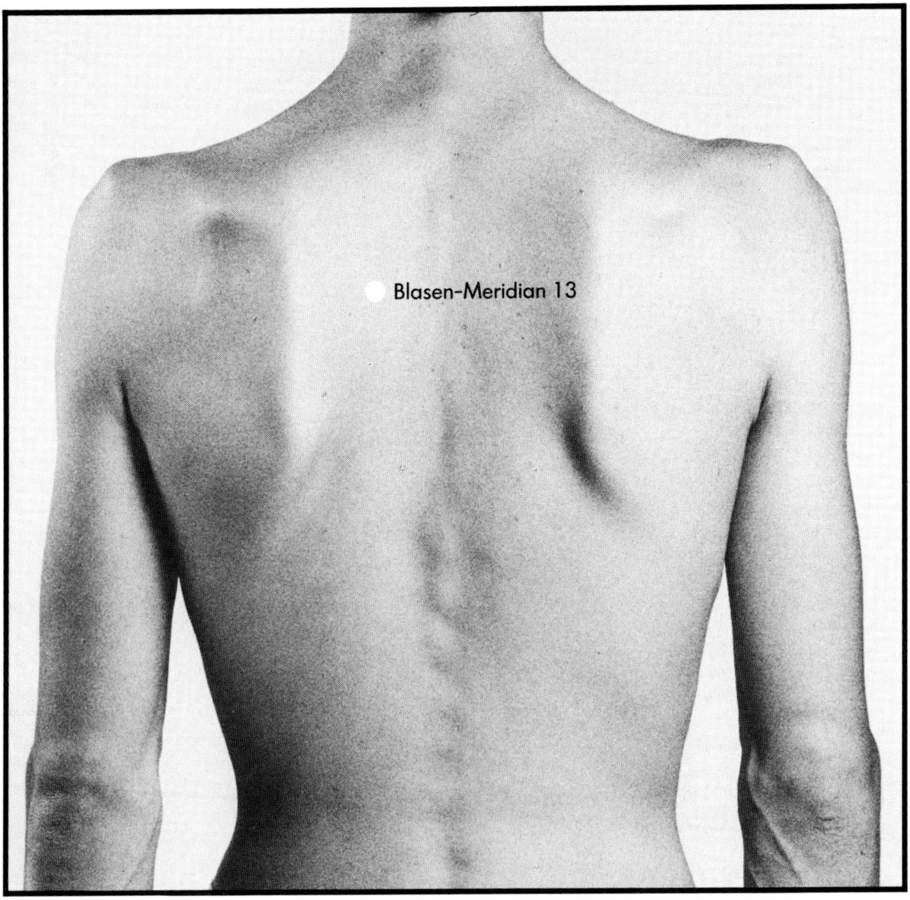

1,5 Cun neben dem Dornfortsatz des dritten Brustwirbels liegt der Punkt Blasen-Meridian 13. Wenn Sie diesen Punkt nicht selber lokalisieren und akupressieren können: Erleichtern Sie Ihrem Partner das Abzählen der Wirbel, indem Sie den Rücken krümmen und den Kopf senken. So kann Ihr Partner problemlos zunächst den siebten Halswirbel, der bei gesenktem Kopf deutlich hervorsteht, und gleich darunter die ersten drei Brustwirbel bestimmen.

UROGENITALBESCHWERDEN

In der chinesischen Vorstellung gehört das gesamte Urogenitalsystem in den Funktionsbereich der Nieren. Wenn die Nieren geschwächt sind, kann es leicht zu Krankheiten der Blase und der Harnwege, aber ebenso zu sexueller Schwäche und zu Beschwerden der Geschlechtsorgane kommen. Die Organe des Urogenitalbereichs sind in jeder Beziehung äußerst empfindlich, oft reagieren sie als erste auf seelische Probleme. Beispielsweise bringt Streß bei einigen Frauen den Monatszyklus vollkommen durcheinander. Männer mit Potenzproblemen gehören meist eher zum Psychologen denn zum Mediziner. Angst kann nicht nur bei Kindern, sondern auch bei Erwachsenen unkontrolliertes Wasserlassen bewirken.

Umgekehrt reagiert auch die Psyche hochsensibel auf Beschwerden des Urogenitalsystems. Ein häufiger Harndrang aufgrund einer Blasenentzündung oder einer Prostataerkrankung ist manchen Menschen so peinlich, daß sie nicht darüber sprechen mögen. Frauen können durch die hormonellen Veränderungen während der Wechseljahre schwere seelische Probleme bekommen, manche erleben auch bei starken oder schmerzhaften Monatsblutungen depressive Tiefs. Und über sexuelle Schwierigkeiten äußern sich die meisten Betroffenen ohnehin bestenfalls schriftlich; die Briefe, die die Sexberaterinnen und -berater in den Medien beantworten, sind jedenfalls mit Ausnahme des Absenders nicht erfunden.

In der Akupressurbehandlung von Urogenitalbeschwerden kombiniere ich vor allem Akupunkte der betroffenen Meridiane, also des Nieren-Meridians und des Blasen-Meridians, mit Nahpunkten des Dienergefäß-Meridians, der bei Störungen seines Energieflusses ebenfalls Symptome im Urogenitalbereich hervorrufen kann. Hinzu kommen allgemeine Tonisierungspunkte wie der sechsunddreißigste Punkt des Magen-Meridians und einige Fernpunkte anderer Meridiane.

HARNVERHALTUNG

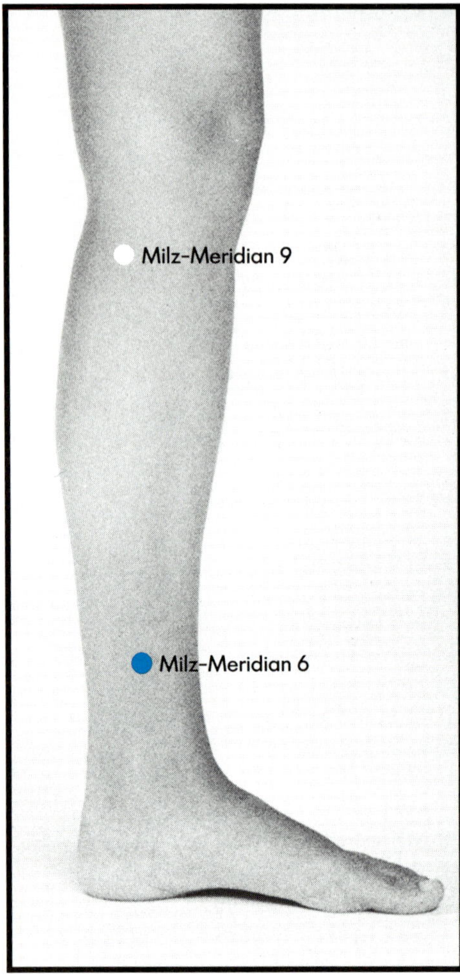

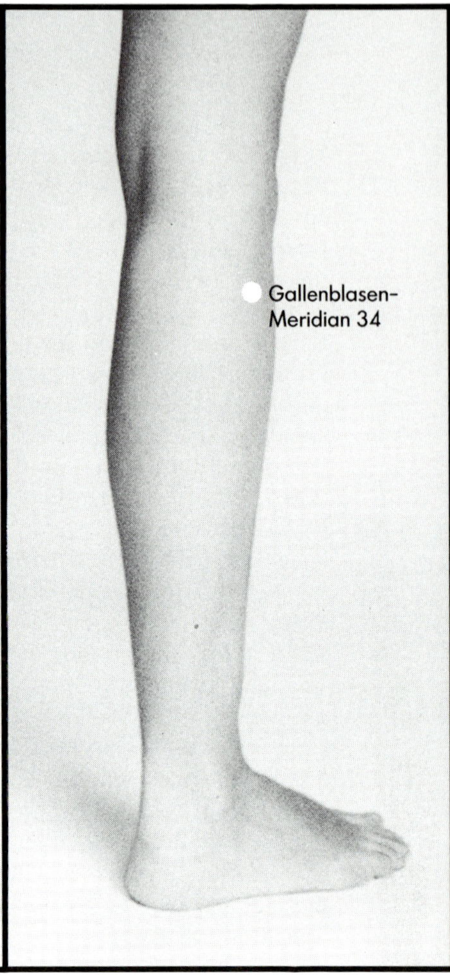

Die «Quelle am Yin-Hügel» (*Yinlingquan*, Milz-Meridian 9) liegt in einer Vertiefung am hinteren unteren Rand des Schienbeinkopfes, den Sie als deutliche Erhebung an der Innenseite des Knies spüren. MI 6, der sechste Punkt des Milz-Meridians, ist nicht zu verfehlen: Er liegt genau 3 Cun über der Spitze des Knöchels an der Rückseite des Schienbeins.

In einer Vertiefung am unteren vorderen Rand des Wadenbeinkopfes finden Sie den Punkt Gallenblasen-Meridian 34, die «Quelle am Yang-Hügel» (*Yanglingquan*).

HARNVERHALTUNG

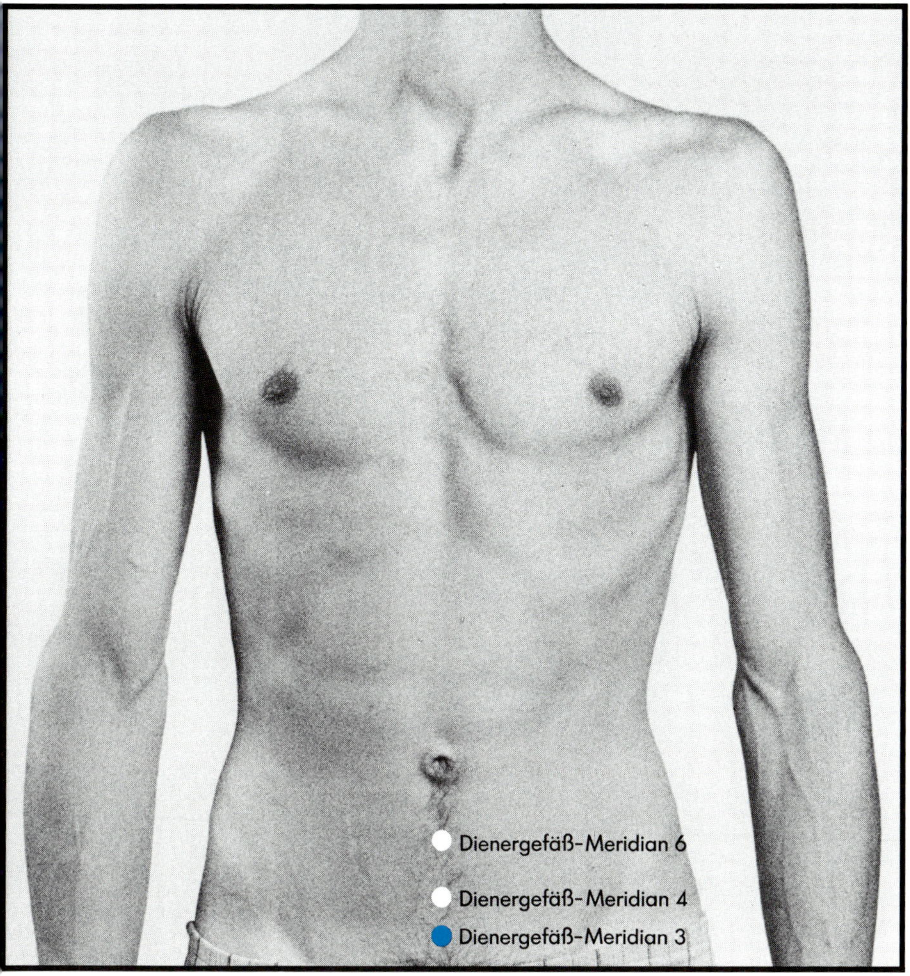

Die Punkte DG 6, DG 4 und DG 3 des Dienergefäß-Meridians lokalisieren Sie am besten in Rückenlage, da sich die Cun-Maße auf den gestreckten Körper beziehen.
DG 6, das «Energiemeer» (*Qihai*), liegt 1,5 Cun unter dem Nabel.
3 Cun unter dem Nabel stoßen Sie auf DG 4, den «Drehpunkt des Lebens» (*Guanyuan*).
Wenn Sie jetzt noch 1 Cun hinzugeben, so kommen Sie zur «Mitte der Extreme», zum Punkt DG 3 (*Zhongji*).

HARNDRANG

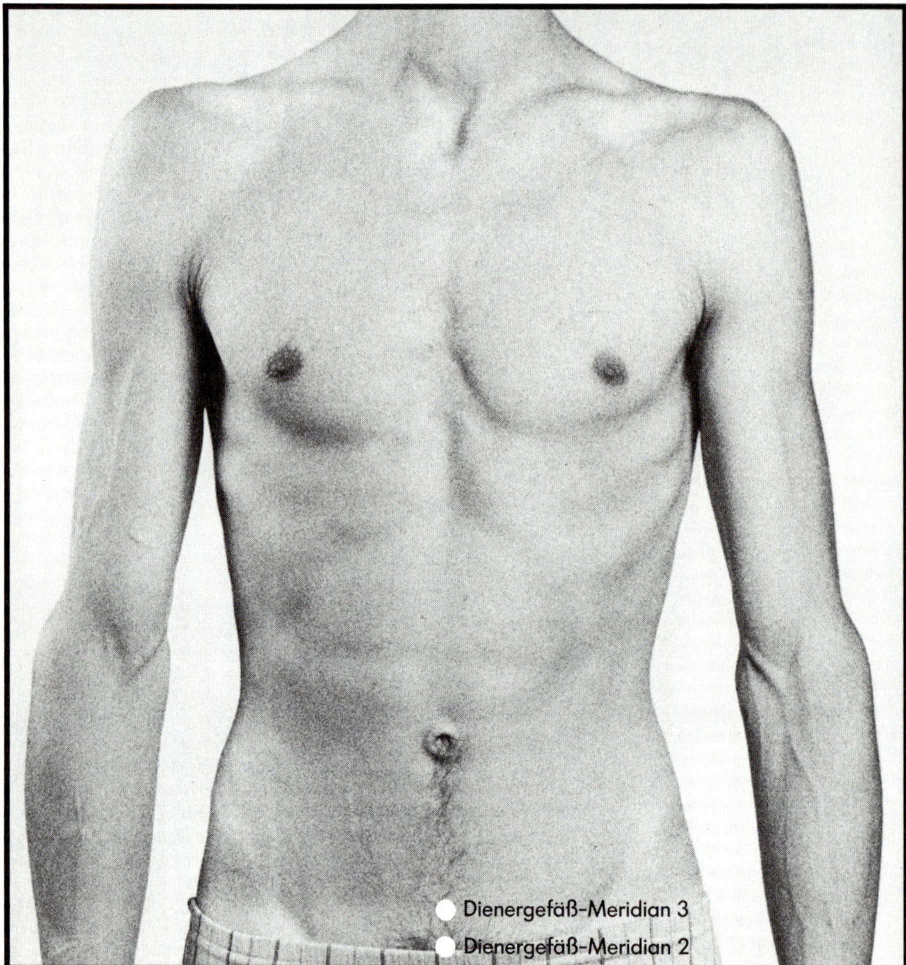

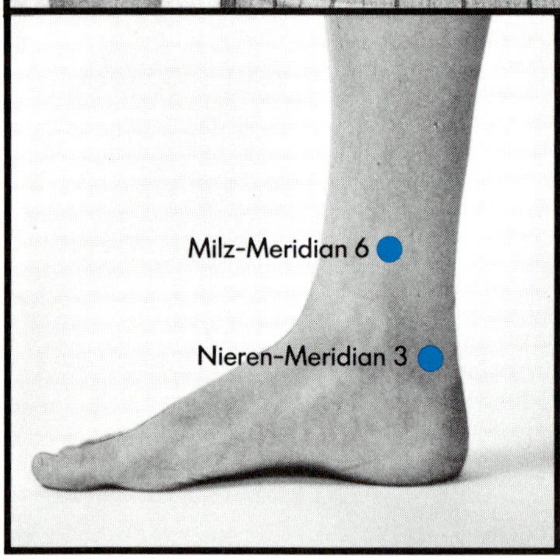

Die Punkte DG 3 und DG 2 des Dienergefäß-Meridians liegen auf der Mittellinie des Bauches. DG 3 finden Sie 4 Cun unterhalb des Bauchnabels. Für den Punkt DG 2 geben Sie noch 1 Cun hinzu, er liegt direkt über dem Ansatz des Schambeins.

Den Punkt MI 6 des Milz-Meridians finden Sie 3 Cun über der Knöchelspitze am rückwärtigen Rand des Schienbeins. Er heißt «Treffen der drei Yin» (*Sanyinjiao*).
Der Punkt Nieren-Meridian 3 liegt in der Vertiefung zwischen Knöchelspitze und Achillessehne.

ERKTIONSSTÖRUNGEN

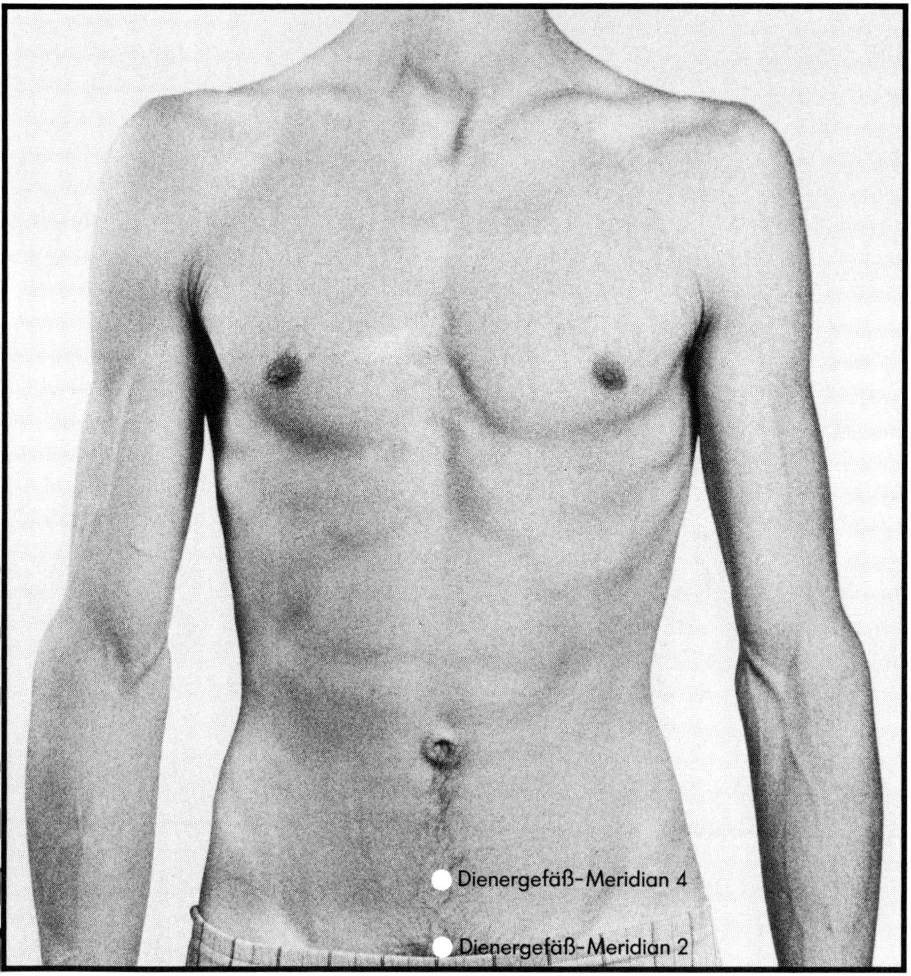

Am genausten können Sie die Punkte Dienergefäß-Meridian 4 und 2 in Rückenlage lokalisieren, da sich unsere Maßangaben auf den gestreckten Körper beziehen. Den «Drehpunkt des Lebens» (*Guanyuan*, DG 4) finden Sie 3 Cun unter dem Nabel. Und 5 Cun unter dem Nabel, direkt über dem Ansatz des Schambeins, stoßen Sie auf DG 2, den «Gekrümmten Knochen» (*Qugu*).

Den Punkt MI 6 finden Sie auf der übernächsten Seite.

ERREKTIONSSTÖRUNGEN

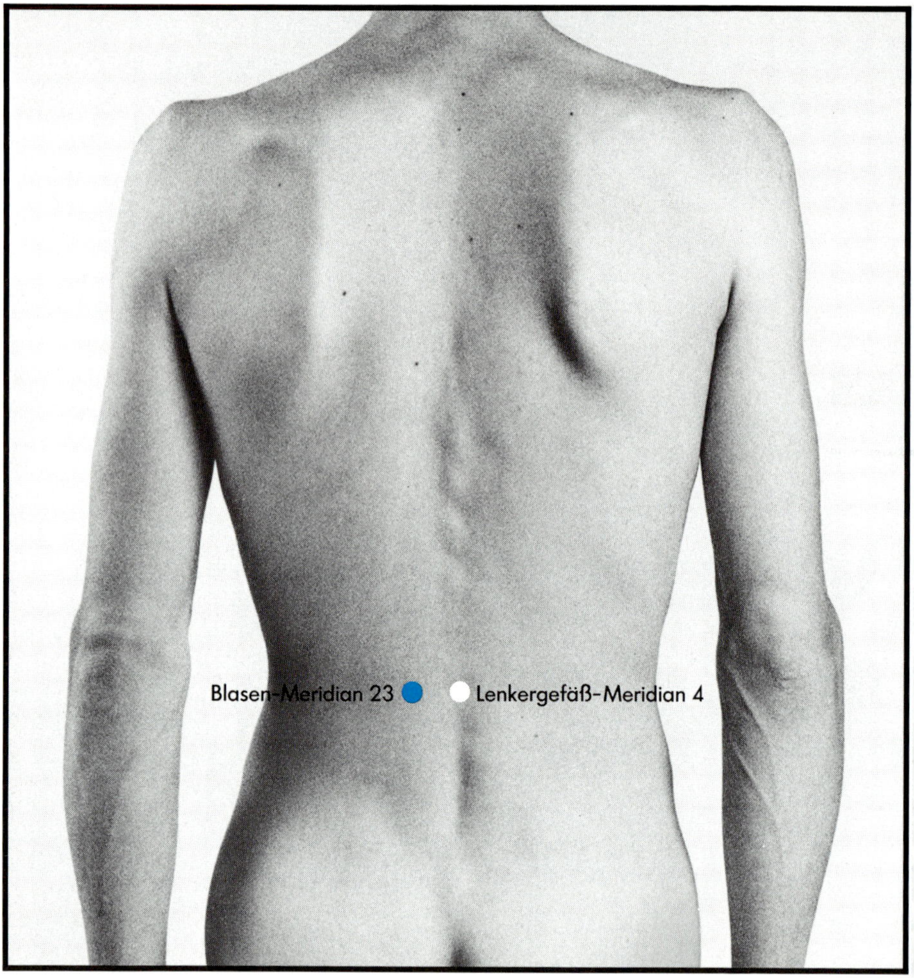

Wenn Sie in Gedanken vom Nabel aus einen Kreis um die Taille ziehen, so stoßen Sie am Rücken auf den Punkt LG 4, das «Tor des Lebens» (*Mingmen*). Dieser Punkt des Lenkergefäß-Meridians liegt zwischen dem Dornfortsatz des zweiten und dem des dritten Lendenwirbels. 1,5 Cun neben dem Dornfortsatz des zweiten Lendenwirbels finden Sie den Punkt B 23 des Blasen-Meridians.

WECHSELJAHRBESCHWERDEN

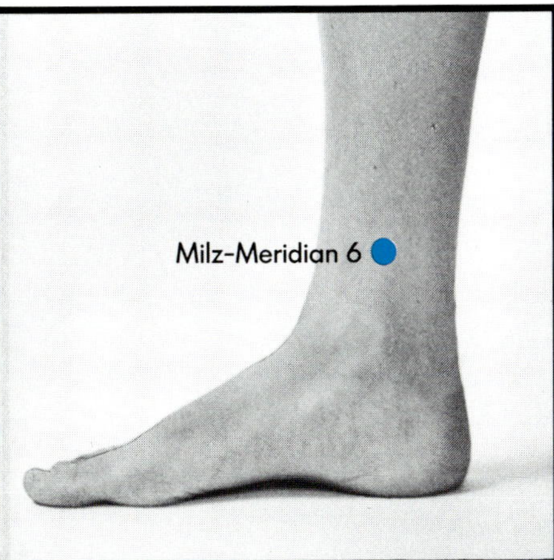

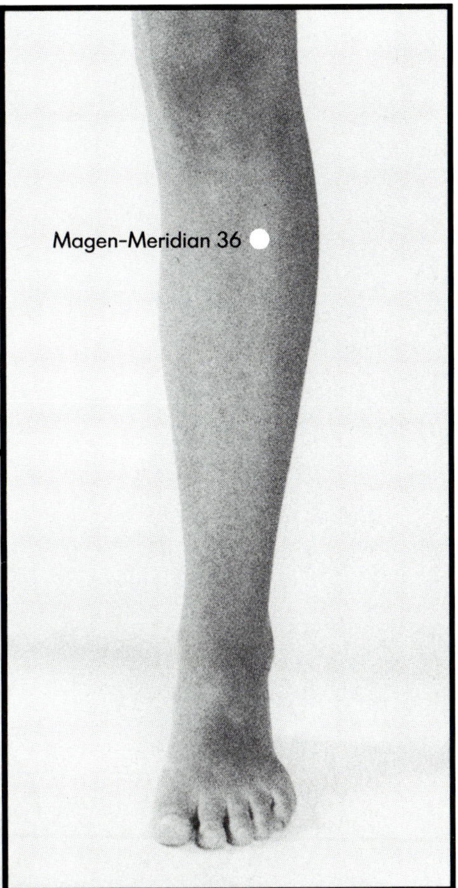

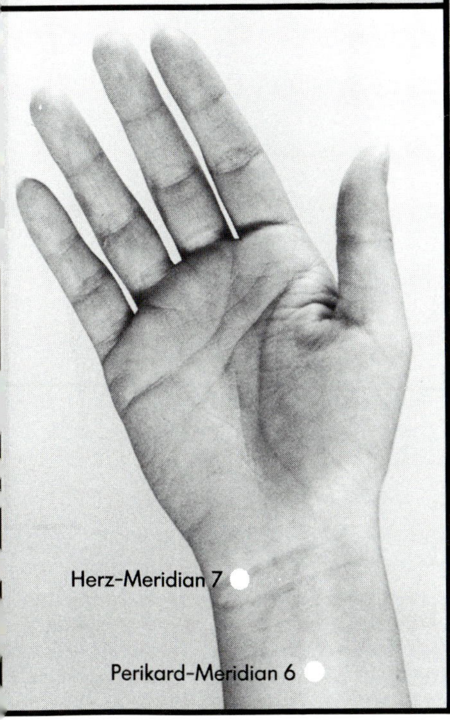

3 Cun über der Spitze des Knöchels finden Sie am hinteren Rand des Schienbeins den Punkt MI 6. An dieser Stelle trifft sich der Milz-Meridian mit den beiden anderen Yin-Meridianen des Fußes, dem Nieren-Meridian und dem Leber-Meridian. Der Punkt heißt deshalb *Sanyinjiao*, «Treffen der drei Yin».

Wenn Sie vom unteren Rand der Kniescheibe 3 Cun fußwärts und von dort 1 Cun nach außen messen, so stoßen Sie auf M 36, den sechsunddreißigsten Punkt des Magen-Meridians.

Der Punkt H 7 des Herz-Meridians liegt auf der Außenseite des Bandes, das die Elle mit dem Handgelenk verbindet. Ziehen Sie in Gedanken die Linie des Zwischenraums von Ringfinger und kleinem Finger bis zur ersten Beugefalte des Handgelenks fort, so können Sie den Punkt nicht verfehlen. Den Punkt PE 6 des Perikard-Meridians finden Sie in der Mitte der Arminnenfläche, 2 Cun von der ersten Beugefalte entfernt.

WECHSELJAHRBESCHWERDEN

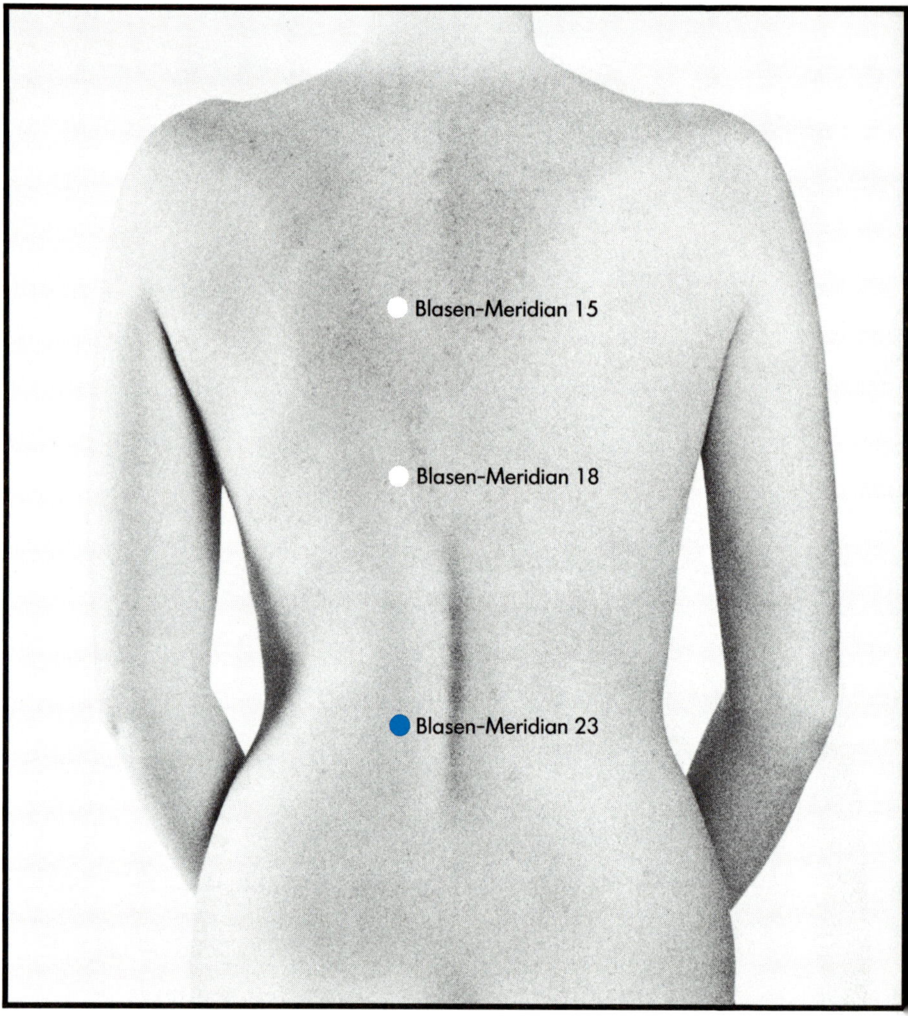

Die Punkte B 15, B 18 und B 23 des Blasen-Meridians liegen 1,5 Cun neben der Mittellinie der Wirbelsäule: B 15 neben dem Dornfortsatz des fünften Brustwirbels, B 18 neben dem Dornfortsatz des neunten Brustwirbels und B 23 neben dem Dornfortsatz des zweiten Lendenwirbels.

WECHSELJAHRBESCHWERDEN

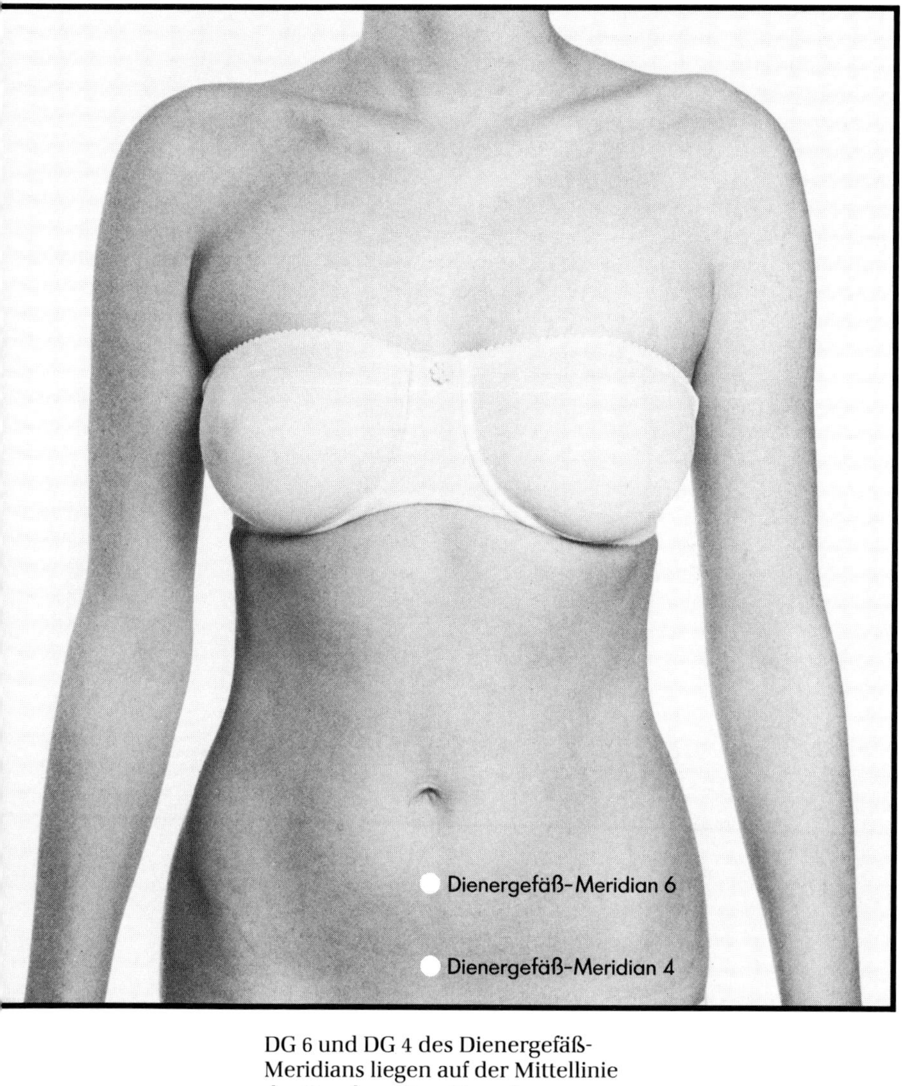

DG 6 und DG 4 des Dienergefäß-Meridians liegen auf der Mittellinie des Bauches. Das «Energiemeer» (*Qihai*, DG 6) finden Sie 1,5 Cun unterhalb des Nabels, den «Drehpunkt des Lebens» (*Guanyuan*, DG 4) 3 Cun vom Nabel entfernt.

MONATSREGEL — SCHMERZEN

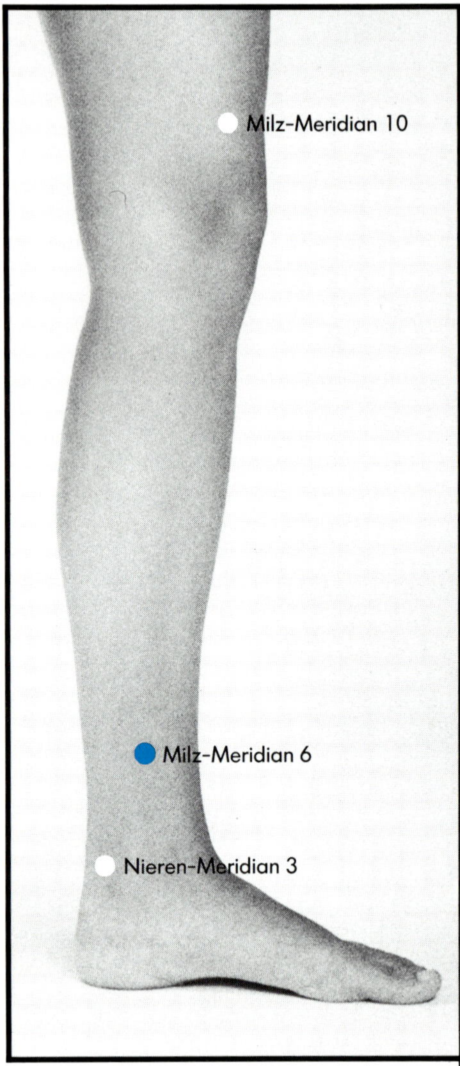

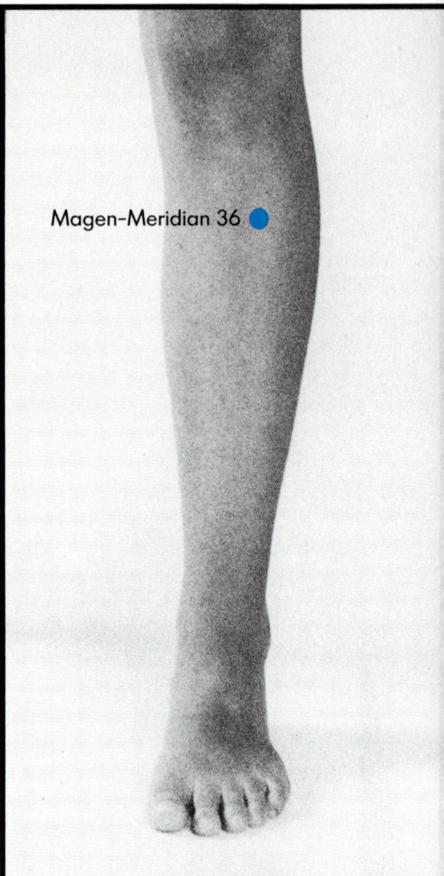

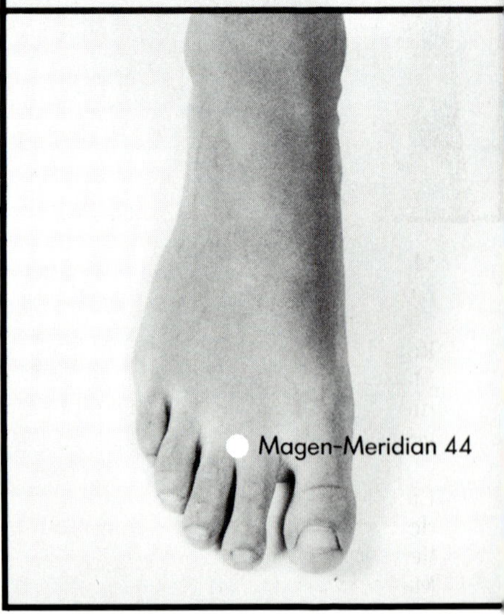

2 Cun über dem inneren oberen Rand der Kniescheibe finden Sie auf der Kuppe des Oberschenkelmuskels den Punkt Milz-Meridian 10, das «Blutmeer» (*Xuehai*). MI 6 («Treffen der drei Yin», *Sanyinjiao*) liegt 3 Cun über der Knöchelspitze an der Rückseite des Schienbeins. Und wenn Sie von der Knöchelspitze waagrecht nach hinten fahren, so stoßen Sie in der Vertiefung vor der Achillessehne auf den Punkt N 3 des Nieren-Meridians.

MONATSREGEL — SCHMERZEN

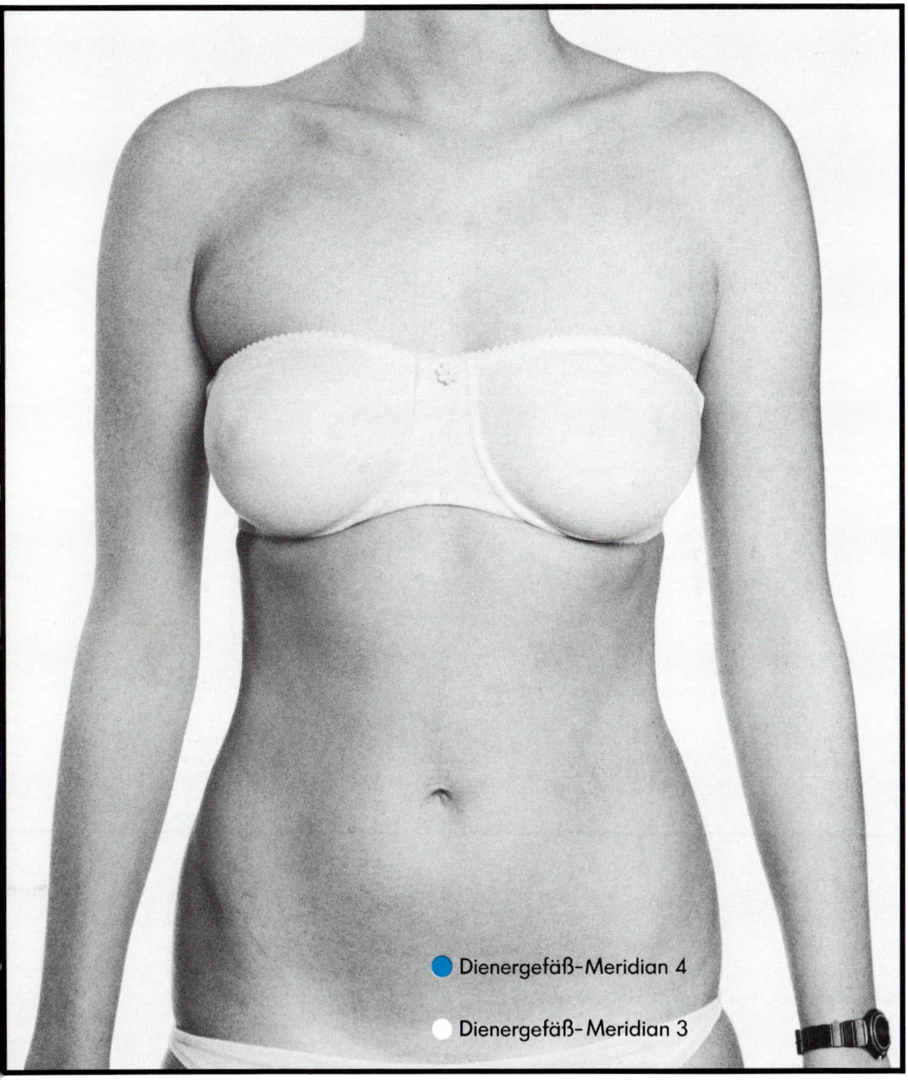

Messen Sie vom Unterrand der Kniescheibe 3 Cun fußwärts und von dort 1 Cun nach außen. So kommen Sie zum Punkt M 36 des Magen-Meridians, der als allgemeiner Tonisierungspunkt sehr geschätzt wird.

Eine halbe Daumenbreite über dem zweiten Zehenzwischenraum liegt der «Innenhof» (*Neiting*, Magen-Meridian 44).

Der «Drehpunkt des Lebens» (*Guanyuan*, Dienergefäß-Meridian 4) liegt 3 Cun unterhalb des Nabels. Eine Daumenbreite unter *Guanyuan* finden Sie *Zhongji*, die «Mitte der Extreme» (DG 3). Lokalisieren Sie beide Punkte in Rückenlage, da der Nabel dann in der anatomisch korrekten Position und der Bauch gestreckt ist.

MONATSREGEL — SCHMERZEN

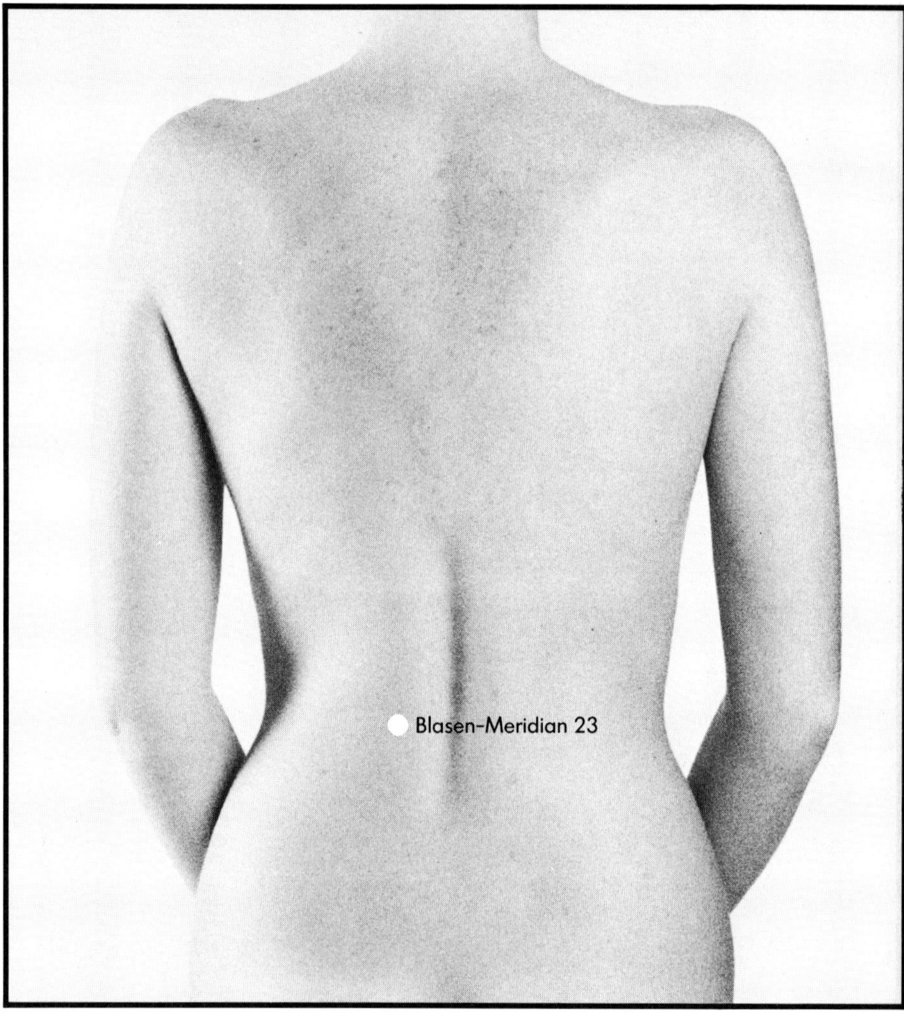

Wenn Sie vom Nabel aus in Gedanken einen Kreis um Ihre Taille ziehen, so stoßen Sie 1,5 Cun vor dem Dornfortsatz des zweiten Lendenwirbels auf den Punkt B 23 des Blasen-Meridians.

MONATSREGEL — STARKE BLUTUNGEN

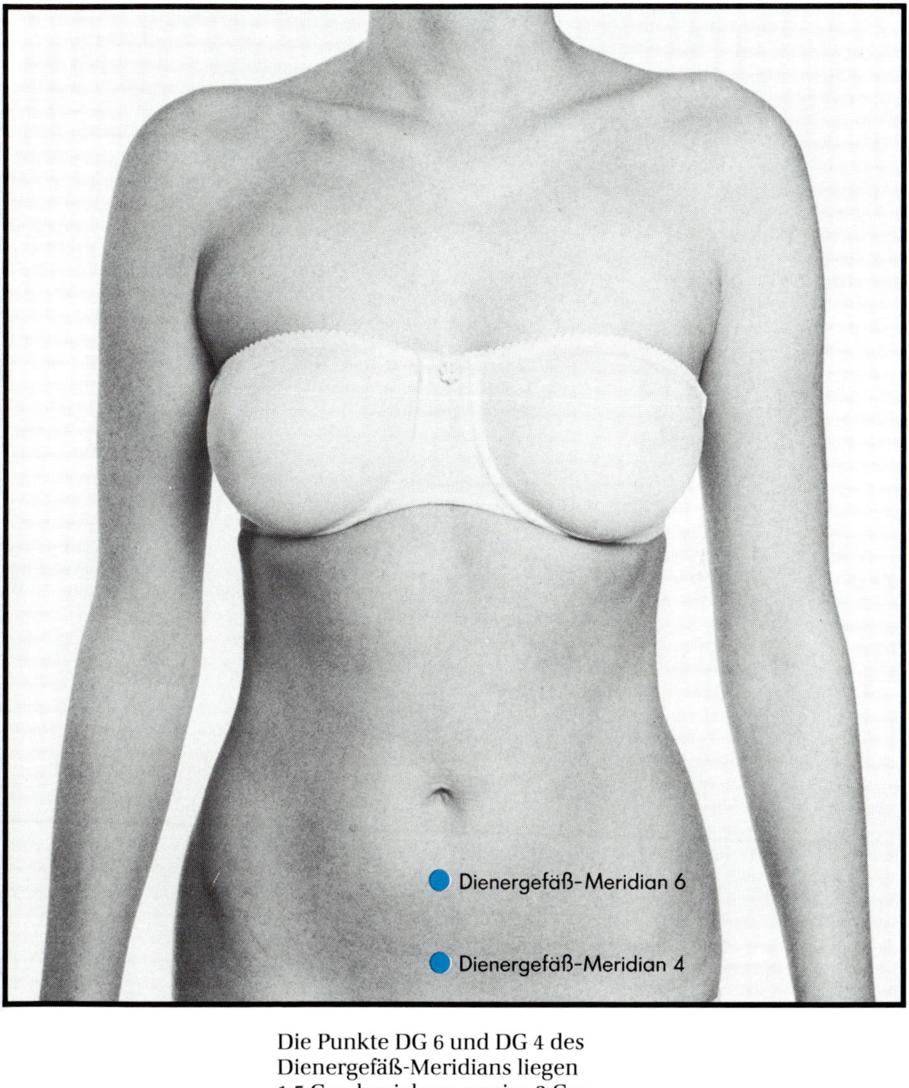

Die Punkte DG 6 und DG 4 des Dienergefäß-Meridians liegen 1,5 Cun beziehungsweise 3 Cun unterhalb des Nabels.

MONATSREGEL — STARKE BLUTUNGEN

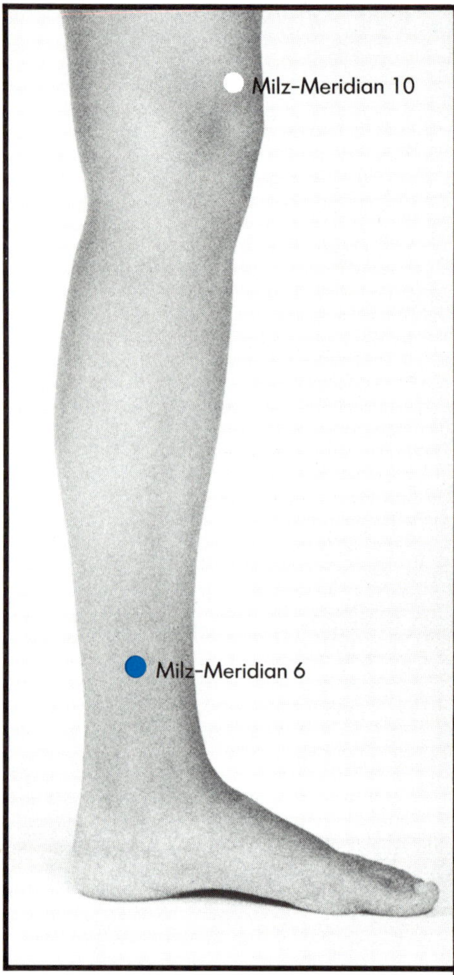

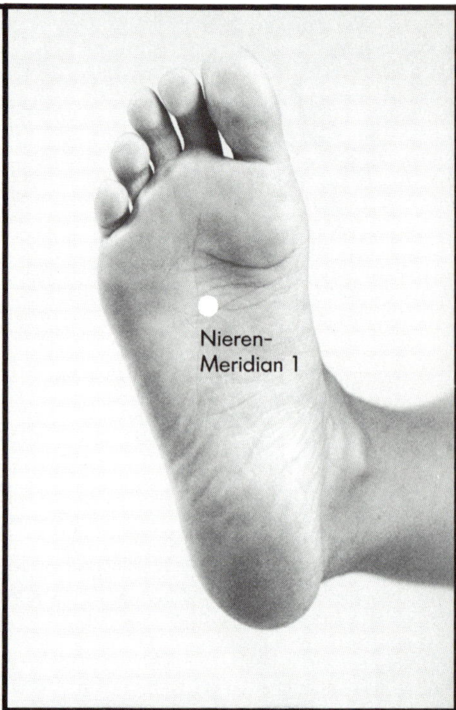

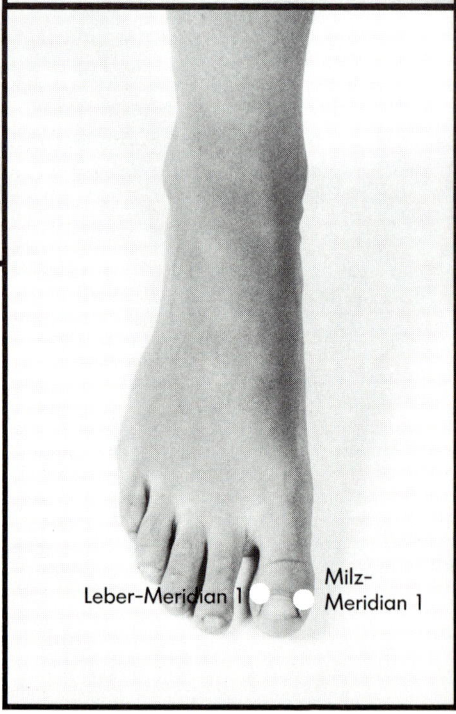

2 Cun über dem inneren oberen Rand der Kniescheibe finden Sie den Punkt Milz-Meridian 10, das «Blutmeer» (*Xuehai*). MI 6 (Milz-Meridian), finden Sie 3 Cun über der Knöchelspitze an der Rückseite des Schienbeins.

Der erste Punkt des Nieren-Meridians (N 1) heißt «Sprudelnde Quelle» (*Yongquan*).

Schräg hinter dem Nagelwinkel der großen Zehe finden Sie zwischen den beiden Zehengliedern den ersten Punkt des Leber-Meridians (LE 1). Direkt am gegenüberliegenden Nagelwinkel liegt MI 1.

HAUTKRANKHEITEN

Kaum ein Wirtschaftszweig hat in der westlichen Welt ein derart reiches Sortiment von gleichen und ähnlichen Produkten unter den verschiedensten mehr oder weniger phantasievollen Namen anzubieten wie die Kosmetikindustrie. Was da an dermatologisch, klinisch und allergiegetesteten Pflegemitteln angepriesen wird — ich konnte es in meinen ersten Jahren in Europa kaum glauben! Und was die Packungsprospekte versprechen, ist erst recht bemerkenswert: Die «intensiven», «schonenden», «stimulierenden» oder «entspannenden» Cremes und Lotionen für «sensible», «strapazierte» oder «anspruchsvolle» Haut sind meistens «zellaktivierend» und «verzögern den Alterungsprozess».

In der chinesischen Vorstellung ist eine schöne, gesunde Haut nicht von äußerlich aufgetragenen Präparaten abhängig, sondern von der Ernährung, von der Luft und vom Zustand der Lunge. Sie gilt nämlich als Kontrollorgan über die Haut, und oft deutet eine unreine Haut auf eine Funktionsschwäche der Lunge hin. Die Haut wird vorbeugend wie auch zur Heilung von Ekzemen, Schuppenflechte und anderen krankhaften Veränderungen stets von innen her behandelt.

Wenn einer der nachfolgend angegebenen Akupunkte in einem Krankheitsherd liegt, so massieren Sie nicht ihn, sondern seinen Zwillingspunkt auf der gegenüberliegenden Körperseite. Die Akupressur bei Ekzemen hat sich bei zwei Punktserien mit folgendem Ablauf als wirkungsvoll erwiesen:

Erste Serie: Lenkergefäß-Meridian 14, Dickdarm-Meridian 11, Dreiteiliger-Erwärmer-Meridian 8, Milz-Meridian 10, Magen-Meridian 36.

Zweite Serie: Lenkergefäß-Meridian 20, Dickdarm-Meridian 4, Milz-Meridian 6, Blasen-Meridian 12, 13 und 40.

Bei Schuppenflechte akupressieren Sie zunächst die Ekzem-Punkte und anschließend die Dreiergruppe Dickdarm-Meridian 4, Leber-Meridian 3 und Herz-Meridian 7.

EKZEME UND SCHUPPENFLECHTE

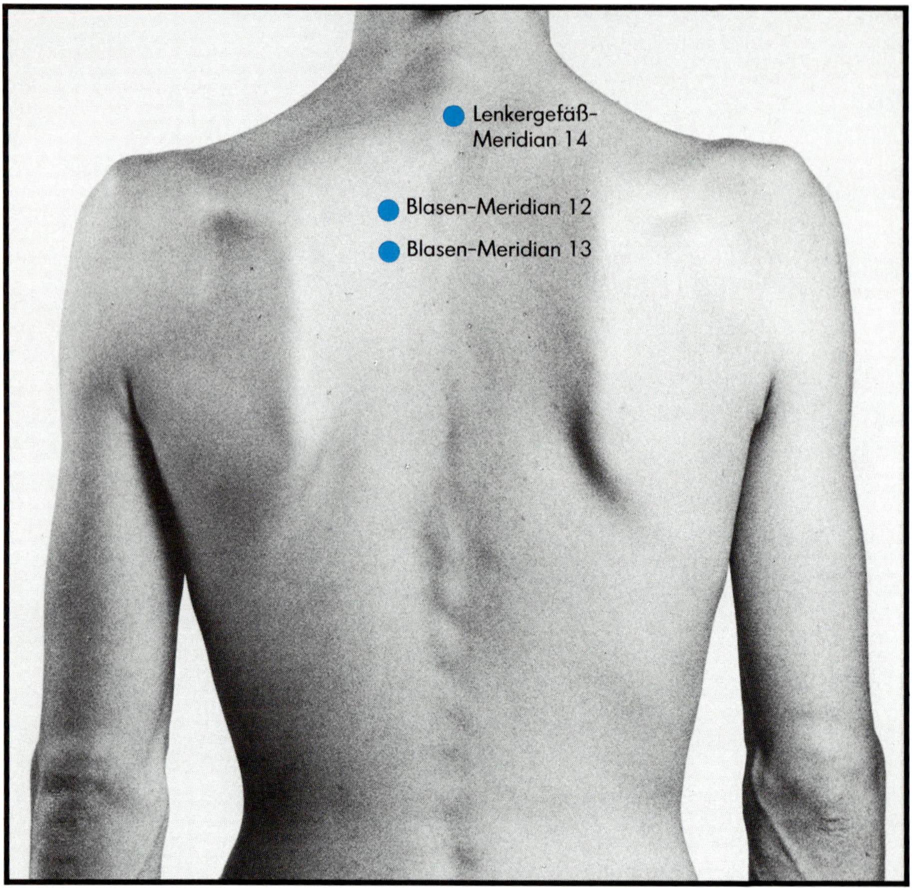

Der Punkt LG 14 des Lenkergefäß-Meridians liegt gleich unter dem Dornfortsatz des siebten Halswirbels. Dieser Wirbel ist bei gesenktem Kopf leicht zu lokalisieren, da sein Dornfortsatz weiter als alle andern hervorragt. Der Punkt LG 14 heißt denn auch «Großer Wirbel» (*Dazhui*). Der zwölfte und der dreizehnte Punkt des Blasen-Meridians finden sich 1,5 Cun neben der Mittellinie: B 12 neben dem zweiten, B 13 neben dem dritten Brustwirbel-Dornfortsatz. Wenn Sie sich von Ihrem Partner helfen lassen, so können Sie ihm das Abtasten der Wirbel erleichtern, indem Sie den Rücken krümmen.

EKZEME UND SCHUPPENFLECHTE

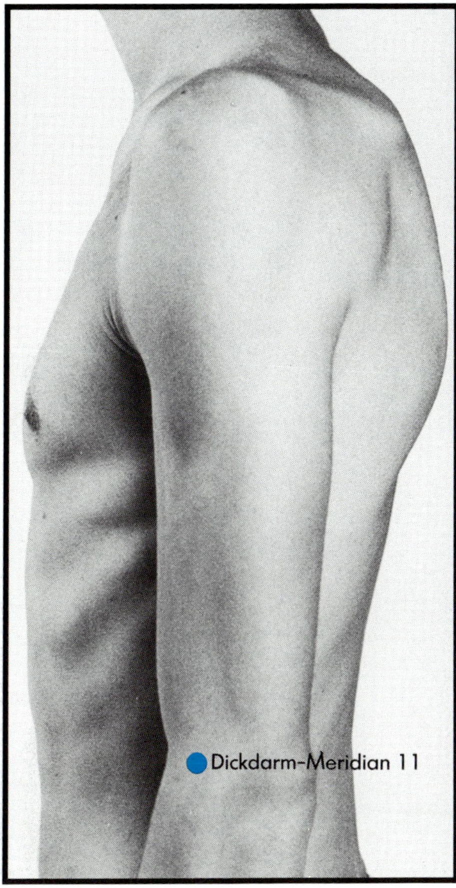

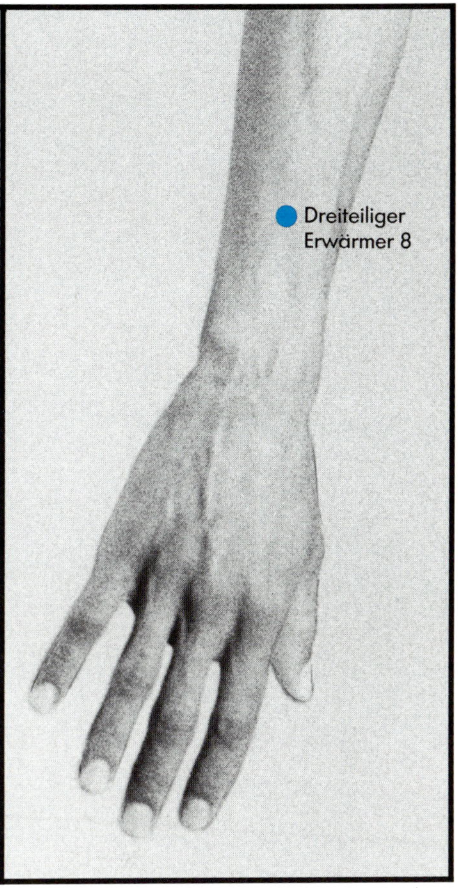

Bei gebeugtem Arm liegt der Punkt DI 11 des Dickdarm-Meridians am äußersten Ende der Ellbogen-Beugefalte.

Den achten Punkt des «Dreiteiligen Erwärmers» (3E 8) finden Sie in der Vertiefung zwischen Elle und Speiche, 4 Cun über der Beugefalte des Handgelenks. Damit Sie die Vertiefung deutlich spüren, halten Sie den Arm so, als würden Sie ihn nach einer Verletzung in der Schlinge tragen, dann liegen Elle und Speiche parallel zueinander.

EKZEME UND SCHUPPENFLECHTE

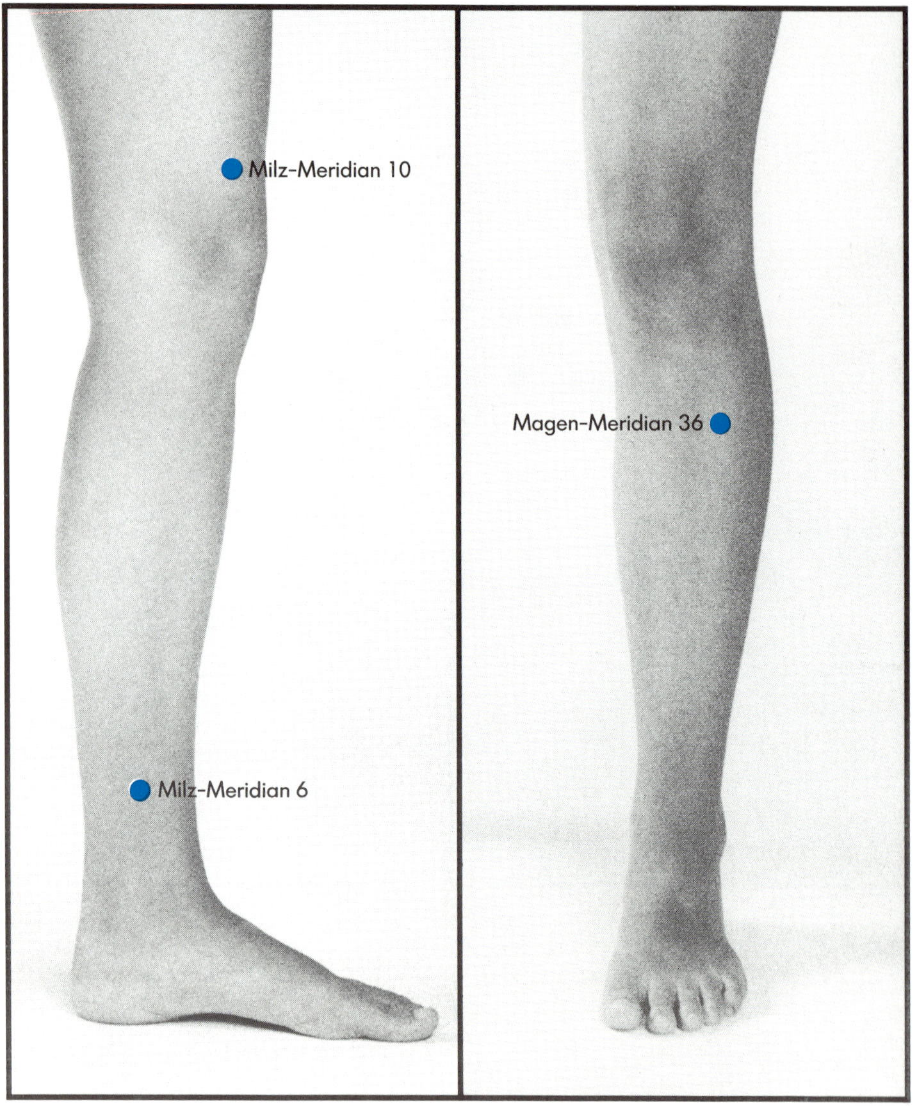

2 Cun über dem inneren oberen Rand der Kniescheibe stoßen Sie auf den Punkt MI 10 des Milz-Meridians. Er liegt auf der Kuppe des Oberschenkelmuskels, der über dem Knie deutlich erkennbar ist. Den sechsten Punkt des gleichen Meridians (MI 6) finden Sie 3 Cun über der Spitze des Knöchels an der Rückseite des Schienbeins.

Messen Sie vom unteren Rand der Kniescheibe 3 Cun abwärts und von dort 1 Cun nach außen. So kommen Sie zum Punkt M 36 des Magen-Meridians.

EKZEME UND SCHUPPENFLECHTE

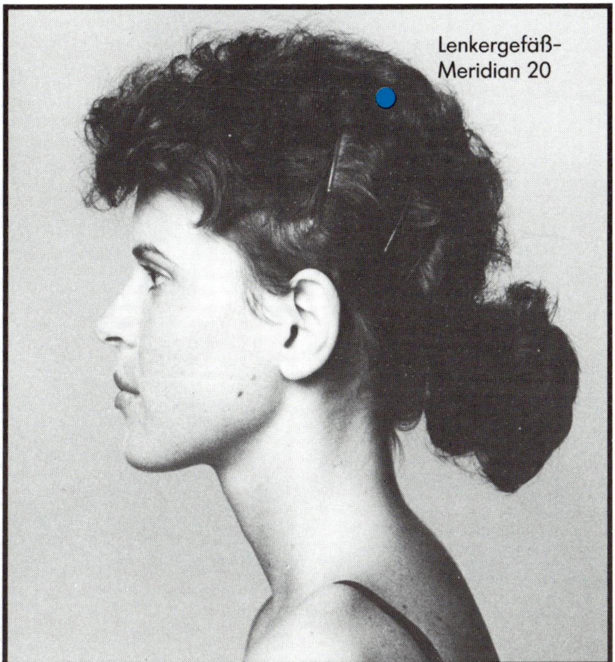

Wenn Sie vom Mittelpunkt zwischen den Augenbrauen 8 Cun über Stirn und Scheitel nach hinten messen, so stoßen Sie auf LG 20, den Punkt der «Hundert Übereinstimmungen» (*Baihui*).

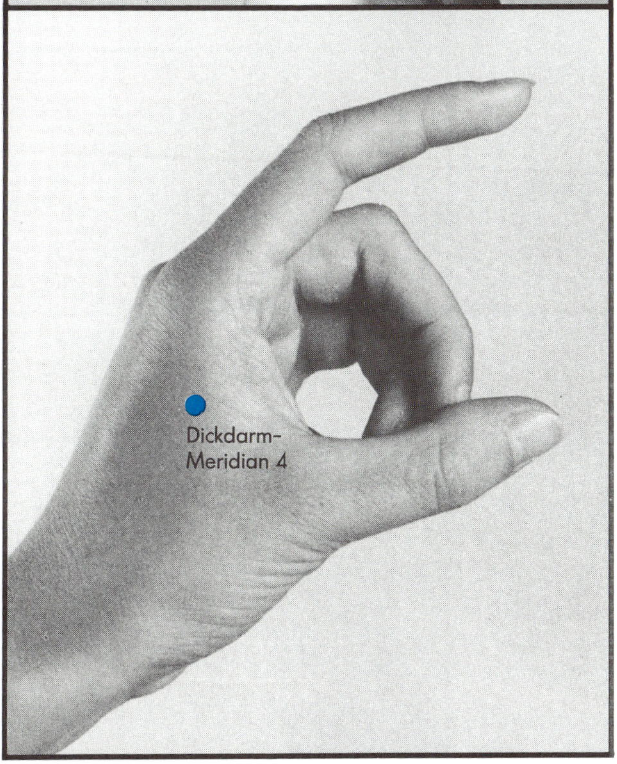

Den Punkt *Hegu* («Geschlossenes Tal», Dickdarm-Meridian 4) finden Sie so: Pressen Sie den Daumen seitlich an die Mittelhand, so daß sich neben ihm auf dem Handrücken ein Hügel bildet. Legen Sie den Finger, mit dem Sie akupressieren, auf die Kuppe dieses Hügels und entspannen Sie die Hand wieder. Jetzt liegt Ihr Finger auf dem gesuchten Punkt am Mittelhandknochen des Zeigefingers.

EKZEME UND SCHUPPENFLECHTE

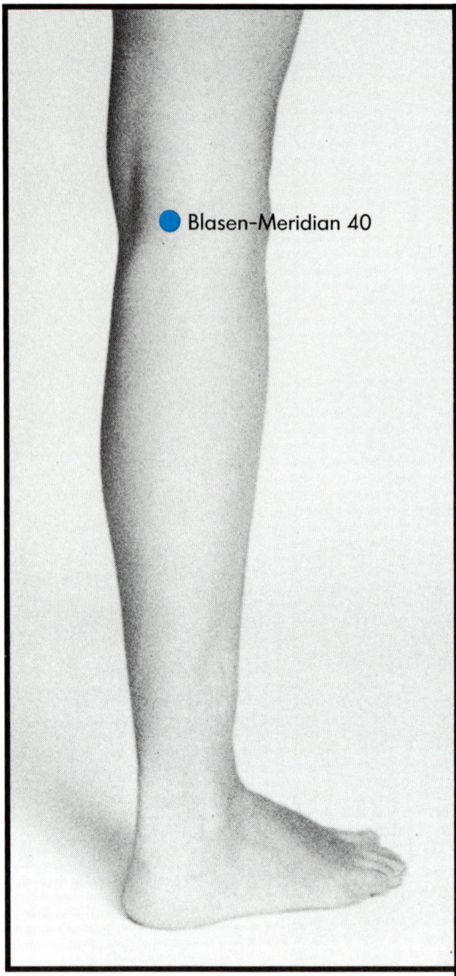

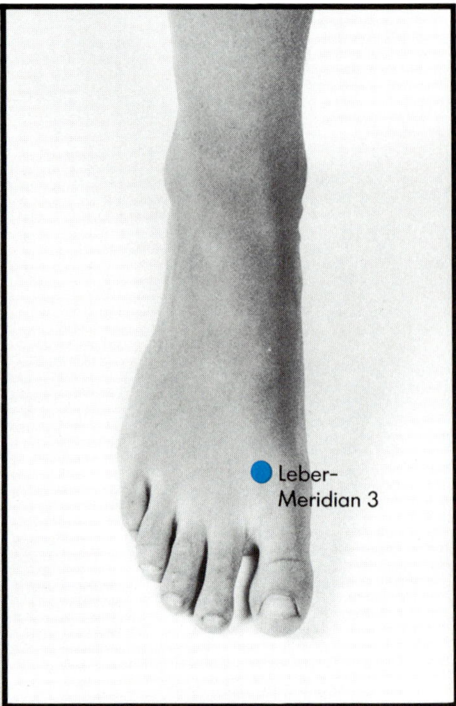

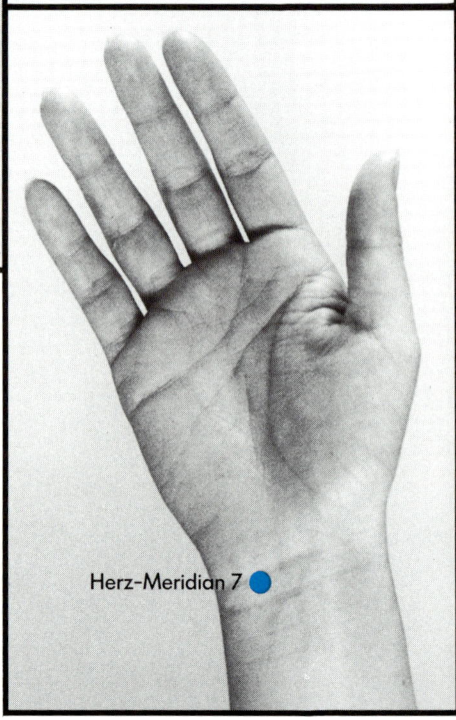

In der Mitte der Beugefalte des Knies liegt der Punkt B 40 des Blasen-Meridians. Der Punkt heißt gemäß seiner Lage «Mitte der Kniekehle» (*Weizhong*).

Den Punkt *Taichong* («Höchste Flut», Leber-Meridian 3) finden Sie 2 Cun über dem ersten Zehenzwischenraum.

Das «Tor des Geistes» (*Shenmen*, Herz-Meridian 7) liegt in der ersten Beugefalte des Handgelenks, und zwar auf der Außenseite des Bandes, das die Elle mit dem Handgelenk verbindet.

KRAMPFADERN

Wenn die Venen erschlaffen, können sie ihre Funktion, den Rücktransport des verbrauchten Blutes aus den Zellen, nicht mehr richtig wahrnehmen. Es kommt dort, wo die Gefäßwände stark betroffen sind, zu Stauungen. Das Blut kann zu Pfropfen gerinnen und so zu mitunter lebensgefährlichen Thrombosen und Embolien führen. Eine Gefahr sind sie vor allem dann, wenn sie nicht sofort entdeckt und behandelt werden.

Wenige Menschen kommen je in die Lage, tatsächlich eine schwere Folgekrankheit ihrer Gefäßschwäche zu erleiden. Doch auch wenn die knotigen Verdickungen der Venen — besonders die «Krampfaderbeine» — für die meisten Betroffenen in erster Linie ein Schönheitsproblem bleiben, so haben sie trotzdem oft unangenehme Begleiterscheinungen wie schwere oder schmerzende Beine. Grund genug also, auch aus gesundheitlicher Sicht, alles Erfolgversprechende gegen Krampfadern zu unternehmen.

Die beste Empfehlung ist hier einmal mehr, dem Leiden vorzubeugen. Denn wer einmal Krampfadern hat, wird sie kaum je wieder los.

Auch Akupressur kann Krampfadern nicht heilen, bringt jedoch Linderung von den Begleitsymptomen und beugt Schlimmerem vor. Doch nur wenn sie zur täglichen Gewohnheit wird, kann die Akupressur ihre Wirkung voll entfalten.

KRAMPFADERN

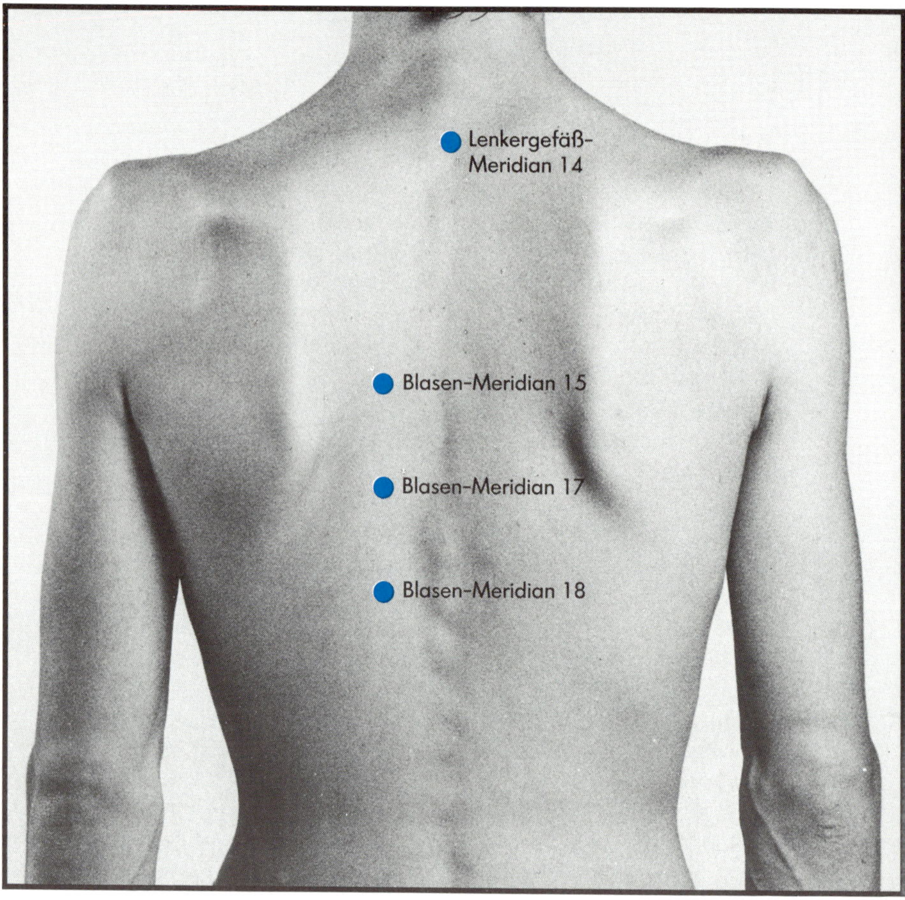

Der Punkt LG 14 des Lenkergefäß-Meridians liegt unter dem Dornfortsatz des siebten Halswirbels. Sie spüren diesen Wirbel am besten, wenn Sie den Kopf senken: Sein Dornfortsatz erhebt sich prominenter als alle andern. Die Punkte B 15, B 17 und B 18 des Blasen-Meridians liegen 1,5 Cun neben der Mittellinie Ihres Körpers: B 15 neben dem Dornfortsatz des fünften Brustwirbels, B 17 neben dem des siebten und B 18 neben dem des neunten Brustwirbels. Wenn Sie die Punkte nicht selber akupressieren können: Erleichtern Sie Ihrem Partner das Abzählen der Wirbel, indem Sie den Rücken krümmen.

KRAMPFADERN: UNTERE KÖRPERHÄLFTE

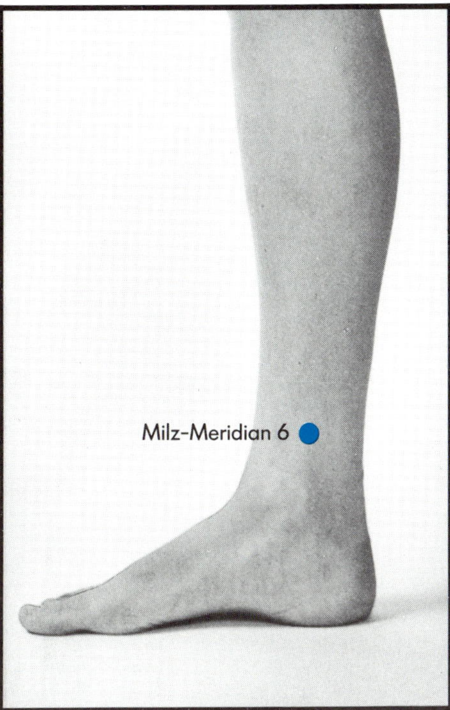

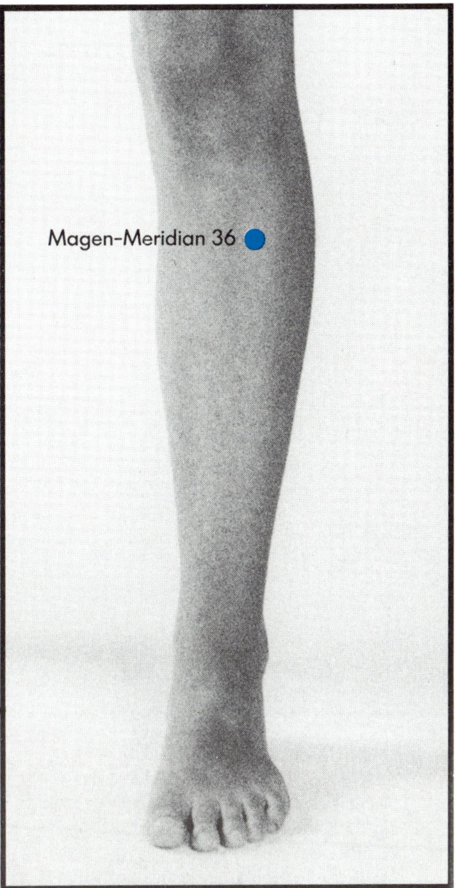

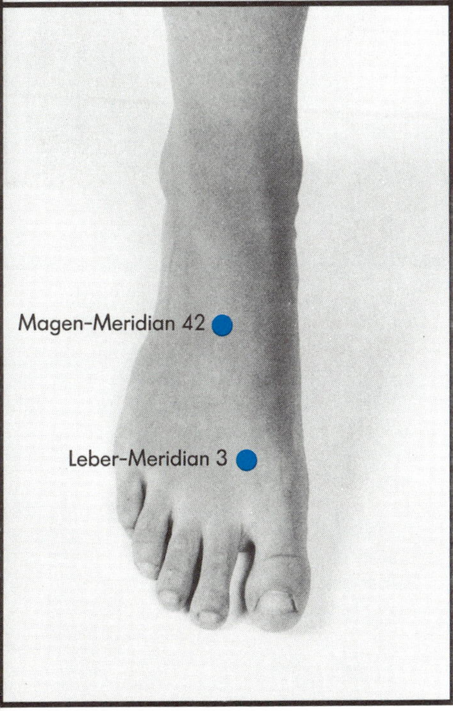

Der Punkt *Sanyinjiao* (MI 6) liegt 3 Cun über der Spitze des Fußknöchels. *Sanyinjiao* bedeutet «Treffen der drei Yin».

Den allgemeinen Tonisierungspunkt Magen-Meridian 36 finden Sie, wenn Sie vom unteren Rand der Kniescheibe 3 Cun abwärts und von dort 1 Cun nach außen messen.

Auf dem Rist spüren Sie den Pulsschlag der Arterie. Dort liegt der Punkt M 42 des Magen-Meridians, das «Rauschende Yang» (*Chongyang*). 2 Cun über dem ersten Zehenzwischenraum finden Sie die «Höchste Flut» (*Taichong*, Leber-Meridian 3).

KRAMPFADERN: OBERE KÖRPERHÄLFTE

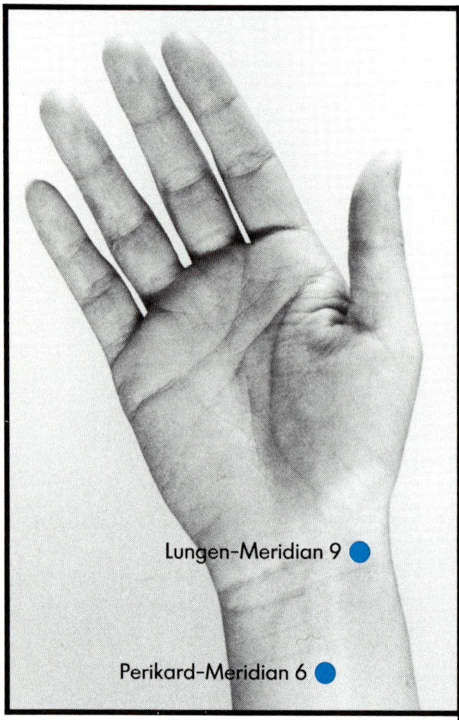

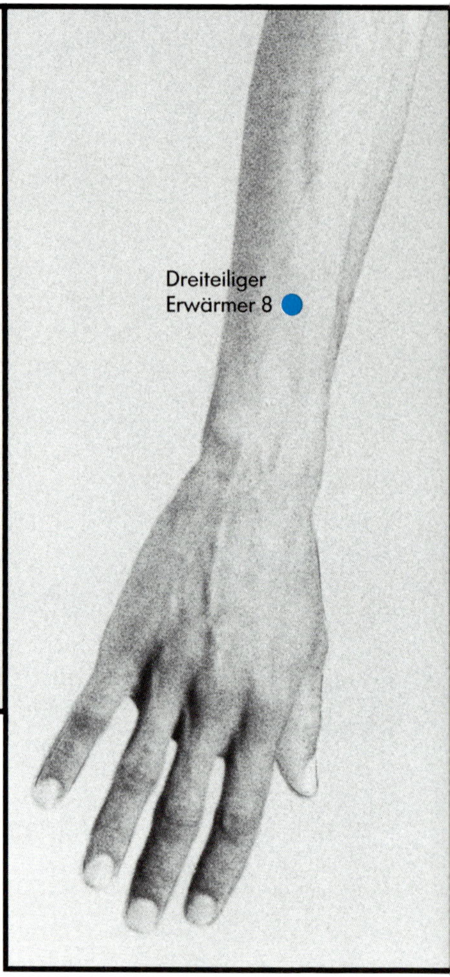

Wenn Sie die Hand nach hinten biegen, so stellen Sie neben dem Radialispuls an der Beugefalte des Handgelenks eine Vertiefung fest. In dieser Vertiefung liegt der Punkt L 9 des Lungen-Meridians, der «Tiefste Abgrund» (*Taiyuan*). Den Punkt PE 6 des Perikard-Meridians finden Sie in der Mitte der Arminnenfläche, 2 Cun über der ersten Beugefalte des Handgelenks.

Den achten Punkt des «Dreiteiligen Erwärmers» (3E 8) lokalisieren Sie wie folgt: Halten Sie den Arm so, als würden Sie ihn nach einer Verletzung in der Schlinge tragen. Dann nämlich ist der Abstand zwischen den beiden Unterarmknochen Elle und Speiche am größten, und Sie können den Punkt in der Vertiefung dazwischen problemlos finden und akupressieren. Der Abstand zum Handgelenk ist 4 Cun.

ENTZÜNDETE AUGEN

Eigentlich sollten wir nicht von entzündeten Augen, sondern von Bindehautentzündung sprechen, denn eine Entzündung, die das Auge selbst befällt, gehört umgehend in ärztliche Behandlung. So kann etwa eine Regenbogenhautentzündung, eine Infektion im Augeninnern, zu grünem oder grauem Star führen, wenn sie nicht rasch behandelt wird. Und eine Hornhautentzündung hinterläßt Narben, die die Sehschärfe dauerhaft beeinträchtigen können. Solche Entzündungen sind freilich oft derart schmerzhaft, daß man die Betroffenen nicht zweimal zum Arztbesuch auffordern muß. Wer jemals schneeblind war, kann das bestätigen.

Mit entzündeten Augen meinen denn auch die meisten Menschen nicht Krankheiten des Augapfels, sondern jene juckenden und kratzenden Schwellungen und Rötungen der Bindehaut und der Augenlider. Die Ursachen einer Bindehautentzündung sind vielfältig. Ein einziges Staubkörnchen kann unser Auge so stark irritieren, daß wir heftig zu reiben beginnen und damit eine akute Entzündung herbeiführen. In manchen Restaurants und Bars ist die Luft so verraucht, daß es Gäste mit empfindlichen Augen schlicht nicht aushalten. Auch Viren und Bakterien können Bindehautentzündungen auslösen.

Saisonal bedingt sind vor allem die allergischen Bindehautentzündungen, mit denen das Auge auf den Blütenstaub des Frühsommers reagiert. Zu chronischen Entzündungen kann es zum Beispiel kommen, wenn Lidschatten, Lidstriche und Wimperntusche unsorgfältig aufgetragen oder schlecht abgeschminkt werden. Eine Dauergefahr sind auch ungewaschene Hände. Gerade deshalb gilt für die Akupunkte im Bereich der Augen mehr noch als für die andern: Akupressieren Sie stets mit sauberen Fingern und achten Sie darauf, daß Ihre Fingernägel nicht zu lang sind, denn das könnte leicht ins Auge gehen.

ENTZÜNDETE AUGEN

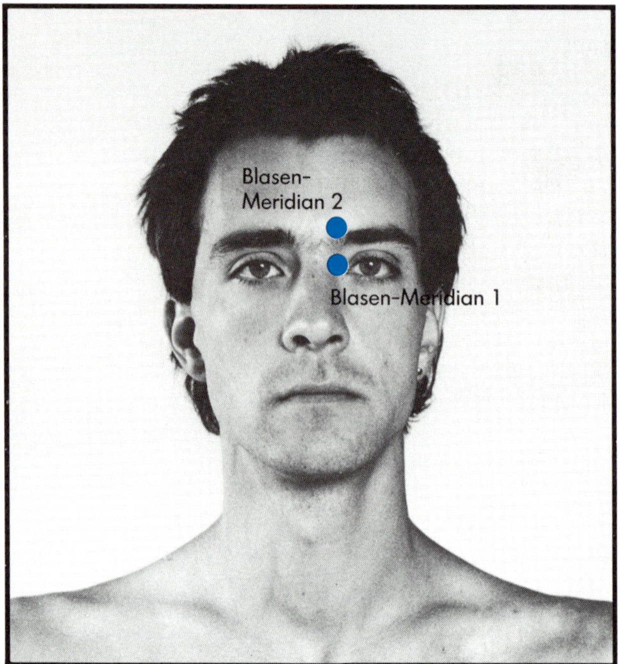

Gleich über dem inneren Augenwinkel finden Sie den ersten Punkt des Blasen-Meridians (B 1). Senkrecht darüber stoßen Sie am inneren Ende der Augenbraue auf eine Vertiefung. Dort liegt B 2, der zweite Punkt des gleichen Meridians.

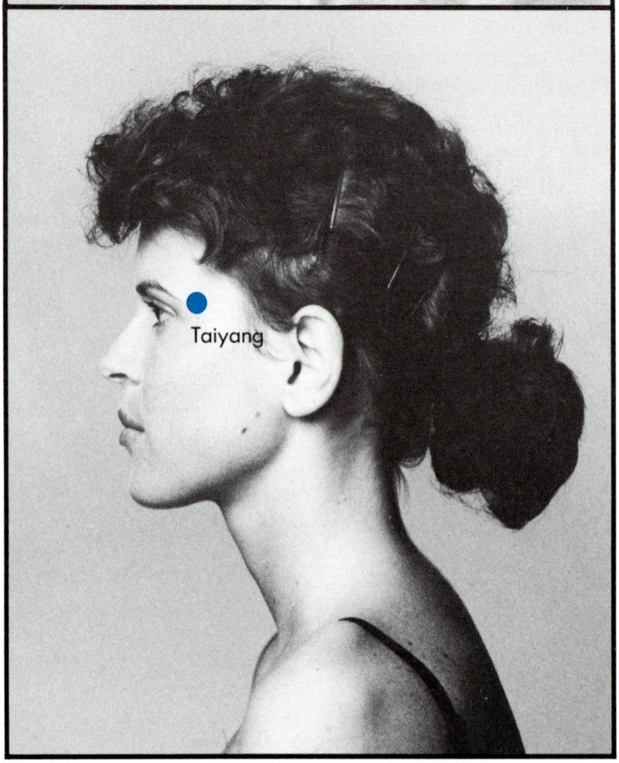

Taiyang ist einer der zahlreichen Spezialpunkte, die außerhalb des Meridian-Systems stehen. Sie finden ihn, wenn Sie vom Mittelpunkt zwischen äußerem Augenwinkel und Augenbrauenende in die Vertiefung hinter dem Jochbein fahren.

ENTZÜNDETE AUGEN

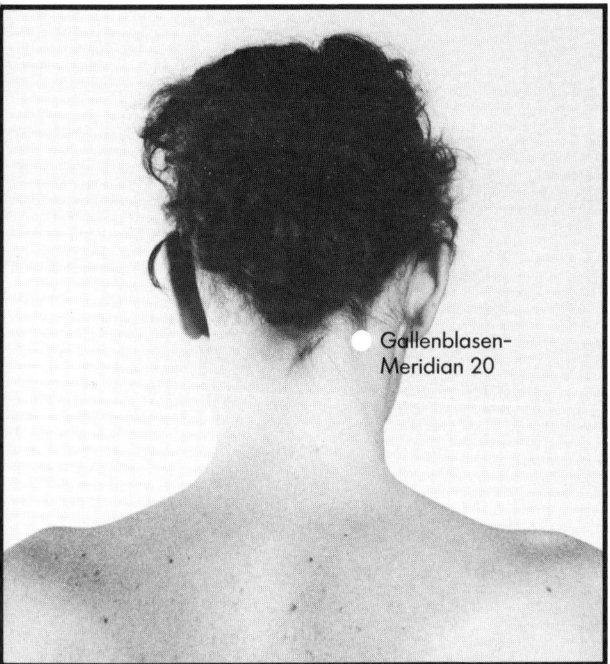

Legen Sie den Finger über dem Haaransatz auf die Wirbelsäule und überqueren Sie dann den Trapezmuskel, der sich vom Hinterkopf zum Rücken zieht. In der Vertiefung, die Sie dort finden, liegt der Punkt G 20 des Gallenblasen-Meridians. Die Nackenmuskulatur ertasten Sie am besten, indem Sie den Kopf hin- und herbewegen.

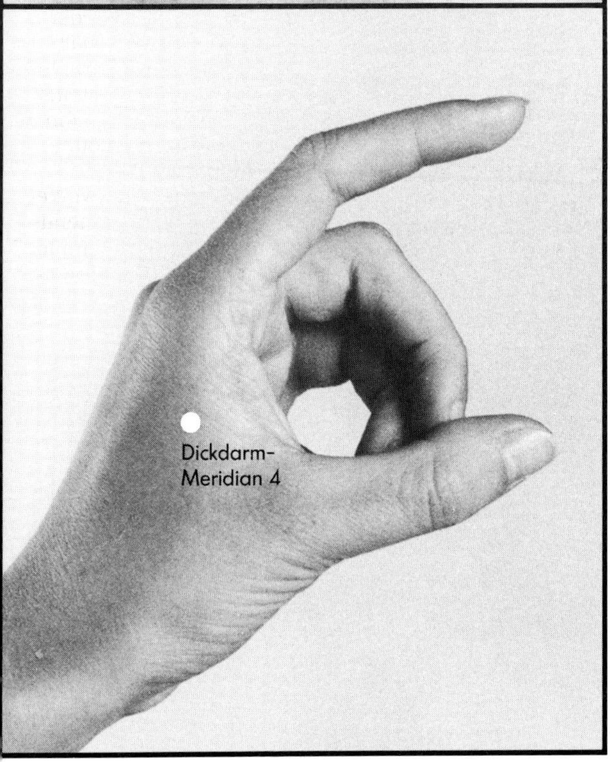

Den Punkt *Hegu* («Geschlossenes Tal», Dickdarm-Meridian 4) finden Sie so: Pressen Sie den Daumen seitlich an die Mittelhand, so daß sich neben ihm auf dem Handrücken ein Hügel bildet. Legen Sie den Finger auf die Kuppe dieses Hügels und entspannen Sie die Hand wieder. Jetzt liegt Ihr Finger am Mittelhandknochen des Zeigefingers auf dem gesuchten Punkt des Dickdarm-Meridians.

ENTZÜNDETE AUGEN

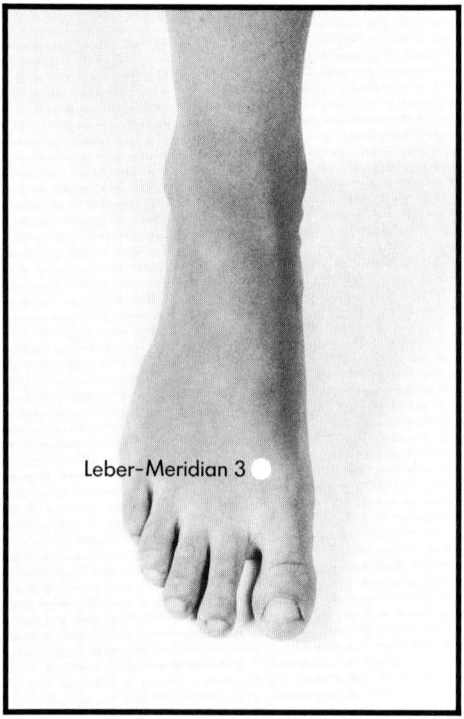

Der Punkt LE 3 des Leber-Meridians, die «Höchste Flut» (*Taichong*), liegt 2 Cun über dem ersten Zehenzwischenraum.

ERHÖHTER BLUTDRUCK

Der Blutdruck wird dann erhöht, wenn die Arterien aus einem bestimmten Grund verengt sind, wenn also der Bluttransport vom Herzen zu den verschiedenen Körperteilen erschwert ist. Bei älteren Menschen sind meist Kalkablagerungen an den Innenwänden der Arterien schuld, es kommt zum arteriosklerotischen Bluthochdruck. Doch während früher fast nur ältere Menschen unter erhöhtem Blutdruck litten, sind es heute immer mehr auch Vierzig-, Dreißig-, sogar Zwanzigjährige. Es gibt also neben den altersbedingten Kalkablagerungen noch andere Gründe für Bluthochdruck. So können zum Beispiel Streß und nervliche Belastung bewirken, daß sich die Arterien verengen.

Während wir gegen den arteriosklerotischen Bluthochdruck machtlos sind, können wir gegen den nervlich bedingten sehr wohl etwas tun, nicht zuletzt mit der kräftigenden Wirkung der Akupressur. Ist Ihr Blutdruck allerdings so stark erhöht, daß Sie deswegen in ärztlicher Behandlung sind, so sollten Sie nicht akupressieren, ohne zuvor mit Ihrem Arzt darüber gesprochen zu haben. Der Blutdruck reagiert oft eigenartig stark auf die Stimulation der Akupunkte.

Das wichtigste Gebot bei streßbedingtem Bluthochdruck lautet jedoch: Streß abbauen. Dabei muß Streß keineswegs von Ihrer Umwelt kommen. Einer der häufigsten Gründe für einen zu hohen Blutdruck ist nämlich Übergewicht. Die Gefäße übergewichtiger Menschen haben derartige Schwerarbeit zu leisten, daß man auch hier ruhig von echten Streßsymptomen sprechen darf.

Damit sind wir einmal mehr beim A und O der chinesischen Medizin, bei einer gesunden, vielfältigen, vernünftig maßvollen Ernährung. Denken Sie daran, wenn Sie Ihrem Blutdruck zuliebe abnehmen wollen: Mit allen Roßkuren erweisen Sie ihm einen schlechten Dienst.

ERHÖHTER BLUTDRUCK

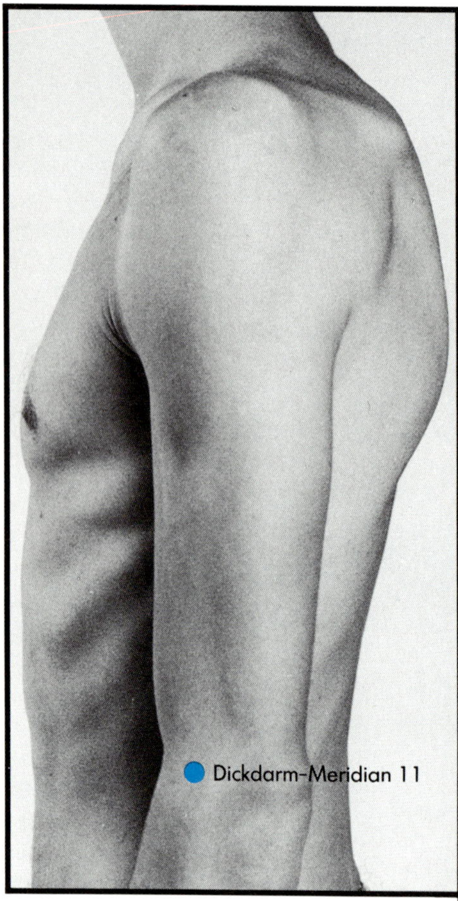

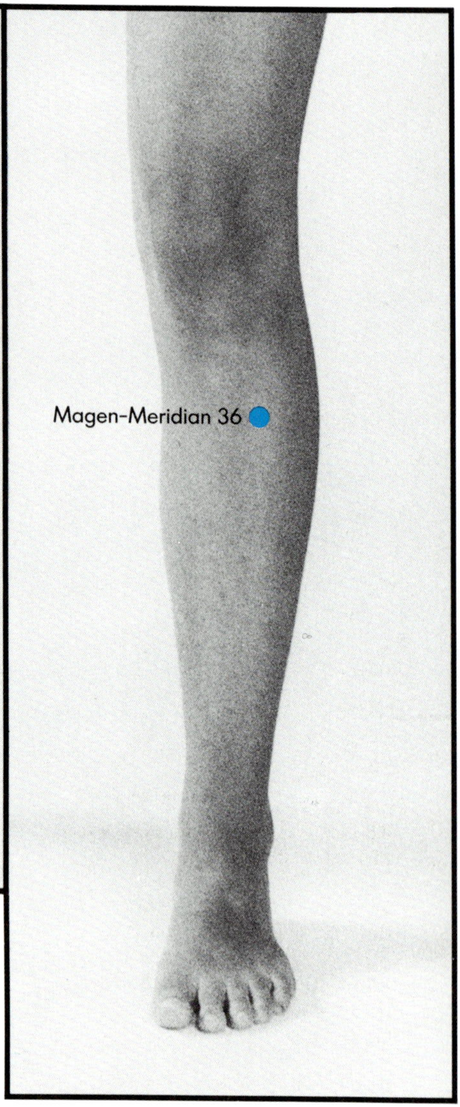

Der «Teich an der Biegung» (*Quchi,* Dickdarm-Meridian 11) liegt zwischen dem äußeren Ende der Ellbogen-Beugefalte und dem Gelenkfortsatz des Oberarmknochens.

Messen Sie unter der Kniescheibe 3 Cun übers Schienbein abwärts und von dort 1 Cun nach außen. So stoßen Sie auf den Punkt M 36 des Magen-Meridians.

ERHÖHTER BLUTDRUCK

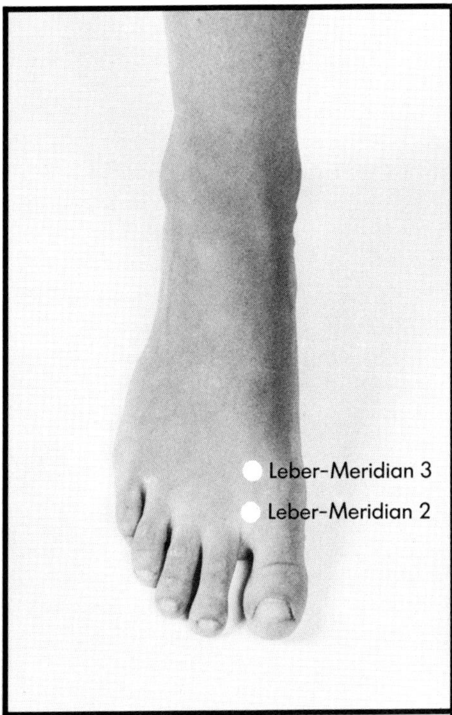

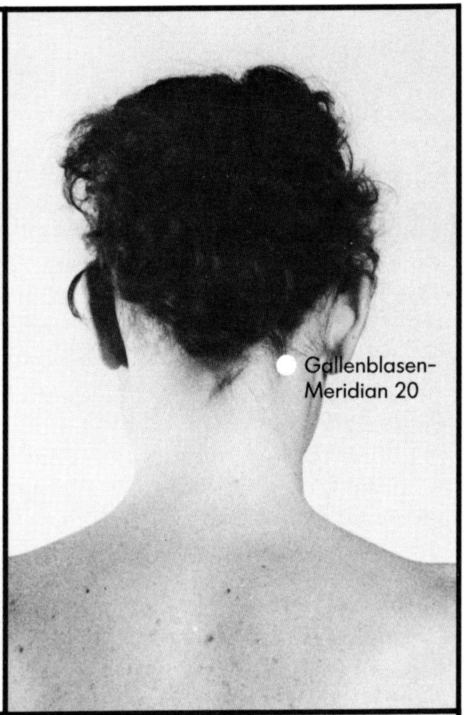

LE 3, der dritte Punkt des Leber-Meridians, liegt 2 Cun über dem ersten Zehenzwischenraum. 0,5 Cun über dem gleichen Zehenzwischenraum finden Sie LE 2.

Wenn Sie über der Haarwurzel von der Wirbelsäule aus den ersten Nackenmuskel überqueren, so kommen Sie zum «Windteich» (*Fengchi*), dem Punkt G 20 des Gallenblasen-Meridians.

Den Punkt G 14, das «Weiße Yang» (*Yangbai*), finden Sie genau über der Pupille, wenn Sie geradeaus schauen. Er liegt 1 Cun über der Braue.

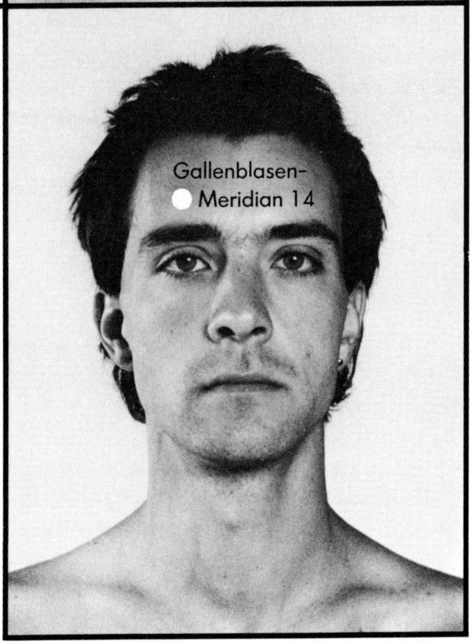

ZUSAMMENARBEIT ZWISCHEN WESTLICHER UND ÖSTLICHER MEDIZIN

In China rief Mao in den zwanziger Jahren zur Zusammenarbeit zwischen westlicher und traditioneller chinesischer Medizin auf, und zur gleichen Zeit suchten in Europa die Begründer der anthroposophischen Heilkunst nach Verbindungen zwischen verschiedenen medizinischen Richtungen und der geisteswissenschaftlichen Heilmethode, so daß zum Beispiel die Homöopathie auf einen modernen Stand gebracht werden konnte. Die Aufforderungen zur Zusammenarbeit haben bereits reichlich Früchte getragen. So wurde in China die Akupunktur-Anästhesie entwickelt, auch in manchen westlichen Kliniken arbeiten heute Schulmediziner, Homöopathen und Akupunkteure eng zusammen. Und in der anthroposophischen Heilkunst ist ein abgeschlossenes staatliches Medizinstudium gar Voraussetzung für die Ausbildung.
Trotzdem bleibt noch eine ganze Menge zu tun, und ich glaube nicht, daß medizinische Zusammenarbeit über alle Grenzen hinweg heute ein weniger dringendes Erfordernis wäre als in den zwanziger Jahren. Im Gegenteil! Ich denke — wie bei der Inhoa-Massage — an Kan, das Bild des Wassers im chinesischen Weisheitsbuch «I Ging»: «Das Wasser erreicht sein Ziel durch ununterbrochenes Fließen. Es füllt jede Vertiefung aus, ehe es weiterfließt. So macht es der Edle. Er legt Wert darauf, daß das Gute zur festen Charaktereigenschaft wird, nicht zufällig und vereinzelt bleibt. Auch bei der Belehrung anderer kommt alles auf die Konsequenz an. Denn nur durch Wiederholung wird der Stoff zum Eigentum des Lernenden.»

Zusammenarbeit am Beispiel von Krebs und Aids

Was haben Krebs und Aids gemeinsam, daß ich sie hier so selbstverständlich im gleichen Atemzug nenne? Gewiss nicht die Krankheitsursache. Aids ist eine Infektionskrankheit, die durch Blut, Sperma und Scheidensekret übertragen werden kann. Ihr Erreger ist das Virus mit der Bezeichnung HIV. Krebs kann zwar durch Viren — zum Beispiel durch das HIV — ausgelöst werden, aber als ansteckend haben sich die bösartigen Geschwülste beim Menschen bisher nicht erwiesen, obwohl man bei vielen Tumoren schlicht keine Ahnung hat, wie es zum Informationschaos in den Zellen und zum anschließenden unkontrollierten Wildwuchs gekommen ist. Auch in der Erscheinungsform haben Krebs und Aids wenig Ähnlichkeit; hinzu kommt, daß es viele unterschiedliche Krebsarten gibt.

Das Gemeinsame, die Immunschwäche, liegt tatsächlich nicht auf der Hand. Denn während bei Aids die Abwehrkraft des Körpers durch den Erreger selbst geschwächt wird, ist es bei den meisten Tumoren paradoxerweise die Therapie, die das Immunsystem beeinträchtigt: Bestrahlungen können Lymphgefäße treffen und so zu dauerhaften Immunschwächen führen, und die Zytostatika der bisher bekannten Chemotherapien verhindern nicht nur die Teilung der krankhaften Zellen, sondern eben auch jene der gesunden. So muß also der Aidskranke wie der Krebspatient in erster Linie gestärkt werden: der eine, damit er opportunistische Infektionen und ihre Therapien überstehen kann, der andere, damit sein Körper den krankhaften Zellen besser widersteht, die Zytostatika der Chemotherapien überhaupt erträgt und so den Krebs in Schach halten kann.

Wie kann die chinesische Medizin hier helfen?

Krebs

Ich bin überzeugt, daß die Schulmedizin die Waffen bereits gefunden hat, mit denen Krebs besiegt werden könnte. Sie hat die Waffen, kann sie aber noch nicht sinnvoll, das heißt gezielt, einsetzen. Es ist, als hätte man eine Super-Concorde gebaut, für die man nun keinen Piloten findet, der sie steuern könnte.

In den Chemotherapien gegen Krebs gibt es leider noch keine Medikamente, die nur gerade die Tumorzellen treffen. Also muß man die gesunden Zellen auf möglichst sichere Art vor den aggressiven Medikamenten zu schützen versuchen. Hier kann die sanfte Medizin zum Einsatz kommen, denn es gibt natürliche Heilmittel und Akupunkturtherapien, die das Immunsystem stärken und die gesunden Zellen schützen, ohne gleichzeitig die krankhaften zu fördern. Das Protokoll einer Zusammenarbeit umfaßt zwei Schwerpunkte:

- Vor und während der Chemotherapie werden Körper und Geist des Patienten mit den Mitteln der sanften Medizin gestärkt, so daß der Patient die Medikamente ertragen kann. Gleichzeitig wird die spezifische Abwehrkraft gegen die Krebszellen aktiviert.
- Sobald der Kranke die Wirkung der Zytostatika nicht mehr verkraften kann, werden die Chemotherapien durch die Methoden der sanften Medizin ersetzt. Gute Erfolge haben sich aus einer kombinierten Therapie mit Akupunktur und Mistelsubstanzen ergeben.

In China hat man versucht, Krebs mit den Mitteln der traditionellen Medizin allein zu behandeln. Die Abwehrkraft gegen die Krebszellen konnte zwar erheblich gestärkt werden, doch zur Zerstörung der Tumoren sind die Mittel zu schwach. Die besten Resultate erreichen westliche und östliche Medizin in China, wenn sie zusammenarbeiten und wenn der Patient vielleicht zusätzlich mit dem chinesischen Yoga Qi Gong, mit den Grundsätzen einer ihm angepaßten Ernährung und mit dem Tao vertraut ist.

Aids

Die Immunschwächekrankheit Aids weist in aller Deutlichkeit auf die doppelte Bedeutung des Wortes Prävention hin, wie sie in der chinesischen Medizin verstanden wird: Schutz des Gesunden und Schutz des Kranken. Der Mensch kommt als unverletzbares Wesen mit intaktem

Immunsystem zur Welt. Leider hält diese Unverletzbarkeit nicht an, sobald sein Gefühlsleben durcheinandergerät und dadurch den Körper so schwächt, daß er die äußeren Krankheitsfaktoren nicht mehr abwehren kann. Streß zum Beispiel setzt die Abwehrkraft des Körpers herab. Es gilt deshalb, schon das Kind vor Streß zu bewahren und ihm in der Erziehung zu zeigen, wie es seine Gefühle im Gleichgewicht halten, wie es seine Kräfte harmonisch und ökonomisch einsetzen und wie es sich zur Stärkung von Geist und Körper ausgeglichen ernähren kann. Das ist die erste Bedeutung der Prävention, Schutz des Gesunden. Die zweite Bedeutung, Schutz des Kranken, muß bei jeder beliebigen Krankheitsbehandlung zum Tragen kommen. Bei jeder Therapie sollten wir gleichzeitig versuchen, den Patienten vor weiteren Krankheiten zu schützen.

Eine Therapie gegen Aids ist derzeit noch nicht möglich. Um so mehr steht hier der Schutzgedanke in beiden Bedeutungen im Zentrum. Der Schutz des Gesunden ist Ziel landesweiter Aufklärungskampagnen, die zu «sicherem Sex» durch Gebrauch von Präservativen und Verzicht auf risikoreiche Sexualpraktiken aufrufen. Eine alte chinesische Gesundheitsregel rät nicht gerade zum Verzicht auf Sex, aber doch zum wirtschaftlichen Umgang mit den Körpersäften. Zuviel Sex schwächt den Körper, weil dabei wertvolle Essenzen verlorengehen, die dann zunächst ersetzt werden müssen. Eine blutende Wunde ist für einen Chinesen schlimm, weil jeder austretende Tropfen Blut für ihn einen schweren Verlust von Kraft bedeutet.

Der Schutz des HIV-Infizierten ist angesichts der zahlreichen Krankheiten, die ihn bedrohen, ein Hauptanliegen der Aidsberatungsstellen. Und er wird es erst recht, wenn opportunistische Infektionen und Tumoren tatsächlich auftreten. Der Schutz des Infizierten ist, neben dem Schutz des Gesunden, auch Hauptziel meiner Therapien. Ich behandle, unterstützend zu den Therapien der Schulmedizin, HIV-Infizierte, die das Vollbild von Aids entwikkelt haben und krank sind. Oft jedoch kommen HIV-positive Menschen zu mir, die nicht krank sind und die vorbeugend etwas unternehmen möchten, um einen Ausbruch der Krankheit zu verhindern. Eine solche Garantie kann ihnen niemand geben. Die chinesische Medizin kann jedoch ihren Geist und ihren Körper stärken, so daß sie vielleicht besser auf ihre Gesundheit achtgeben werden. Ich unterstütze sie mit Akupunktur, wenn sie zum Beispiel das Rauchen — ein hohes Gesundheitsrisiko auch ohne HIV — aufgeben wollen. Alkohol, falsche Ernährung und andere körperliche und seelische Streßfaktoren, die das Immunsystem schwächen, müssen diskutiert werden, denn manche Menschen scheinen keine Vorstellung davon zu haben, was sie da ihrem Körper laufend zumuten. Und schließlich zeige ich den Ratsuchenden, wie sie sich nach der Inhoa-Methode selber massieren können, erkläre ihnen den Sinn und gebe ihnen den Rat, die Inhoa-Massage in ihre tägliche Körperhygiene aufzunehmen. So können sie ihren Körper und ihren Geist ohne fremde Hilfe stärken und behalten dadurch, wie ich immer wieder feststellen kann, ihr Selbstvertrauen. Sie verlieren durch Inhoa das Gefühl vollkommenen Ausgeliefertseins, das die meisten zunächst befällt, wenn sie ein positives HIV-Testresultat entgegennehmen müssen.

Zusammenarbeit am Beispiel von Suchtkrankheiten

Seit Jahrtausenden kennt die Menschheit die schmerzstillende und beruhigende Wirkung von Opium — und nicht nur in den klassischen Mohnanbaugebieten des Ostens gehörte Opium schon früh als Wundermittel in die Apotheke der Heilkundigen. Daß und wie unser Organismus selber opium- und morphiumähnliche Substanzen herstellt, das allerdings weiß man erst seit wenigen Jahren. Und doch macht sich zum Beispiel die Akupunktur zur Anästhesie seit langer Zeit genau diese wundervolle Fähigkeit des menschlichen Körpers zunutze. Endorphine heißen die schmerzblockierenden und gleichzeitig euphorisierenden körpereigenen «Morphium-Moleküle», die vor allem in der Hypophyse, der knapp ein halbes Gramm schweren Hirnanhangdrüse, ausgeschüttet werden.

Daß schöne Musik die Stimmung hebt, daß Autosuggestion und Meditation beruhigen, daß man bei akuten Schmerzen ungewollt die Atemfrequenz steigert — lauter bekannte Phänomene mit dem immer gleichen Mechanismus: Die Endorphin-Produktion wird angekurbelt, Ruhe kehrt ein, Schmerzen flachen ab. Auch der Akupunkteur kann, wie am Beispiel der Anästhesie gezeigt wird (s. Seite 153), über ganz bestimmte Punkte die Hypophyse so stimulieren, daß sie vermehrt Endorphine ausschüttet. Eine Kenntnis, die wir der westlichen Medizin im Kampf gegen eine der schlimmsten Volkskrankheiten als Unterstützung anbieten möchten: im Kampf gegen die Sucht.

Sucht, ob nun Medikamenten-, Alkohol-, Heroin- oder Nikotinsucht, entsteht im Grunde nicht zuletzt «dank» der sonst so makellosen Einrichtung der Endorphin-Produktion. Nur daß anstelle der körpereigenen Drogen Fremdstoffe mit ähnlichen Wirkungen auf die Rezeptoren losgelassen werden. Und dort beginnt der Teufelskreis: Körperfremde Drogen können die Endorphin-Produktion zum Erliegen bringen — die Rezeptoren, die vorher die Schmerzbefreiungs-, Aufheiterungs- oder Beruhigungsinformationen der körpereigenen Drogen gespeichert und umgesetzt haben, sind am Ende völlig auf Hilfe von außen angewiesen.

Wenn wir im folgenden von Drogensucht sprechen, meinen wir die Abhängigkeit von illegalen Drogen. Das hat seinen Grund: Ein sogenannter «kalter» Heroinentzug, also das plötzliche und vollständige Absetzen der Droge bis zur körperlichen Suchtfreiheit, dauert erfahrungsgemäß rund acht Tage. Wieso schaffen dann so wenige den endgültigen Ausstieg aus der Sucht? Weil eben noch eine

Menge anderer Probleme warten, die gleichzeitig gelöst werden müßten. Die Illegalität, in der sich die Konsumenten harter Drogen bewegen, hat eine ganze Reihe von seelischen und körperlichen Folgen, die parallel zur eigentlichen Sucht behandelt werden müssen. Mangelernährung, Infektionskrankheiten durch ungenügende Hygiene, soziale Desintegration durch Arbeits- und Obdachlosigkeit, Depressionen, Verlust der persönlichen Würde und ein gewaltiger Streß bei der Stoffbeschaffung (Prostitution, Kriminalität, Betteln) — das sind Probleme, mit denen der Konsument illegaler Drogen viel eher zu kämpfen hat als der Konsument gesellschaftlich akzeptierter Drogen; Probleme, für deren Lösung die acht Tage des rein körperlichen Drogenentzugs nie und nimmer genügen. Hier setze ich in der Praxis an, wenn ich Süchtige beim Entzug begleite. Wenn ich auch die sozialen Gegebenheiten des Patienten nicht ändern kann, so kann ich ihm doch helfen, Körper und Geist wieder in Einklang zu bringen — aus chinesischer Sicht die Grundvoraussetzung für Wohlbefinden und Gesundheit.

Der körperliche Entzug Ob sich ein Süchtiger für ein Methadon-Programm entschieden hat oder ob er sich dem genannten «kalten» Entzug unterzieht, in beiden Fällen kann ihn die Akupunktur und die damit verbundene ganzheitliche Individualbehandlung unterstützen. Methadon-Patienten können die tägliche Methadon-Dosis — ein Ersatzstoff, der seinerseits zu neuer Abhängigkeit führt — eher reduzieren, wenn sie gleichzeitig mit endorphinanregender Akupunktur behandelt werden. Und im «kalten» Entzug, der die Geduld und den Willen des Patienten auf unvorstellbar harte Proben stellt, kann die Endorphin-Stimulierung durch Akupunktur sogar eine zentrale Therapie sein.
Akupunktur im Drogenentzug ist nicht neu. Doch während die herkömmlichen Therapien des Fernen Ostens über Monate Tag für Tag zwei bis vier Intensivbehandlungen erforderten, ist es mir mit einer neu entwickelten

Methode gelungen, die Therapie auf eine vergleichsweise kurze Dauer zu reduzieren: In einem Wechsel von acht Tagen Behandlung und acht Tagen Ruhe lernt der Patient mit der Zeit, sich selber zu behandeln. Die Akupunkte, die anfangs intensiv mit der Nadel stimuliert werden müssen, kann der Patient später mit Akupressur selber aktivieren. Akupunktur macht den Patienten also nicht abhängig, sie bewirkt das Gegenteil: Sie schafft die Basis, auf der ein Suchtkranker unabhängig werden kann.

Entzugssymptom Kälte Eines der hartnäckigsten und unangenehmsten Symptome im Entzug ist die Kälte. Die Patienten frieren ununterbrochen, selbst in hochsommerlicher Hitze zittern sie am ganzen Leib und klagen über unterträgliche Kälte. Kälte ist in der chinesischen Medizin eines der acht Schlüsselsymptome (s. Seite 45), sie gehört mit der Leere zu den Schlüsselsymptomen einer Yin-Krankheit und drückt sich auch in Appetitlosigkeit, Nachtschweiß und Müdigkeit aus.
Warme Bäder sind ein Mittel, mit dem westliche Therapiestationen das Kältesymptom der Suchtpatienten behandeln. In der chinesischen Medizin ist es die Moxibustion: die Wärmebehandlung bestimmter Akupunkte mit glimmendem Zunder aus getrockneten und gestampften Beifußblättern (s. Seite 29), der heute vor allem als sogenannter Moxastab zum Einsatz kommt, so daß ihn der Patient selber benützen kann, ohne sich zu verbrennen. Doch was, wenn der Patient etwas gegen die Kälte tun möchte, aber keinen Moxastab zur Hand hat? Dann tut's — zur Not — auch eine brennende Zigarette. So simpel, ja, scheinbar unsauber die Methode ist, so groß ist ihre Wirkung. Der Patient führt die glimmende Zigarette abwechselnd an vier Akupunkte heran, bis er an den jeweiligen Stellen ein leichtes Hitzegefühl verspürt: an den 36. Punkt des Magen-Meridians, dessen kräftigende Wirkung auf den gesamten Organismus bekannt ist; an den 6. Punkt des Milz-Meridians, den Sanyinjiao («Treffpunkt der drei Yin»), an dem sich die drei Yin-Meridiane des Fu-

ßes begegnen; und schließlich an den 4. und 6. Punkt des Dienergefäß-Meridians, Guanyuan («Drehpunkt des Lebens») und Qihai («Energiemeer»).
Auch wenn mancher Arzt die Moxibustion mit der Zigarette für zweifelhaft oder sogar unverantwortlich halten mag, so habe ich doch die Erfahrung gemacht, daß das Wissen, sich selber helfen zu können, den Patienten guttut. Mit ihren einfachen Mitteln — und sei es mit einer Zigarette — selber etwas zur Besserung beitragen zu können, ist oft der erste Schritt zu einem neuen Selbstvertrauen. Vergessen wir nicht, daß ein Suchtpatient ein Mensch in größter Not ist! Er ist wie der Hungernde, für den eine Schale Reis, die der Satte achtlos beiseite stellt, alles bedeutet.

Ernährung Eine ausgewogene Ernährung ist das A und O körperlicher Gesundheit. Mit dem Essen führen wir dem Körper die Rohstoffe zu, die er für seinen Energiehaushalt benötigt. Bekommt er vom einen oder andern Rohstoff nichts oder zuwenig, so gerät sein Energiehaushalt auf die Dauer aus dem Gleichgewicht, sein Immunsystem wird geschwächt, er wird krankheitsanfällig. Gerade Süchtige ernähren sich oft schlecht oder einseitig, zum Teil durch die suchtbedingte Appetitlosigkeit, zum Teil schlicht aus Geldmangel. Wer alles Geld für die Sucht braucht, wer von früh bis spät zur Stoffbeschaffung unterwegs ist, wer arbeits- und obdachlos ist und damit auch nicht die Möglichkeit hat, selber zu kochen, der hat verständlicherweise wenig Lust und Zeit, sich um Körperbewußtsein und ausgewogene Ernährung zu kümmern.
Das ändert sich natürlich auch im Entzug nicht von einem Tag auf den andern. Nicht nur weil Körperbewußtsein wie das Einmaleins neu gelernt werden muß, sondern auch weil Süchtige im Entzug häufig über Brechreiz klagen. Als wirksamer Akupunkt gegen Brechreiz hat sich der 6. Punkt des Perikard-Meridians erwiesen, der Neiguan («Innere Verbindung») am Innenarm zwei

Cun über der Mitte der ersten Beugefalte des Handgelenks. Ein Punkt, den der Patient jederzeit problemlos selber akupressieren kann.
Daß Menschen im Entzug meist eine ausgesprochene Vorliebe für Süßes haben, zeigt an, daß sie unter einem Energiedefizit leiden. Sie suchen im Zucker unbewußt das aktive Yang-Element, das gleiche Element, dessen Mangel auch im Kältesymptom sichtbar wird. Aufklärung über die Wechselwirkungen von Yin und Yang in den Nahrungsmitteln kann dem Patienten helfen, neue Energiequellen zu entdecken und im Essen wieder mehr als eine bloße Überlebensnotwendigkeit zu sehen.

Depressionen, Streß «Wenn wir in einem heiteren und ruhigen Zustand sind, dann ist unsere Energie im Gleichgewicht. Wenn unser Körper und unser Geist in Harmonie sind, wie kann uns dann eine Krankheit ereilen?» Dieses Zitat aus dem chinesischen Medizin-Lehrbuch «Huangdi Nei Jing» zeigt, wie man sich im alten China den gesunden Menschen vorstellte: ausgestattet mit einer unverletzlichen Ausgeglichenheit — ähnlich dem christlichen Bild vom Menschen vor dem Sündenfall, ein Ebenbild Gottes. Nach der chinesischen Vorstellung kann die Harmonie erst durch ein Ungleichgewicht der Gefühle (Wut, Freude, Sorgen, Traurigkeit, Angst) gestört werden. Der Mensch gerät in Streß und kann krank werden. Streß, das haben neue immunologische Forschungen bestätigt, schwächt das Abwehrsystem und beeinträchtigt die Endorphin-Produktion. Da die Endorphine nicht nur Schmerzhemmer, sondern auch Stimmungsaufheller sind, können wir — ohne Drogen — nur mit einer intakten Endorphin-Produktion jenen Zustand erreichen, den das «Huangdi Nei Jing» als Idealzustand ansieht.
Gerade Suchtpatienten sind besonders starkem psychischem und physischem Streß ausgesetzt, sowohl vor dem Entzug im Leben auf der Straße wie auch nach dem Absetzen der Droge. Auch in einer geschützten Thera-

piestation kann ihnen letztlich niemand das Hin- und Hergerissensein zwischen «Ja, ich will» und «Nein, ich schaffe es nicht» abnehmen. Methadon kann wohl ihr Leben momentan erträglich machen, aber niemand kann sie vor dem Ohnmachtsgefühl bewahren, das vielleicht aufkommt, wenn sie realisieren, wie lange und wie hart sie noch an sich arbeiten müssen, bevor sie wieder sagen können: «Ich bin gesund.» Auf Streß und Depressionen richte ich deshalb bei der Akupunktur-Behandlung von Suchtpatienten das Hauptaugenmerk. Die noch junge Zusammenarbeit mit westlichen Ärzten, die Methadon-Patienten behandeln, hat bereits mehrfach vielversprechenden Erfolg gehabt.

Hygiene Die chinesische Massage Inhoa (s. Seite 49) stärkt Geist und Körper in einem. Sie regt alle Meridiane und gleichzeitig die Spezialpunkte außerhalb des Meridiansystems an und belebt so den ganzen Organismus. Ganzheitlicher als die symptomorientierte Akupunktur und Akupressur, ist sie zur Vorbeugung geradezu prädestiniert. Die Inhoa-Massage kann aber auch Schmerzen lindern und Wohlbefinden schaffen. Sie ist wie ein wohltuendes Bad, das allerdings ohne Wasser auskommt. Wer sich dieses «Bad» täglich gönnt, wird es bald als selbstverständlichen Teil der Morgentoilette betrachten. Er wird seinen Körper, mit dem er vielleicht auf Kriegsfuß steht, weil er ihm nichts als Sorgen bereitet, wieder als Freund kennenlernen. Er wird wachsam werden und sich selber wieder liebevoll und fürsorglich behandeln. Und er wird ganz nebenbei auf ein Grundprinzip der Gesundheitsvorsorge, die Hygiene, achten lernen.

Persönliche Würde Bei vielen Suchtpatienten ist das Selbstbewußtsein fast vollständig zerstört, wenn sie in den Entzug kommen. Monate oder gar Jahre im Drogenmilieu haben ihre persönliche Würde ruiniert. Die Gruppen-Sicherheit, in der sie sich unter ihresgleichen wähnten, hat sich als schrecklicher Trugschluß erwiesen. Sie

haben erfahren müssen, daß Solidarität in der Drogenszene keineswegs größer geschrieben wird als in der sogenannt normalen Gesellschaft, daß es hier wie dort Hackordnungen gibt, denen man sich anpassen muß, wenn man nicht durchs Netz fallen will.
Wenn wir die Gesundheitsschäden, die sozialen Schwierigkeiten und die psychischen Probleme eines süchtigen Menschen als ganzen Komplex betrachten, so ist ein Entzug nicht bloß ein Beginn bei null, sondern ein Beginn, bei dem zunächst einmal eine gewaltige Menge Altlasten bewältigt werden muß. Die wichtigste Person dabei ist der Süchtige selbst. Je eher er sein Selbstbewußtsein zurückgewinnt, um so eher wird er die Zuversicht haben, daß es einen Ausweg aus der Sucht gibt. Je mehr er über seinen Körper weiß, um so eher wird er sich selber zu helfen wissen. Je schneller wir ihm zeigen, was er ganz selbständig und mit einfachen Mitteln für seine Gesundheit und sein Wohlbefinden tun kann, um so eher wird er sein Selbstwertgefühl wiederfinden. Der Drogenkrieg ist wohl der teuerste Krieg, der in der Welt geführt wird, und die Opfer sind zahl- und namenlos. Wenn die chinesische Medizin mithelfen kann, Drogenabhängige beim Entzug zu unterstützen, dann tut sie dazu alles, was in ihrer bescheidenen Macht steht.

GLOSSAR

Affektion: Ergriffenwerden von einer Krankheit.
Anästhesie: Narkose, die eine allgemeine oder teilweise Schmerzunempfindlichkeit bewirkt (bei Operationen).
Angina pectoris: «Herzbräune». Erkrankung der Herzkranzgefäße, anfallartig auftretende Schmerzen hinter dem Brustbein als Folge davon.
Aurikulotherapie: Alle wichtigen Akupunkte finden sich nicht nur über den ganzen Körper verteilt, sondern auch – dicht gedrängt – im Ohr. Bei der Aurikulotherapie werden nur die Punkte im Ohr behandelt.
Biopsie: Untersuchung von Gewebe, das dem lebenden Organismus entnommen wurde.
Diätetik: Diätlehre.
Embolie: Verstopfung eines Blutgefäßes durch in die Blutbahn geratene und mit dem Blutstrom verschleppte körpereigene oder körperfremde Substanzen.
Emphysem: Luftansammlung im Gewebe, Aufblähung von Organen oder Körperteilen.
Endorphin: Körpereigenes, schmerzstillendes Hormon.
Endoskopie: Ausspiegelung von Hohlorganen oder Körperhöhlen mit Hilfe des Endoskops.
Enteritis: Dünndarmentzündung.
Hernie: «Bruch», insbesondere Eingeweidebruch: Meistens Heraustreten von Baucheingeweiden oder Teilen davon durch eine abnorme Bauchwandlücke in eine Bauchfellausstülpung.
Indikation: Umstand oder Anzeichen, wegen denen dem die Anwendung bestimmter Heilmittel oder Behandlungsmöglichkeiten angezeigt erscheint.
Ischias: Hüftweh. Anfallweise auftretende oder längere Zeit bestehende Neuralgie des Ischiasnervs.
Kardiovaskulär: Herz und Gefäße betreffend.
Kontraindikation: Umstand, der die Anwendung einer therapeutischen Maßnahme verbietet.
Moxibustion: Chinesische Behandlungsmethode, neben Akupunktur und Akupressur sehr häufig angewendet. Erwärmung der Akupunkte, oft mit Hilfe eines Beifußstabes.

Neuralgie: «Nervenschmerz». Anfallweise auftretende Schmerzen im Ausbreitungsgebiet eines Nervs.
Ödem: Gewebewassersucht.
Physiologie: Lehre von den normalen (nicht krankhaften) Lebensvorgängen und Funktionen des menschlichen Organismus.
Sinusitis: Entzündung einer Nasennebenhöhle oder eines Hirnblutleiters.
Thrombose: Verschluß, manchmal nur teilweise, eines Gefäßes durch ortsständige Blutgerinnsel.
Trigeminus: Nerv. Besonders schmerzhaft sind Neuralgien des Nervus trigeminus.
Urogenital: Harn- und Geschlechtsorgane betreffend.
Yin und Yang: Die beiden gegensätzlichen Prinzipien chinesischen Denkens, welche das ganze Weltgeschehen durchwirken. Yin bedeutet ursprünglich Schatten, Yang Licht. Yin steht auch für das Weibliche, das Passive, für Flüssigkeit und die Erde. Yang hingegen für das Männliche, das Aktive, für Energie und den Himmel. Auch der Mensch als vollkommenes Abbild des Universums kann in Yin und Yang eingeteilt werden. Allerdings: In jedem Yin ist auch Yang, und umgekehrt.

REGISTER